CB064389

Cecília Costa

RICARDO CRAVO ALBIN

Uma vida em imagem e som

EDIÇÕES DE JANEIRO

Rio de Janeiro, 2018

A Edições de Janeiro agradece aos amigos de Ricardo Cravo Albin que viabilizaram a edição deste livro:

Antenor Leal
Daniel Miguel Klabin
Hubert Alquéres
Humberto Motta
Joaquim Falcão
José Luiz Alquéres
Marcílio Marques Moreira
MV Serra
Olavo Monteiro de Carvalho
Renato Abreu
Fundação CESGRANRIO

Copyright © Instituto Cultural Cravo Albin, 2017

Editor: José Luiz Alquéres

Coordenação Editorial: Dênis Rubra

Copidesque: Thadeu Santos

Revisão: Carolina Leal

Projeto gráfico de capa, de miolo, encarte de
imagens e diagramação: Elmo Rosa

As imagens contidas neste livro fazem parte do acervo do Instituto Cravo Albin. Todos os esforços foram feitos no sentido de identificar a autoria das fotos deste livro, entretanto não conseguimos localizar alguns dos fotógrafos e algumas das pessoas fotografadas. Estamos prontos a dar os devidos créditos nas próximas edições e solicitamos que o contato seja feito através do e-mail contato@edicoesdejaneiro.com.br

CIP-BRASIL. CATALOGAÇÃO NA PUBLICAÇÃO
SINDICATO NACIONAL DOS EDITORES DE LIVROS, RJ

A295r

    Albin, Ricardo Cravo
        Ricardo Cravo Albin : uma vida em imagem e som / Ricardo Cravo Albin, [Cecília Costa]. – 1. ed. – Rio de Janeiro : Edições de Janeiro, 2018.
        il.

    ISBN 978-85-9473-018-3

    1. Música – Brasil – História e crítica.
    2. Músicos – Brasil. I. Costa, Cecília. II. Título.

18-47542   CDD: 780.981
                    CDU: 78(81)

01/02/2018 01/02/2018

Todos os direitos reservados e protegidos pela Lei 9.610, de 19.2.1998.

É proibida a reprodução total ou parcial sem a
expressa anuência da editora e do autor.

Este livro foi revisado segundo o Acordo Ortográfico da Língua
Portuguesa de 1990, em vigor no Brasil desde 2009.

Edições de Janeiro
Rua da Glória, 344, sala 103
20241-180 | Rio de Janeiro, RJ
Tel.: +55 (21) 3988-0060
contato@edicoesdejaneiro.com.br
www.edicoesdejaneiro.com.br

APOIO:

FUNDAÇÃO CESGRANRIO

Sumário

Prefácio 7
Cicero Sandroni

APRESENTAÇÃO 11
Ricardo, o homem que sonha 12

I UM MUSEU PARA A POSTERIDADE 25
A atribulada designação para diretor do MIS 26
Ainda o BEG e os depoimentos 45
Os discos e os cursos 56
Jurado de festivais 61
Carnavais e Janis Joplin 75

II INSTITUTO NACIONAL DE CINEMA E EMBRAFILME 85
Outros sons, outras imagens 86

III INFÂNCIA 101
Filho de uma princesinha obstinada 102
Entre Penedo e Salvador 114

IV VINDA PARA O RIO: OS ANOS DE FORMAÇÃO 129
O internato Pedro II 130
Estudantes versus Vandick 148
Jazz, bossa nova, direito e política 156
Enaldo, Lacerda e a cidade maravilhosa 171

V   HOMEM DE RÁDIO E TV   185

         Tempos de MEC e Globo   186

         A aventura quixotesca contra a censura   199

         A casa de Maricá   216

         Apaixonado por um sobrado na Urca   222

VI   UM JORNALISTA DE ALMA CARIOCA   233

         Livros, livros a mancheia   234

         MIS por um triz, a campanha   246

         Mais livros, catálogos e uma revista   255

VII   DOIS GIGANTES, O ICCA E O *DICA*   265

         Vivendo a paixão pela MPB   266

         ICCA, um universo em expansão   273

         Visita física e virtual   278

         Os bravos heróis do dicionário   285

         A rede de Helô (*in memoriam*)   293

         O clã dos Luna   296

         Um líder, não um ditador   302

VIII   UMA VIDA EM IMAGEM   311

IX   AMIGO É COISA PARA SE GUARDAR (DEPOIMENTOS)   341

X   RICARDO CRAVO ALBIN — CRONOLOGIA   371

Prefácio
Cicero Sandroni

A BIBLIOGRAFIA sobre o panorama cultural do Rio de Janeiro se enriquece com o lançamento da biografia de Ricardo Cravo Albin escrita por Cecília Costa, autora, entre outros livros, da história do Diário Carioca, o mais "carioca" de todos os diários (com exceção de O Sol, de curta vida), que circularam na cidade de São Sebastião.

Baiano pela certidão de nascimento, sem perder suas raízes e manter acesa a chama da paixão pelo legado cultural da Bahia, Ricardo dividiu sua vocação com o Rio e, hoje, entre outras atividades (inúmeras), é o diretor da revista Carioquice, publicação trimestral com vasta cobertura das artes do Rio de Janeiro. Presidente da Academia Carioca de Letras, instituição centenária com um painel de grandes escritores em seus quadros, dinamizou a instituição, e valorizou sua vocação de ponto de encontro da cultura carioca.

Ao abrir o seu rico baú de recordações para Cecília, Ricardo ofereceu a ela a oportunidade de escrever uma biografia, mas também um romance. Quase um bildungsroman pleno de ação e peripécias a narrar a devoção do personagem pela cidade em que cresceu, trabalhou, criou, amou, e documentou o talento de artistas do povo, de críticos, ensaístas e personagens da nossa história. E ao contrário dos que passam pela vida em branca nuvem, na paráfrase de Otaviano, viveu e vive intensamente.

Esta vocação para a arte levou-o à direção e à consolidação do Museu da Imagem e do Som do Rio, onde realizou obra notável na coleta de depoimentos de artistas, personalidades e figuras populares do Rio de Janeiro, e na coleção de imagens do nosso fazer cultural. Tarefa importante, realizada com prazer e entusiasmo por este historiador da MPB, autor do Dicionário Cravo Albin da Música Popular Brasileira, disponível em meio digital com treze mil verbetes de referência na sua área.

Produtor e locutor de mais de 2.500 programas de rádio, Ricardo é também um fanático colecionador de antigos programas e de famosos jingles da fase de ouro das emissoras, quando o rádio constituía o único canal de transmissão da cultura popular. Sempre atento em divulgar o que de melhor o público ouvia no passado recente, montou e dirigiu várias versões da revista teatral As Cantoras do Rádio, com as melhores vozes daquela época de ouro da radiofonia.

Baseada em extensiva pesquisa, no baú e em outras fontes, Cecília narra em detalhes a vida de Ricardo Cravo Albin e leva o leitor a um passeio por cinco décadas da vida cultural carioca, nas quais o biografado é o agente do acontecer e ao mesmo tempo quem registra e documenta em imagem e som o processo cultural que testemunha. Em resumo, a autora constrói a persona de um sonhador. Sonha tão completamente ao ponto de realizar o que deveras sonhou.

Sua casa, ao sopé do morro da Urca, bem perto do local onde a cidade foi fundada por Estácio de Sá, tornou-se um centro de encontros literários, um novo salão dos tempos da primeira república, onde intelectuais e artistas convivem ao som da música popular brasileira acompanhada pela culinária baiana. Em 2001, ali criou-se o Instituto Cultural Cravo Albin para promover eventos, desde tarde ou noite de autógrafos, encontros com artistas que nos visitam e a publicação, além da Carioquice, de livros a exemplo do monumental dicionário de Música Popular Brasileira.

O convívio permanente com compositores, cantores, escritores, pintores e pesquisadores da arte popular, sua presença constante em eventos, suas crônicas publicadas em O Dia, hoje fazem parte da paisagem carioca. O biografado, explica bem a biógrafa, hoje um intérprete da cultura da cidade que se reflete em todo o país. Ricardo encontra nas raízes da nossa cultura os fundamentos para a formação de uma sociedade que tem na arte uma forma de expressar-se e permanecer no cenário mundial com uma contribuição fundamental para a história da cultura contemporânea, marcar a presença de uma cultura afro-luso-tropical com um sabor carioca, acervo cultural do homem contemporâneo em qualquer latitude ou longitude do planeta.

A história da uma vida devotada à cultura popular do Rio de Janeiro não termina ao fim do livro. Prossegue. Ricardo não para. Está sempre em movimento, incansável e atento ao incentivar e registrar no calor da hora eventos do tesouro artístico construído pelos artistas do Rio e por aqueles que aqui vieram e viveram e ajudaram a construir um painel multifacetado do samba do morro e do balé do asfalto, da pintura.

Ao lado de obras de outros historiadores que registraram a vida cultural do Rio de Janeiro, esta biografia de Ricardo perdurará como marca de nosso tempo e época, mas também daqueles que nos precederam na construção da cultura da cidade, onde, apesar de tantos problemas e sofrimentos, a turma, com o entusiasmo de sempre, resiste e persiste.

Cícero Sandroni

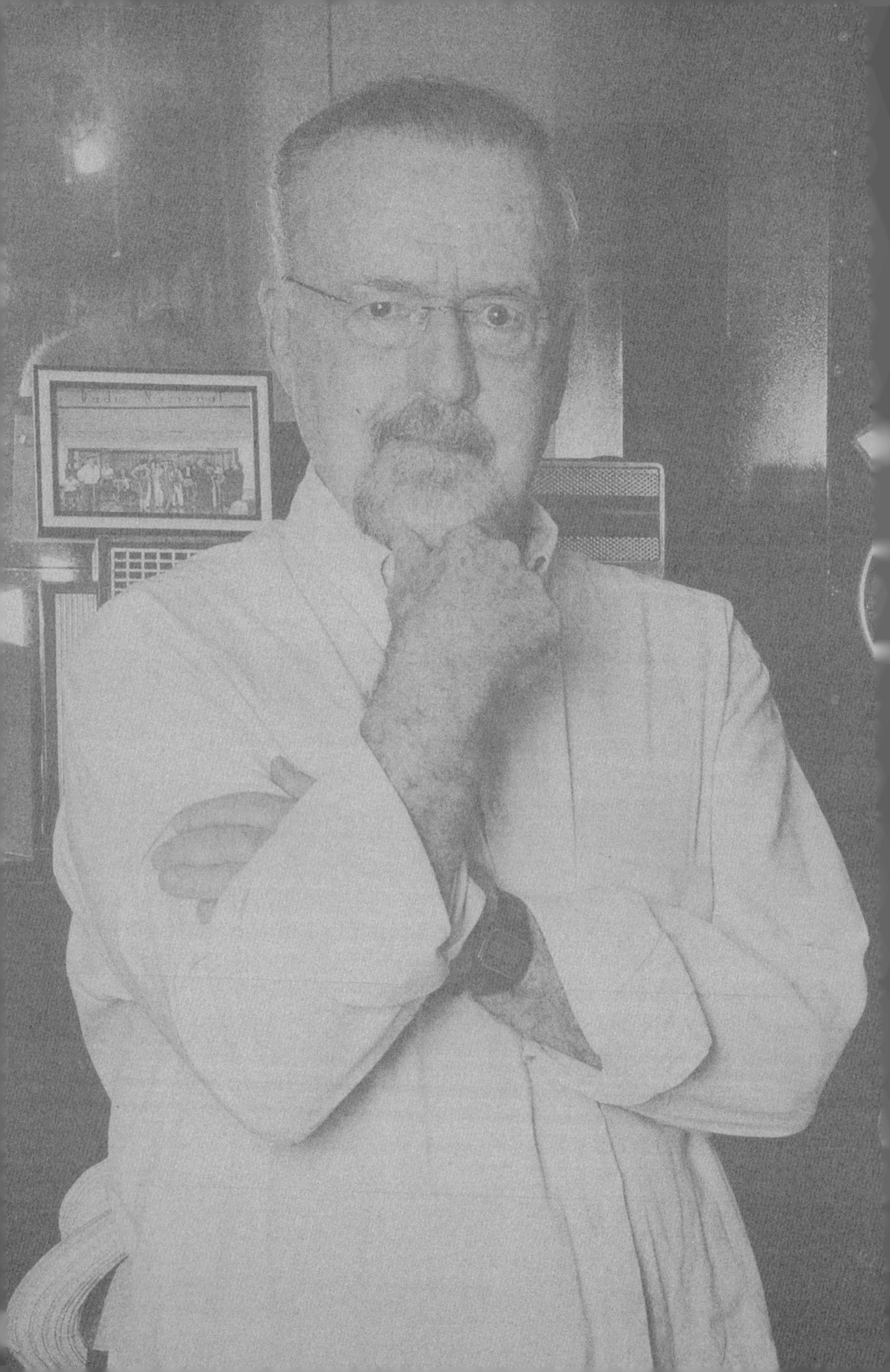

APRESENTAÇÃO

Ricardo, o homem que sonha

Dia 30 de dezembro de 2012. O grupo de amigos reunido na cobertura de Ricardo Cravo Albin é pequeno, cerca de 20 pessoas. Muitas mulheres, vestidas de branco, poucos homens, algumas crianças. Após tomar champanha, fomos todos para a praia da Urca levar o barquinho azul e branco, enfeitado com bela imagem de Iemanjá, carregando a pequena nau com os votos para o ano-novo. Jogamos rosas e palmas brancas no mar da enseada. Ricardo Cravo Albin me abraçou e me disse sorrindo: "Adivinha o que pedi a Iemanjá?" Era fácil imaginar: "O livro, Cecília, o livro". Sim, com toda a certeza a biografia precisava ser escrita e, se possível, terminada, em 2013. Olho para Ricardo com carinho. A convivência me fez admirá-lo cada vez mais. Em 2017, aos 76 anos, ainda traz no rosto o ar travesso de um menino cheio de crenças e esperanças. Que Iemanjá me ajude a escrever uma bela biografia, peço com fervor... Há muita história a ser contada... Várias histórias, aliás.... Quanta responsabilidade! O barquinho se distancia, vemos o vulto branco e azul virar um ponto longínquo na água... O livro, o livro... lá vai ele navegando no pequeno barquinho, nos pedidos escritos em papeizinhos brancos. Logo após aquele ano-novo, em 3 de janeiro de 2013, eu teria uma grande surpresa. Receberia da Casa de Penedo, de Alagoas, um envelope pardo contendo inúmeras fotos de Ricardo e seus familiares. Recortes antigos de jornais, cópias de documentos, certidões. Já era Iemanjá trabalhando a nosso favor.

FIQUEI FELIZ, CONFESSO, ao ser convidada para escrever a biografia de Ricardo Cravo Albin. Achei que seria uma boa maneira de entrar em contato com um mundo relativamente distante do meu, o da música popular brasileira. Impossível não gostar de música, deleitar-se com notas e sons. Ainda mais a brasileira, a bossa nova, o chorinho, o samba tradicional, chamado por alguns aficionados de "samba de raiz", o baião... Não há quem não saiba cantarolar, em nosso quente país tropical, um trechinho de "Desafinado", "A banda", "Carinhoso", "Amélia", "Foi um rio que passou em minha vida", "Águas de março" ou "Asa branca". Mas a verdade é que sempre estive mais voltada para a silenciosa literatura. A escrita e a leitura.

Encontram-se também palavras em letras de música, havendo até a velha discussão se um compositor-letrista notável também não seria poeta. Mas sou um ser essencialmente literário. Logo, mesmo sendo bem-vindo o convite, a princípio, fiquei assustada e até mesmo um pouco perplexa. Por que eu? Ricardo havia dito, depois de recusar outros possíveis autores, que queria alguém de fora do mundo da música. Enfim, escolheram-me exatamente porque tudo seria novo para mim.

Mais um desafio imenso. Não seria o primeiro em minha vida, de tantas reviravoltas radicais. Me senti atraída pelo desafio e gosto de me arriscar. Sem risco, a vida não teria a menor graça. Por outro lado, ser eu a autora, no caso, era uma demonstração de confiança da parte de quem sabe escrever muito bem, com todas as condições de redigir sua autobiografia. Fiquei feliz e honrada com a incumbência. Porém, como já ocorrera em outros trabalhos, não dimensionei a tarefa que, tão prontamente, me dispusera a aceitar.

Meu inquieto biografado é um ser realizador. Concebe projetos, persegue-os com pertinácia e os concretiza. Impossível seguir todos os seus passos, seus vários empreendimentos e funções públicas. Não parou no passado, não para no presente e creio que não vai parar nunca. Provavelmente após a morte – que distante esteja! – estará no céu organizando saraus para os anjos. Encostado numa coluna dórica, no jardim do Éden, se enternecerá até às lágrimas com a beleza da música das esferas. Assim como costuma ocorrer hoje em dia, pois Ricardo mantém bem viva dentro de si a capacidade de se emocionar ao ouvir uma bela cantiga, o choro de um bandolim ou a improvisação de um sax celestialmente tocado. Não importa se já ouviu aquela música ou aquele choro infindáveis vezes.

É fácil imaginar que lá do outro lado – aquele lado no qual não gostamos de pensar, mas para o qual todos nós iremos um dia –, ele também planejará encontros de chorões e de bambas do samba. Criará novos clubes da bossa nova e jazz. Há de homenagear seus astros prediletos, com saraus e exposições, festas no céu. Convocados, todos os compadres, parceiros de eventos, amigos e amigas de longa data comparecerão. Pois um convite para uma festa organizada por Ricardo é imperdível, seja na terra, entre as árvores do Largo da Mãe do Bispo, seja num chão salpicado de estrelas. João da Baiana, Pixinguinha, Donga, Heitor dos Prazeres, Ataulfo Alves, Ary Barroso, Orlando Silva, Elizeth Cardoso, Nara Leão, Baden Powell, Tom Jobim, Vinicius, Caymmi, Herivelto e Dalva de Oliveira, Pery, Emilinha, Chiquinha Gonzaga, Ernesto Nazareth... Ah, vai ser uma noite e tanto... No dia seguinte, disparará sua pena e fúria em defesa dos malfeitos contra o Rio...

O fato é o seguinte: não fosse Ricardo a pessoa querida que é, sensível, à flor da pele, capaz de embargar a voz sempre que homenageia um amigo dileto ou ouve uma canção que lhe faz bater as cordas do coração, talvez tivesse me negado, no meio do caminho, a continuar a me embrenhar por tal emaranhado de ruídos, frases musicais, histórias, peripécias, causos, fatos e informações. Mas, não havia mais volta. Compromisso é compromisso. Ainda mais com o homem que na minha adolescência ficou em minha memória como aquele que um dia arrancou meu pai de um desemprego temporário, tendo-o convidado para assessorá-lo no Museu da Imagem e do Som (MIS). Ou seja, Ricardo foi quem salvou "o velho Álvaro", jornalista e advogado, pai de cinco filhos, numa hora difícil. E isso me marcou para sempre. Não deve ter sido por acaso – nunca acho que as coisas ocorrem por acaso – que a primeira vez que fui ao casarão da Urca, já em meu papel de futura biógrafa, tenha me reencontrado com a "Noite de meu bem", na melódica voz de Zezé Motta. Ouvi e fiquei arrepiada. Meu pai adorava essa canção... Eu não tinha escapatória, estava perdida mesmo...

Que a tarefa seria árdua foi facílimo perceber, mesmo antes de começar a lutar com as "pretinhas" (as teclas de meu computador). Já que, ao conviver com Ricardo por cerca de um ano e meio, estar presente em alguns dos eventos que costuma coordenar, acompanhar algumas de suas atividades – acompanhar todas é impossível –, tirar as fitas que ele gravara em 1993, já pensando num livro, e entrevistá-lo por várias horas para refazer sua longa caminhada, imediatamente concluí que o homem de rádio e TV, pesquisador de MPB, dicionarista, escritor, funcionário público graduado, advogado e jornalista não teve apenas uma vida, mas várias. O que multiplicaria o meu esforço. Afortunadamente, porém, todas elas voltadas para preservar culturas e divulgar a música popular brasileira, sua grande paixão.

Sem falar que Ricardo ama a minha cidade, o Rio de Janeiro, sendo, por adoção, um carioca da gema. Amor que mais de uma vez o levaria a empunhar sua espada de utópico campeão, em grandes e pequenas batalhas, visando a obter melhorias para a cidade maravilhosa, corrigir suas mazelas ou a defender seus pontos de referência, muito antes de o Rio ter recuperado a autoestima, reerguido a cabeça do Cristo Redentor e entrado novamente na moda como destino turístico.

Grande fazedor de amigos – os que cultivou desde os tempos do Colégio Pedro II, do Centro de Preparação de Oficiais da Reserva (CPOR) e da Faculdade de Direito, e os muitos outros que ganharia no decorrer de sua incessante atividade em prol da música popular e da cultura brasileira – desde que começou a trabalhar até ter o nome reconhecido nacionalmente, Ricardo Cravo Albin procurou pautar suas escolhas por padrões éticos, viveu e continua a viver em função de ideais, abrindo mão do material e do efêmero em troca de fantasia, harmonia e beleza. Pois o que norteia suas múltiplas ações é a sua sensibilidade, a riqueza espiritualizada da música e da arte, e não a dos bens terrenos ou acumulação de vinténs. "Ao final de tudo, devo me orgulhar do que fiz, não acha, Cecília?", me pergunta, entre tímido e modesto, o meu biografado. Sim, é claro. É para se orgulhar mesmo. Tanto foram os feitos, os livros, os sonhos concretizados. As alegrias compartilhadas com os amigos. Nem que seja apenas a de ouvir uma divina voz ou o acorde perfeccionista de um instrumento musical, entre as mangueiras centenárias do Largo da Mãe do Bispo, em noites aquecidas por sua delicada, atenciosa amizade.

O embaixador Jerônimo Moscardo, amigo desde o internato do Pedro II, em São Cristóvão, costuma dizer que Ricardo traz nos genes uma pitada de disciplina germânica, provavelmente herdada do pai, Max Albin, caixeiro-viajante austríaco que um dia veio para o Brasil, em andanças pela cidade de Penedo, em Alagoas, na qual se casaria com uma princesinha do lugar, Zuleica, a filha do rico comerciante e industrial Cícero Cravo. Disciplina prussiana? Pode ser... Mas Ricardo tem também uma outra herança, a herança de um amor contrariado. Jovenzinha, Zuleica foi apaixonada por Jayme Ovalle, o compositor de "Azulão" e "Modinha". O pai proibiria o casamento, categoricamente: "Minha filha caçula casar-se com um boêmio nem pensar..." Mas a moça requintada parece ter guardado para sempre os acordes da música do amado na veia e no coração... a poesia, o relato sobre as noitadas na Lapa, das quais participavam Ovalle, Luís Jardim, Manuel Bandeira, Dante Milano...

Seria Ricardo a união das duas paixões de sua mãe? Ordem, disciplina, concretude, aliados à boêmia, poesia, música, arte? O próprio avô materno, o "coronel" Cícero ou vô Cicinho, aquele que não viu com bons olhos o possível enlace da filha com o poeta compositor, pode explicar em parte a personalidade do neto, pois, bom penedense – a cidade alagoana é festeira – gostava muito de receber, dar saraus, promover festas carnavalescas... Bem, estou a adiantar a minha história, que começa em

Penedo num casarão com doze olhos para rua, um espantoso sobrado palaciano, até hoje intocado... Ali moravam três moças casadoiras, muito elegantes e prendadas, que um dia, já casadas, partiriam da cidade histórica na qual nasceram e foram criadas, à beira do rio São Francisco, para se estabelecerem na antiga e na nova capital do Brasil...

Mas voltando aos dias de hoje, ser amigo ou amiga de Ricardo Cravo Albin é uma benesse. Frequentar sua casa, seus saraus, jantares, um privilégio. Não só pela vista da baía de Guanabara que de lá se descortina, até a ponte Rio-Niterói, luminosa de dia, suntuosa ao final da tarde e cintilante à noite, mas também pela generosidade do anfitrião sempre preocupado com seus convidados. O som que se espalha pelos jardins, pela varanda ou pelo salão da cobertura – quando é dia de chuva, o evento tem que ser transferido do Largo da Mãe do Bispo para o quinto andar do prédio da Urca –, com a visão das relíquias da Rádio Nacional e das flores cuidadosamente postas nos vasos, ou com os quitutes oferecidos pelo risonho Luiz Paulo naquele castelo bem brasileiro (e carioca), ao pé do Pão de Açúcar. Em outras palavras: a moradia de Ricardo é uma Pasárgada. Sem luxos constrangedores, despojada e acolhedora, repleta de pedacinhos ou rastros do passado de seu dono, retratos, estátuas, pinturas, muito artesanato brasileiro. Lá, a gente se sente como amigo do Rei.

Há um mistério no ar. Espiritualidade. Feitiço. Quando subimos a escadinha de entrada do prédio na rua São Sebastião número 2 (a mais antiga rua do Rio, disse-me um dia um motorista de táxi), ou seja, quando iniciamos o ritual de peregrinação para adentrarmos aquela construção solar, enfeitada por placas douradas comemorativas em sua murada externa, após passarmos pelo hall, pegarmos o elevador envelhecido e chegarmos ao quinto andar, mesmo antes de nos aventuramos a subir os mais de trinta degraus que nos levam ao casarão e largo paradisíaco, onde costumam ocorrer os saraus, já podemos sentir que existe algo de diferente naqueles espaços coloridos. Como se tivéssemos acesso a um santuário. Um lugar encantado, que vale a pena ser visitado mais de uma vez. Pois cada visita nos oferece novas sensações e descobertas. Emoções para o cérebro, o tato, o olfato, a visão. Talvez, quem sabe, pelo fato de a sede do instituto fundado por Ricardo Cravo Albin, vizinha ao prédio do lendário Cassino da Urca, encontrar-se encravada num regaço de Mata Atlântica.

A mesma mata que um dia hospedou índios tupinambás e temiminós e assistiu à fundação da cidade de São Sebastião do Rio de Janeiro, há mais de quatrocentos anos, por Estácio de Sá e Anchieta. Aquela floresta virgem que presenciaria combates encarniçados de invasão e resistência, entre franceses, portugueses e seus aliados indígenas. Ricardo Cravo Albin, aliás, é um resistente. Está sempre travando o bom combate. Pela música de nosso país e por suas raízes; pela cidade que o acolheu e que com fervor recebeu em seu coração; pelo exercício eficaz e consciente da cidadania e pela liberdade de ação e pensamento.

Publicamente, sempre fala com extrema mansuetude e simplicidade, com sua voz sonora de antigo radialista. Porém, paradoxalmente, podemos sentir por trás dessa aparente simplicidade a argamassa ou força de quem muito pensou, avaliou e concluiu. Nada é gratuito em seu discurso. Cada afirmação nasce de uma lapidação diamantina ou cristalização de pensamento que gerou uma filosofia de vida libertária, livre de preconceitos. A favor do homem, pelo homem e seus direitos, existência plena de dignidade. Mas, além de justiça, liberdade e igualdade, o homem também tem o direito de ouvir uma boa música, a brasileira. Com uma alegria íntima que compense, nem que seja por um só segundo, todos os horrores que costumam ocorrer em nosso dia a dia planetário. Eis o que Ricardo oferece sempre a todos os que o visitam: música e uma momentânea fuga da realidade. Dividindo com os amigos sua paixão ilimitada pela MPB e seu conhecimento de pesquisador.

Não nos enganemos com o simples. O difícil é ser simples. Falar bem e se fazer compreendido. Sem recorrer a frases empoladas, carregadas de barroquismos, tropos, metáforas. Foram anos e anos de experiências bem aproveitadas e de sentimentos profundos, que elevaram a alma, moldaram-na e a iluminaram, para poder falar assim de improviso, como se estivesse lendo ou escrevendo num papel invisível uma coluna, um artigo, uma transmissão em rádio ou TV, um texto para aula.

Tudo começou muito cedo. Por volta dos 20 anos, trabalhando no gabinete do primo Enaldo Cravo Peixoto, diretor da Superintendência de Urbanização e Saneamento (Sursan) e, posteriormente, secretário de Obras, ambos no Estado da Guanabara, Ricardo teve a oportunidade de participar ativamente das mudanças urbanísticas realizadas pelo governo Carlos Lacerda, no Rio de Janeiro. No início de sua vida profissional, foram várias as boas passagens, que gosta de relembrar, como o acompanhamento da reforma do restaurante Albamar e o convívio com a pintora Djanira, quando esta concebeu o desenho para o painel em cerâmica do túnel Santa Bárbara. Por obra e graça novamente de Enaldo, e também por influência de Raphael de Almeida Magalhães, com apenas 25 anos seria guindado à direção do Museu da Imagem do Som (MIS), tendo aproveitado o privilégio concedido a um administrador tão cru e jovem para consolidar definitivamente a instituição recém-inaugurada.

Com o auxílio de seus funcionários e dos amigos Almirante e Ary Vasconcelos, Ricardo conceberia os depoimentos para a posteridade de compositores, cantores e personalidades do mundo artístico que viriam a fazer história, tornando-se um modelo a ser seguido por outros MIS que se espalhariam pelo Brasil afora. Além de ter também criado premiações que se tornariam consagradores troféus culturais: o Golfinho de Ouro e o Estácio de Sá.

O sucesso e repercussão nacionais de sua administração pioneira no MIS o levariam a uma outra grande aventura, a de se tornar presidente do Instituto Nacional de Cinema (INC) e da Embrafilme. Lá, lutaria pelo desenvolvimento do cinema brasileiro, fazendo com que ocupasse mais espaço nas salas de cinema, o que atrairia a ira dos distribuidores americanos. Corajosamente, levaria filmes de esquerda aos festivais no exterior, em plena ditadura, e também criaria mais um prêmio, desta vez para filmes, atores e cineastas, a Coruja de Ouro. Em seguida, entraria em cena o homem de rádio e de TV, ou seja, o trabalho na Rádio MEC, que duraria mais de quarenta anos consecutivos, além dos quinze anos na TV Globo, como membro da equipe de redatores de shows de música popular.

Jurado de festivais de canção, jurado e comentarista de desfiles de escola de samba, professor de cursos sobre história da MPB, diretor e apresentador de shows em teatros e salas de espetáculos, em nenhum momento de sua movimentada trajetória Ricardo Cravo Albin esteve envolvido com uma atividade única. A multiplicidade é uma de suas características mais marcantes. Pois, também poderemos encontrá-lo no Conselho Superior de Censura, ao lado de Pompeu de Souza, redigindo pareceres a favor da liberação de músicas, filmes e peças, assim como fazendo campanha pelo fim da especulação imobiliária em Maricá. Escrevendo artigos em jornais e revistas ou concebendo livros em seu escritório, nas poucas horas vagas de seus dias sempre tão ocupados. E, finalmente, dando uma nova guinada em sua vida heroica, ao transformar sua própria moradia numa sociedade civil sem fins lucrativos, sinônimo de sua reverência pela memória do Rio e pela música popular brasileira. A partir daí, ele pôde preservar melhor o acervo de MPB que pessoalmente acumulara ao longo dos anos, além de que passou a ter condições de receber doações de colecionadores e o apoio de instituições governamentais ou de empresas privadas. Com seu arquivo físico aberto aos pesquisadores, o Instituto Cultural Cravo Albin (ICCA) é responsável há mais de dez anos pela elaboração de um dicionário on-line, que já conta com mais de 14 mil verbetes, constantemente atualizados. A toda hora, estudiosos e estudantes, brasileiros e estrangeiros, entram na página do instituto em busca de informações básicas sobre as estrelas da MPB, muitas delas reconhecidas internacionalmente.

E isso é apenas um resumo, uma olhada de relance numa vida intensa de trabalho que ainda está longe de acabar. Ricardo sempre concebe um novo resgate de memória, um novo livro, redige mais um artigo ou roteiro, tem novas ideias, sonhos ou projetos.

É preciso ter fôlego para segui-lo, acompanhá-lo. É homenageado, faz homenagens. Comemora centenários, datas, efemérides de músicos e compositores. Está na Associação Comercial, na Academia Carioca de Letras. Vai a Alagoas, Lisboa ou Buenos Aires. Pronuncia palestras. Revê os verbetes do Dicionário. Edita a Carioquice – uma revista trimestral que completa dez anos de publicação. Corrige vírgulas, muda palavras. Produz discos, módulos educativos. Concebe convites, cartazes, banners, placas comemorativas. Sinfonias. Ou pratos culinários. Já que entre as artes que preza está também a gastronomia, para seu próprio prazer ou degustação de seus convidados.

Por que faz tudo isso? Nem ele mesmo sabe. Admite, porém, que tem realmente um bicho carpinteiro dentro de si, que não lhe dá muito o direito de ficar cansado.

Confidências do Ricardo

Martinho da Vila fardado e o susto de nossos esquerdistas
Eu estava no MIS, numa tarde em que o Conselho de Música Popular Brasileira acabara de se reunir. Nisso, chega para me visitar o Martinho da Vila. Ele estava fardado de Segundo Sargento do Exército. Quando acabou a reunião do Conselho, que era em outro lugar dentro do MIS, vieram à minha sala três conselheiros, os três de esquerda — Eneida de Moraes, Secretária-Geral do Conselho, comunista histórica, acompanhada por Edson Carneiro e Sergio Porto, ambos também sabidamente de esquerda. Eles entraram casualmente na minha sala, e viram aquele cara fardado, conversando comigo. Assustados, me chamaram para fora com a maior discrição que puderam. Com voz cautelosa, Sérgio Porto me disse "mas que diabo de militar é esse e o que esta fazendo aí?". Era o comecinho de 1969, o auge da repressão, logo depois do AI-5. Nós tínhamos acabado de votar em Gilberto Gil para o Prêmio Golfinho de Ouro, ele já exilado em Londres. Havia, como era de se presumir, uma grande desconfiança do Museu nos órgãos de segurança. Nossos conselheiros viram o Martinho da Vila fardado e pensaram que era alguma ordem de prisão, uma investigação, ou o que fosse. Aflitos, tive que acalmá-los: "olha, esse é um jovem compositor, ainda no Exército, e que vem visitar o MIS com certa frequência. Gosta muito de Pixinguinha, Donga, enfim, dos nossos velhos sambistas. E mais, ele é ótimo compositor, embora não cante, mas vai acontecer. Fiquem tranquilos, que este jovem compositor chamado Martinho da Vila Isabel não tem perigo nenhum. Pelo contrário, ele até simpatiza, e muito, com os ideais de liberdade que nós também defendemos."

Sessão Saudade para Bandeira na ABL com recital de La Godoy
Quando o MIS começou a fazer sucesso com os depoimentos para posteridade, fui convidado pelo Presidente da ABL, Austregésilo de Athayde, a gra-

var os depoimentos dos acadêmicos. Estávamos começando a série da ABL, quando morreu o poeta Manuel Bandeira. Houve a Sessão de Saudade, e o Presidente Austregésilo combinou comigo fazer uma homenagem ao poeta morto. Estávamos lançando no Museu o disco da Maria Lúcia Godoy cantando poemas de Manuel Bandeira, musicados pelos grandes compositores Jayme Ovalle, Villa-Lobos, Mignone, etc. Maria Lucia e eu chegamos à Academia quase ao final da sessão. À capela, ela fez um recital emocionante só com os poemas de Manuel Bandeira. No meu roteiro, o último número era "Azulão" (parceria com Ovalle). E a última frase era (referindo-se a Manuel Bandeira, cujo retrato era apontado com o dedo indicador pela cantora): "vai, Azulão, Azulão companheiro, vai...". Foi muito bonito, muito forte. Alguns acadêmicos verteram lágrimas furtivas.

Ah! Vinicius...
Há alguns mortos — agregados ao nosso afeto — que ao longo do tempo deixam mais saudades que outros. Vinícius de Moraes, por exemplo, é um desses que, trinta e tantos anos depois da morte, continua a me fazer muita falta. O poeta foi celebrado em 2010 no Palácio do Itamaraty em Brasília. O Vina deixou, além da grande poesia e da bossa nova, um legado singular aos que o conheceram: a vontade sistemática de tê-lo por perto e a falta de uma presença luminosa, generosa, oportuna.

O poeta resplandeceu mais uma vez ao ser promovido a Embaixador da República. E nós, seus amigos e devotos, nos sentimos reparados da brutalidade do AI-5 de 1968, que destituiu o primeiro-secretário Marcus Vinicius da Cruz de Mello Moraes da carreira diplomática.

Lula assinou no Itamaraty — depois de cerimônia com todo corpo diplomático presente e onde rolaram lágrimas de muitos de nós — a lei que o transformou em Embaixador do Brasil. Nada mais justo, legítimo e restabelecedor. Sim, até porque nosso poeta sempre foi embaixador de fato. Aonde ele chegava, em qualquer cidade do mundo, era saudado como representante da cultura, da poesia, da literatura e da música do Brasil. O projeto de lei, sancionado pelo Presidente Lula, mereceu rápida tramitação no Congresso Nacional. Mas houve necessidade de muita pressão, o que foi feito por abaixo-assinado de milhares de assinaturas promovido pelo Instituto Cravo Albin, e amparado pela Fundação Alexandre de Gusmão do Itamaraty, com o embaixador Jerônimo Moscardo à frente.

Agora, Vinicius que já é rua em Ipanema — a mesma onde ele e Tom viram/cantaram a Garota de Ipanema — deverá receber mais um afago da cidade onde nasceu e morreu em estado de amor: a praça que faceia o velho palácio do Barão do Rio Branco deverá portar seu nome antecedido pelo justíssimo título: embaixador.

Estamos desde já em campanha pública!

I UM MUSEU PARA A POSTERIDADE

Com Jacob do Bandolim, no MIS, nomeado por Ricardo secretário-geral do Conselho Superior de Música Brasileira (1966).

A atribulada designação para diretor do MIS

Quem passa atualmente pela avenida Atlântica, entre as ruas Miguel Lemos e Djalma Ulrich, próximo de onde ficava a antiga boate Help, vê os coloridos tapumes que protegem os trabalhos de construção do novo Museu da Imagem e do Som, uma novidade para a cidade privilegiada por Deus, seja no tocante à sua beleza natural ou na criação de sons e ritmos inesquecíveis. Ambiciosamente, o que se pretende é transformar o antigo MIS, cujo acervo no momento está localizado na Lapa e na antiga sede da Praça XV, num "Museu Total", seguindo os padrões estabelecidos pela Unesco. Tudo para que o novo MIS venha a se tornar um foco permanente de celebração da cultura carioca, resgatando-se o projeto original, que era o de transformar a instituição cultural num grande museu do Estado da Guanabara. Com os pés no presente, mas mantendo sua face multifacetada voltada para o futuro e para as gerações vindouras.

Em nenhum momento, em entrevistas recentes concedidas a respeito do novo empreendimento cultural, comenta-se, porém, que não haveria MIS no passado, no presente ou no futuro, se não fosse o trabalho diligente de formiguinha, e também de cigarra criativa, de seu primeiro diretor-executivo, Ricardo Cravo Albin, criador dos famosos depoimentos para a posteridade de artistas, escritores, celebridades, personalidades brasileiras e do exterior. Depoimentos com os quais entrou em contato ao se encontrar nos Estados Unidos, em 1964, durante o seu curto exílio, e ter visitado a Biblioteca do Congresso americano. Pois, foi Ricardo quem concebeu um modelo estrutural para o Museu da Imagem e do Som que acabaria por se espalhar por todo o Brasil, tanto que, hoje, existem filhotes ou crias do MIS original em mais de trinta cidades brasileiras. Só não podemos dizer que Ricardo Cravo Albin foi quem criou o Museu da Imagem e do Som, localizado no prédio cor de gema da Praça XV, um dos poucos pavilhões remanescentes da exposição centenária de 1922 (o outro é o Petit Trianon, da Academia Brasileira de Letras). Não, não criou. Quando foi dirigi-lo, estava recém-criado. Mas, sem dúvida alguma, foi ele o consolidador do MIS. Quem lhe deu forma e o consagrou.

O museu fora criado, em 1965, pelo governador Carlos Lacerda, dentro das comemorações do IV Centenário da cidade. Já o homem que deu início à constituição de seu acervo, a pedido de Lacerda, se chamava Maurício Quadrio. Produtor radiofônico e musicólogo de origem ítalo-judaica, Quadrio era dono de um grande acervo de discos de música popular e também internacional. A inauguração oficial ocorreu em 3 de setembro de 1965. Um dia depois, ou seja, em 4 de setembro, Lacerda se afastaria do cargo de governador, sonhando com uma candidatura para presidente que nunca viria a se concretizar, deixando em seu lugar o vice, Raphael de Almeida Magalhães.

Foi Raphael que, poucas semanas depois, nomeou para a direção do MIS Ricardo Cravo Albin, para grande surpresa do próprio escolhido. Tendo acabado de se ocupar com o Festival Internacional de Cinema do Rio (FIF), de 1965, e com as estrelas de cinema brasileiras e estrangeiras, que sempre costumam exigir muita atenção, Ricardo estava na ocasião com apenas 25 anos. É bem verdade que aparentava um pouco mais, porque usava óculos de aros escuros, emplastrava o cabelo de gumex e, para completar o ar de sobriedade, gostava de se vestir de preto.

> Quando eu acompanhava a obra do Albamar, ao lado de Francisco Bolonha, via Maurício Quadrio supervisionando a reforma do pavilhão da exposição de 22 que serviria de sede ao MIS, na Praça Marechal Âncora, nunca poderia imaginar que trabalharia lá. Já que o museu que se tornaria a grande experiência de minha vida ou meu filho mais querido, fruto de uma grande realização profissional levada a cabo com muito amor e esperança, acabaria por chegar às minhas mãos de forma absolutamente inesperada. O fato é que em outubro de 1965 Raphael criou três fundações, a que cuidaria do MIS, a que cuidaria do Parque do Flamengo e a que se responsabilizaria pela administração do Parque Laje, tendo nomeado para a direção executiva, de cada uma, respectivamente, eu, Lota Macedo Soares e Lina Bo Bardi.

Ricardo crê que, ao criar as fundações e designar seus diretores executivos por decreto publicado no *Diário Oficial*, Raphael de Almeida Magalhães tivesse tido a esperança de que seus atos não seriam desfeitos pelo novo mandante do estado. Até porque, se Ricardo era ainda um jovem executivo de cultura em começo de carreira, podendo, em seu caso, surgir algumas ressalvas, era fácil imaginar que Lota era a pessoa certa para cuidar do Parque do Flamengo, por ela mesma idealizado, com a força, garra e honestidade que sempre a caracterizaram, enquanto que Lina Bo Bardi, apesar de ser amiga de Lacerda, rival político de Negrão de Lima, tinha méritos como arquiteta já bem reconhecidos, desde que prestara serviços importantes em Salvador, como a criação do Museu de Arte Moderna da Bahia no reformado Solar do Unhão.

Designado, Ricardo resolveu visitar o Museu imediatamente. Foi recebido por Maurício Quadrio, o "conservador-provisório" da instituição, que supervisionava as obras no prédio estilo Luís XVI a toque de caixa, para que Lacerda pudesse inaugurá-lo antes de se desincompatibilizar do governo. Apesar de ter ido à inauguração, Ricardo confessa que, até então, não tinha a mínima ideia do que se tratava.

> Para mim era ainda algo muito vago, com aquele nome estranho, que me fazia pensar em televisão, mas também em arquivo. Creio que, na realidade, ninguém sabia direito o que era aquela história de imagem e de som. Um museu para o futuro, talvez, mas sem muita consequência.

O nome da fundação para ele designada por Raphael de Almeida Magalhães, Fundação Vieira Fazenda, ajudou-o a decifrar um pouquinho o enigma. Como o médico José Vieira Fazenda fora um importante pesquisador da história da cidade, conhecedor de suas ruas e particularidades, na virada do século XIX para o XX – é o autor das memoráveis *Antiqualhas* –, a escolha de seu nome para a instituição que abrigaria o MIS era uma demonstração clara de que o museu teria, entre as suas funções, a de ser um arquivo ligado à memória da cidade. Agora, se Ricardo não sabia ainda muito bem que rumo tomar em sua nova atividade pública, ao se reunir com Maurício Quadrio descobriria que o italiano estava bem menos perdido, já tendo dado alguns passos em direção à constituição do acervo inicial do novo museu. Não só trouxera de casa sua própria coleção de discos e de fitas, com vozes de eminentes personalidades históricas brasileiras, entre elas Rui Barbosa e o barão do Rio Branco, como Lacerda já havia comprado o acervo do radialista Henrique Foreis Domingues, o Almirante, tendo pago por ele, na ocasião, a soma de 22 mil cruzeiros. O Almirante, aliás, estava já trabalhando no MIS, no prédio detrás, já que não estava disposto a delegar para outra pessoa os cuidados de sua coleção de documentos, da qual era muito cioso. E também fora adquirida por Lacerda a discoteca do crítico, jornalista e musicólogo Lúcio Rangel, tio de Sérgio Porto, o lendário cronista carioca também conhecido pelo nome de Stanislaw Ponte Preta.

Sem falar que o museu já contava com algumas preciosidades iconográficas trazidas do Arquivo Público do Rio. O grande destaque era a quase totalidade do arquivo do fotógrafo Augusto Malta, com registros da cidade de 1901 até 1940. Havia também o arquivo de Guilherme Santos, de fotografias de contratipagem, outro acervo importantíssimo no que dizia respeito à memória do Rio de Janeiro, e uma pequena coleção de quadros, oito telas que haviam pertencido à família imperial. Por último, mas não menos importante, Quadrio contou a Ricardo que também fora transferido por Lacerda, para o MIS, o original de uma obra maravilhosa de Maurice Rugendas, ou seja, o primeiro e o segundo volumes da *Voyage Pittoresque dans le Brésil*.

Por outro lado, em função ainda dos festejos do centenário, Quadrio já havia começado a fazer os primeiros produtos que o MIS ofereceria de presente à cidade. Com o auxílio de Ary Vasconcelos, havia produzido discos de Noel Rosa e Carmen Miranda e começara a encaminhar a impressão de uma corajosa e onerosíssima tiragem da *Voyage*. As vozes de Rui Barbosa e do barão do Rio Branco também já haviam sido registradas em cópias. Essas boas notícias encantaram Ricardo, que imediatamente pensou em convidar Quadrio para que ficasse na instituição, na função que já estava a exercer, ou seja, a de conservador do Museu da Imagem e do Som. Eis o que, a este respeito, diz Ricardo:

> Como já expliquei, meu cargo era o de diretor-executivo do museu. Mais precisamente, diretor da Fundação Vieira Fazenda, que tinha como presidente o governador do Estado e como vice-presidente o instituidor do museu, que era o Banco do Estado da Guanabara (BEG), ou seu presidente (à época, Antonio Carlos de Almeida Braga, o Braguinha). Fora o BEG quem custeara a reforma do prédio, tendo arcado com uma soma de 900 mil cruzeiros. Era muito dinheiro, naquela altura. Assumi, e na primeira reunião com Quadrio, de total encantamento para mim, por estar entrando em contato com algo novo,

pensei em mantê-lo ao meu lado. Mas fiquei preocupado, porque notei que ele não aceitaria o meu comando. Era o conservador-provisório do museu recém-criado. E não estava muito disposto a me aceitar na direção. Cheguei até a assinar um ato para designá-lo conservador permanente, mas alguns meses depois ele se afastou. E, constrangido, me vi forçado a demiti-lo, porque foi embora levando consigo a sua coleção pessoal, aquela que havia trazido para o museu. Levou os discos e as vozes. Só não pôde levar as de Rui Barbosa e do barão do Rio Branco, porque já haviam sido transformadas em duas mil cópias. Depois aconteceria até uma grande polêmica a respeito destas fitas... falaram que as vozes não eram verdadeiras... Mas, nunca pude apurar isso direito.

Cargos públicos envolvem ciumadas, nomeações políticas e demissões. E essa confusão, relativa a Maurício Quadrio, não foi a única vivenciada por Ricardo logo no início de sua nova função. Após muita resistência de Lacerda, adversário ferrenho do MDB, Francisco Negrão de Lima assumiria o estado, tomando posse como governador – ele e Israel Pinheiro, em Minas, seriam os únicos governadores opositores do governo militar, com o consentimento do general Humberto Castello Branco – e, imediatamente, Ricardo decidiu colocar seu cargo à disposição, por ter sido nomeado por Raphael de Almeida Magalhães. As duas outras diretoras de fundação nomeadas no mesmo decreto, Lota e Lina, não quiseram fazer o mesmo. Mas deixemos novamente que Ricardo narre o que aconteceu:

> Francisco Negrão de Lima empossou-se. Logo, minhas duas companheiras, das duas novas fundações, Lina Bo Bardi e Lota Macedo Soares, se intercomunicaram, e se comunicaram também comigo, para saber o que fazer em relação às nossas fundações. Disse-lhes que a minha intenção era a de entregar o cargo ao governador eleito, já empossado. Não achava razoável pensar em ficar, já que poderia não ser do gosto do novo administrador. Lota

e Lina afirmaram, por sua vez, que não entregariam o cargo, pois havia uma determinação legal, através de decreto, de que teríamos, os três, mandato de dois anos. Fiz ver a elas, até mesmo como advogado, que um decreto é substituído por outro. Se um governador decretou, o novo governador pode "desdecretar". Não quiseram me ouvir e resolveram partir para o confronto, sem pedir demissão. Já eu fui ao Palácio Guanabara e entreguei minha demissão. Casualmente a duas pessoas que conhecia muito bem, Luiz Alberto Bahia e Álvaro Americano. Pediram-me que não abandonasse o Museu, que continuasse à testa do MIS. Observei que seria difícil, até porque o Museu dependia fundamentalmente de verbas mensais do BEG, que não andava muito bem financeiramente. Eles me confirmaram que o BEG estava praticamente falido, mas insistiram que eu ficasse à testa, porque iriam conversar com o embaixador Negrão de Lima.

Na saída do Palácio Guanabara, encontrei-me na escada com Humberto Braga, velho amigo, filho de Leopoldo Magnavita Braga. Humberto deu-me logo um abraço e pediu minha imediata colaboração: "Não abandone, peço-lhe que fique". Falei então sobre o incômodo da minha situação, tinha sido designado pelo Raphael de Almeida Magalhães para o cargo... não era justo que eu pudesse ocupá-lo, uma vez que outro governo estava se empossando. Humberto reiterou o pedido que Luiz Alberto Bahia e Álvaro Americano haviam feito, meia hora antes: "Espere, por favor, apenas uma semana". Eu esperei uma semana. Recebi um telefonema do palácio. Meus três amigos estavam reunidos na sala do chefe da casa civil, Luiz Alberto Bahia, e me pediram que aceitasse continuar no Museu da Imagem e do Som. Pedi dois dias para pensar, pensei e achei que aquilo pudesse ser um desafio. Voltei a entrar em contato com eles e afirmei que sim, aceitava ficar no MIS.

Com isso, seria reconfirmado no cargo por Negrão de Lima. Já Lota e Lina foram sumariamente demitidas. Assim que leu o ato no Diário Oficial que o designava para a diretoria executiva do museu, Ricardo ligou para as duas amigas contando tudo o que se passara. Gentis, elas afirmaram que compreendiam o que acontecera, e que ele deveria aceitar a designação. Desejaram-lhe felicidades e pediram que ficasse de olho nas duas outras fundações, ajudando suas substitutas sempre que possível. É fácil imaginar o amor que Lota nutria pelo Parque do Flamengo, por ela criado. Lina também tinha muito carinho pelo Parque Lage, que viera cair em suas mãos após uma grande disputa ocorrida entre Lacerda, Roberto Marinho e Arnon de Mello pela posse do palacete. Marinho e Mello, antigos proprietários, destinavam a área para um grande empreendimento imobiliário, mas Lacerda conseguiu desapropriá-la, para fins de utilidade pública.

Finalmente, em janeiro de 1966, Ricardo já reconfirmado poderia começar pra valer a trabalhar no MIS, projetando para sempre o museu da Praça XV no cenário cultural do Rio de Janeiro. Sua primeira preocupação foi decidir o que fazer exatamente com o museu, que contava com um estúdio de gravações muito bem montado, desde a inauguração:

> Para minha surpresa, verifiquei que o estúdio tinha doze microfones Amplex, com aparelhos completos e da melhor qualidade recém-importados para gravações. O museu tinha também um auditório muito bem projetado, com 89 lugares. Havia, no entanto, só um projetor, de 16 milímetros. O que fazer ali?

A primeira decisão foi a de convocar Ary Vasconcelos, que produzira os dois discos com Maurício Quadrio, o de Noel Rosa e o de Carmen Miranda. Ary logo se revelaria um colaborador de valor inestimável. Foi ele quem deu a sugestão de se formar um colegiado, reunindo pessoas ligadas à música popular brasileira, para que juntas pensassem, discutissem e criassem uma linha de ação. Ary estava certo. "Um conselho, por que não?", pensou Ricardo, tendo formalizado na cabeça o órgão consultivo do museu, ao qual daria o nome de Conselho Superior da Música Popular Brasileira. Tarimbado jornalista, crítico musical, historiador e musicólogo, Ary Vasconcelos imediatamente começaria a propor nomes, aos quais Ricardo acrescentaria outros. Chegaram então a um total de quarenta nomes e, assim, estaria formado o novo Conselho, instituído por ato baixado pelo diretor-executivo do MIS, isto é, o próprio Ricardo. E logo os trabalhos iriam começar, com os quarenta conselheiros ocupando quarenta cadeiras, seguindo o modelo da Academia Francesa, criado no século XVII pelo cardeal Richelieu:

> O Conselho Superior de Música Popular Brasileira se reuniu então. Quarenta pessoas em quarenta cadeiras, todas ligadas à MPB. Ary ocupava a primeira cadeira, a minha era a segunda. Da composição original deste órgão consultivo, participavam Guerra-Peixe, Eneida de Moraes, Sérgio Cabral, Mauro Ivan, Juvenal Portella, Vinicius de Moraes, Sérgio Porto, Lúcio Rangel, Mario Cabral, Dulce Lamas, Mercedes Dias Pequeno, Edson Carneiro, entre outros nomes importantíssimos. Personalidades que estavam tomadas de entusiasmo e alegria quando nos reunimos pela primeira vez no museu.

Já neste primeiro grande encontro seria concebido o projeto que iria marcar para sempre a história do MIS: os depoimentos para a posteridade de músicos, cantores e compositores brasileiros. Segundo informara Maurício Quadrio a Ricardo, em 1965, o estúdio fora montado com a intenção de nele gravarem-se textos lidos por membros do Instituto Histórico e Geográfico Brasileiro. Apesar de não ter nada contra o IHGB, muito pelo contrário, já que costumava acompanhar seus trabalhos históricos, recebendo exemplares em casa da revista da instituição, Ricardo considerou que essa proposta inicial não era muito atraente.

> Um estúdio tão bonito... Eu queria uma coisa nova. Algo com o qual as pessoas não estivessem acostumadas. Lembrei-me então do trabalho que

havia visto em Washington, na Biblioteca do Congresso. Todas aquelas vozes do jazz... Lá estavam registradas as vozes de Duke Ellington, Louis Armstrong, Bessie Smith, Billie Holiday, e, também, as de Sarah Vaughan, Ella Fitzgerald, Dinah Washington. A lista era enorme: Bud Powell, Dizzy Gillespie, Charlie Parker. E se fizéssemos algo parecido? Não exatamente igual, porque na biblioteca em Washington o depoimento era meio acadêmico. As pessoas liam algumas páginas de sua biografia e deixavam registradas suas impressões. Eu queria algo mais dinâmico. E se as personalidades ligadas à Música Popular Brasileira, em vez de ler um texto, dessem depoimentos sobre suas vidas? Falando com toda a franqueza, tendo liberdade para dizer o que lhes viesse à cabeça, deixando para sempre registrado um testemunho sobre suas próprias vidas? Imaginava o quanto seria interessante um depoimento mais sociológico, com os entrevistados exprimindo a sua verdade íntima.

E foi essa ideia a que vingou naquela primeira reunião do Conselho Superior de Música Popular Brasileira. Pois os conselheiros fecharam com a proposta de Ricardo. Estavam criados, assim, os depoimentos para a posteridade. Ficou também decidido que seriam convidadas personalidades ligadas aos depoentes, para lhes fazer perguntas, dar o tom inicial da conversa, havendo a preocupação de que ficassem muito à vontade, a fim de que desnudassem suas vidas, suas memórias, na própria linguagem. Sem formalidades. A palavra posteridade, vinculada por Ricardo definitivamente aos depoimentos, viria a ser a grande magia do contexto, que passou a caracterizar o MIS, naquela modalidade técnica de gravação da história oral. O segundo passo, obviamente, foi partir para o primeiro depoimento, que seria feito em maio de 1966.

Quem foi o primeiro depoente? A escolha recaiu sobre João da Baiana, na certidão João Machado Guedes, personagem histórico do samba carioca e seu mais velho integrante. O grande compositor popular, cantor, passista e instrumentista, nascido no Rio, em maio de 1887 (morreria em janeiro de 1974), viria ao MIS acompanhado de Alfredo da Rocha Viana Filho, o Pixinguinha, e de Hermínio Bello de Carvalho. De seu depoimento, tomado em 24 de maio de 1966, Ricardo lembra-se nitidamente, foi emocionante. Mais emocionante ainda foi o presente trazido pelo sambista: um prato de cozinha, pintado por ele, exibindo a Pedra do Sal no samba. O João fazia do prato, tocado com a faca, um instrumento de percussão cujas origens estão plantadas nas senzalas coloniais.

> Ele contou toda a história dos primórdios da música popular brasileira. Como o samba nasceu nas casas das tias baianas, que ficavam situadas próximas à antiga Praça Onze, destruída por ocasião da construção da avenida Presidente Vargas, na década de 1940. Muita arte barroca e colonial da cidade foi abaixo, naquele momento.

Vale lembrar aqui que a avenida Presidente Vargas foi inaugurada por Getúlio em 7 de setembro de 1944. Para que pudesse ser aberta no centro do Rio, foram demolidas mais de quinhentas construções nas quadras compreendidas entre as ruas General Câmara (antiga rua do Sabão) e a rua São Pedro, que formaram as pistas laterais, par e impar, enquanto o núcleo destruído daria lugar à pista central da avenida. Entre os prédios demolidos, estavam as igrejas de São Pedro dos Clérigos, São Domingos, Bom Jesus do Calvário e Nossa Senhora da Conceição. Também foram postos abaixo, naquele início dos anos 1940, o Largo do Capim, o prédio da prefeitura, uma fatia da Praça da República e quase toda a Praça Onze de Junho, centro do samba e local de desfiles carnavalescos. Mas voltemos ao relato de Ricardo Cravo Albin:

> Em seus primórdios, a Praça Onze tinha sido um bairro da alta nobreza, abandonado ao final do século XIX. Os aristocratas haviam se mudado para

outros bairros. Os casarões viraram cortiços, onde se alojaram descendentes de escravos, que preservaram a cultura popular e fizeram da Praça Onze antiga um local de nascimento do carnaval carioca. Carnaval muitas vezes sangrento, conforme o testemunho de vários depoentes do MIS. Com o desfile dos blocos carnavalescos acabando em arruaça, brigas, e até mesmo crimes. Era a Praça Onze do carnaval, mas também a praça dos cortiços. João do Rio, e outro João, o da Bahiana, testemunharam ali muita coisa bonita.

E não poderia ser diferente. Nascido na rua Senador Pompeu, filho de Félix José Guedes e de Perciliana Maria Constança, a famosa tia Perciliana, João da Baiana, na infância, fora amigo de Ernesto Joaquim Maria dos Santos, o Donga, e de Heitor dos Prazeres. Segundo contou naquele memorável depoimento, na frente das casas ou cortiços dos descendentes de escravos, faziam-se os folguedos, rodas de samba, enquanto na parte detrás eram preservados os ritos afro-brasileiros, como o candomblé e a umbanda. Criador de um instrumento novo de percussão – usava o prato de cozinha e uma faca para fazer sons – João da Baiana, também considerado o introdutor do pandeiro nas rodas de samba, sempre usava uma gravatinha de poá, muito em moda em fins do século XIX e começo do século XX. Recorda-se Ricardo:

> Ele foi um dos personagens mais inesquecíveis que conheci. Era um homem muito terno, doce. Visitei-o no hospital, praticamente à morte, e nunca deixava de me tratar com imensa doçura, chamando-me de meu filho.

Inesperadamente, com o depoimento do filho da tia Perciliana, o MIS começou a ganhar repercussão na imprensa. Tendo sido convidada para ouvir o testemunho de João da Baiana, a mídia impressa destacou o relato. A matéria sairia nas primeiras páginas de *O Globo*, *Jornal do Brasil*, *Correio da Manhã*, *Diário de Notícias*, *Folha de S. Paulo* e *Estadão*, entre outros órgãos da grande imprensa carioca e brasileira. Várias revistas também registrariam a entrevista concedida pelo grande sambista aos membros do recém-constituído conselho de especialistas em MPB do novo museu. Ricardo observa ainda:

> Tivemos, então, o estímulo de que estávamos precisando, porque o Museu da Imagem e do Som até então não tinha visto um único tostão da verba que o BEG teria que nos destinar mensalmente. O último repasse havia sido feito em dezembro de 1965. Janeiro, fevereiro, março e nada. O presidente do BEG era o banqueiro Carlos Alberto Vieira. Substituíra no cargo o banqueiro Antônio Carlos de Almeida Braga, que fora muito generoso com o MIS, liberando uma grande quantia para a construção da instituição.

E aí vem uma triste história, que só não é lamentável de todo, porque o Museu da Imagem e do Som sobreviveria com criatividade a seus percalços financeiros. Só que antes de continuarmos a saga do MIS, narrando o confronto de Ricardo com Carlos Alberto Vieira, vamos dar uma pausa no correr da areia do tempo para voltar cronologicamente, a fim de oferecer ao leitor uma visão dos primeiros meses do Museu da Imagem e do Som. Duas senhoras que se tornariam museólogas famosas, com carreiras bem-sucedidas, mas que naquela ocasião, mocinhas ainda, estavam apenas iniciando a vida profissional: Vera Tostes e Maria de Lourdes Parreiras Horta.

Na realidade, foram três guias de museu que receberam Ricardo na porta do MIS, quando ele tomou posse em seu novo cargo, em fins de 1965. Pois, além de Vera e Lurdinha, também fazia parte da equipe Sidney Simões Más.

Em sua sala no Museu Histórico Nacional, que dirigiu durante dezenove anos, a sempre elegante e refinada Vera Tostes, com seus olhos agudos, iluminados pela chama das recordações, relembra o que aconteceu a ela e à sua querida colega do curso de museologia, Maria de Lourdes Horta, no início de 1965:

Eu e Lurdinha estudávamos exatamente aqui, no Museu Histórico Nacional, fazendo o curso de museologia da Universidade do Brasil. E soubemos que iam inaugurar um museu aqui do lado, um museu novo. Fomos até lá, então. O MIS ainda se encontrava em obras. E aí nos aconteceu uma coisa pitoresca. Veio em nossa direção um homem alto, de cartola, vestido de preto, que nos perguntou se iríamos trabalhar lá. Ele era o Almirante. Eu disse então que pensava que ele estivesse morto. E ele afirmou: "Estou vivo. Tive um derrame, mas me recuperei. Como vê, estou vivo". Havia cedido o acervo pessoal dele para o MIS. E estava trabalhando lá.

Na verdade, o radialista, cantor e compositor Henrique Foréis Domingues, conhecido profissionalmente como Almirante, não doara seu acervo de discos ao MIS. Mas o vendera a Carlos Lacerda, seu amigo. Apesar de ter feito parte do nascimento do museu, Vera não tivera acesso, jovenzinha como era – ela e Lurdinha estavam com 20 e poucos anos, na ocasião –, a todas as informações sobre os primórdios da instituição. O que importa aqui é que viu sua criação e o início de seu funcionamento. As duas estudantes de museologia usaram um *tailleur* verde, confeccionado para a função de guia, no dia da abertura do museu. Para a inauguração, prepararam uma vitrine, da qual Lacerda, muito exigente, não gostou, e pediu que a refizessem. Também foi montada uma exposição com fotos de Augusto Malta, que fez muito sucesso. Assim que formadas, Vera e Lurdinha solicitariam uma mudança de função, o que ocorreria em 1966:

> Ficamos trabalhando como guias por algum tempo. A exposição de Malta ficou em exibição por mais de um ano. Aprendi muito guiando os visitantes, contando a história da cidade. Foi um período muito divertido para mim. Apesar de que a área era muito isolada, escura, abandonada. Não tínhamos medo de vir para cá porque naquela época ainda não havia tanta preocupação com assaltos no Rio como hoje em dia. Mas o fato é que só passavam pela porta

algumas pessoas que iam em direção à Santa Casa da Misericórdia. Acho que Lacerda aceitou o antigo pavilhão da exposição de 1922 para ser a sede do museu pensando exatamente em movimentar um pouco a área. Dar-lhe mais alegria.

Na realidade, eram duas as construções que guardavam o acervo do Museu. O pavilhão reformado e uma construção que ficava ao lado e pertencera ao Ministério da Agricultura, onde ficava o Almirante com seu arquivo. "Era um homem cheio de manias. Resolveu não se afastar do próprio arquivo. Recebia muitas visitas. Por causa dele, víamos o Braguinha a toda hora. Mas ainda não haviam começado, muito menos sido filmadas, as gravações, os depoimentos", diz Vera.

Na memória da museóloga, ficou a impressão de que durante algum tempo o MIS ficou sob a intervenção do BEG. Mas não foi exatamente isso o que aconteceu, apesar de que a situação real poderia ser confundida com uma intervenção branca. O fato é que, quando o museu foi criado, o BEG era o mantenedor e, com isso, havia, lotados dentro da instituição, dois técnicos que representavam o banco, cuidando das finanças.

> Passei então a trabalhar na fonoteca, junto com Ary Vasconcelos, enquanto que Lurdinha foi para a área de gravuras, iconografia. Juntamente com Ary Vasconcellos, jornalista, pesquisador de música popular e cronista, eu cuidava da coleção Lúcio Rangel, fazendo as fichas.

Houve um momento também que, além dessas pessoas do BEG, circulou pelo MIS o Marcello de Ipanema, levado pelo próprio Ricardo, substituindo Maurício Quadrio como conservador, que o ajudou muito no início dos trabalhos, e depois se afastou do MIS por decisão própria. A recordação de Vera Tostes é bem nítida sobre a época:

> Lembro-me bem de tudo. A disposição das salas. No andar térreo ficavam a sala da diretoria e a secretaria, ou seja, a administração; uma sala maior com

a fonoteca, onde trabalhávamos eu e Ary; uma salinha menor, onde ficavam as gravuras, a mapoteca, a iconografia; dois banheiros, um cafezinho, o auditório, o estúdio, onde se faziam as gravações, e os depósitos de arquivo. Em cima, ficavam a sala de exposições, os painéis fotográficos, tudo muito moderno para a época. A primeira exposição, como já disse, foi a do Malta. Depois chegou a coleção Carmen Miranda e houve também uma exposição que durou mais de um ano, com grande sucesso, já com o Ricardo bem presente como diretor. Havia fones de ouvido para se ouvir as músicas. Aprendi as músicas de Carmen Miranda de cor.

A vinda de Ricardo, do ponto de vista de Vera Tostes, foi uma revolução no cotidiano do Museu. Com Ricardo, ela acha que o MIS ganhou um novo perfil, bem mais movimentado, e que seria o que ficaria para sempre. Isto é, adquiriria o perfil ou formatação que se consolidaria ao longo dos anos. Pois, com a chegada de Ricardo, que chamaria para trabalhar com ele Tinhorão, além de Ary Vasconcelos, começariam as gravações dos famosos depoimentos orais para a posteridade, criados pelo jovem e revolucionário diretor. E assim as duas jovens museólogas puderam presenciar cenas incríveis, descobrindo um mundo novo, o riquíssimo mundo da música popular brasileira e de seus intérpretes.

> Vivemos tanta coisa... Por exemplo, Pixinguinha vinha ao museu, participar das gravações, e estava proibido de beber. Eu o vi abrir o castão da bengala e beber. Fez para mim um sinal pedindo que eu não falasse com ninguém. Guardei bem trancado o segredo. Era meu segredo e de Pixinguinha.

Um dos dias de maior encantamento para Vera foi quando Chico Buarque, logo após o grande sucesso de "A banda", foi ao MIS fazer seu histórico depoimento. Ela e Lurdinha foram ao cabelereiro se enfeitar. Vera havia se tornado fã de paixão por Chico. "Mas ele nem olhou para gente.

Tínhamos nos esmerado tanto. Estávamos com aquele penteado da época, um coque altíssimo."

Enfim, tudo foi uma experiência extremamente importante. Ver Vinicius, Tom, Chico. Uma sucessão de maravilhas para uma moça que até então havia vivido uma vida muito protegida. Vera diz ter aprendido muito no museu, de forma lúdica, alegre. E atribui em grande parte o aprendizado a Ricardo Cravo Albin:

> Ele era educado, gentil, e ao mesmo tempo um homem com grande capacidade administrativa. Um gestor entusiasmado com o que fazia.
>
> Dotou o museu de muito dinamismo. Se o museu sobreviveu ao longo dos anos, deve-se totalmente a Ricardo Cravo Albin. Ele impôs aquela proposta renovadora, criativa, dentro do cenário cultural da cidade. E a proposta maturou. Foi ele quem conseguiu tudo, as gravações, a produção de discos, a parte museológica, as novas coleções, o acervo de Carmen Miranda.

Vera considera que o MIS existe até hoje por causa de Ricardo. Que foi a energia pessoal dele que fez o novo museu se movimentar, adquirir importância. Foi Ricardo que, com seu dinamismo, fez com que a instituição obtivesse o respaldo público e se firmasse:

> As gravações foram importantíssimas. Ricardo criou um arquivo de depoimentos que até hoje forma a base do acervo do MIS. Se não fosse ele, tenho certeza, o MIS não teria a força que tem hoje, sequer existiria. Tudo o que fiz no MIS seria importante para mim, futuramente, como museóloga.

E o que diz Lurdinha Horta, a outra jovem guia? Lurdinha também se lembra bem do início, do fato de as duas amigas, ainda cursando o terceiro ano de museologia, em 1965, faltando cerca de seis meses para se formarem, terem ido ao museu pedirem o emprego de guia.

Após terem feito concurso federal, Vera iria posteriormente para a Casa de Rui Barbosa. Lurdinha, por sua vez, iria trabalhar no Museu de Belas Artes. E sempre consideraria, assim como a amiga, que a experiência do MIS foi vital para seu trabalho futuro, até ser indicada para diretora do Museu Imperial de Petrópolis:

> Foi uma experiência importante porque o que faz um museu é a entrada do público. Sem visitação, o museu perde a razão de ser. Um museu é uma forma de comunicação. Existe o que podemos chamar de linguagem das exposições. Um visitante faz a leitura do que está sendo exibido. Ele leva para esta leitura suas próprias vivências. Às vezes, a interação entre exposição e visitante não acontece. É aí que o guia se faz necessário, pois ele ajuda a decodificar o que está sendo mostrado. Ele facilita a leitura. O mesmo acontecendo com os textos introdutórios.

Um fato curioso, que ela também aprenderia no MIS, é que um museu pode atrair malucos. Lurdinha chegou a fazer um registro dos malucos que costumavam frequentar o MIS. Ela crê que alguns deles tinham vivido por ali, refugiando-se naquele pavilhão de 1922, antes que o prédio viesse a se tornar a sede do Museu da Imagem e do Som.

Assim como a amiga, ela se recorda bem da chegada de Ricardo e do início dos trabalhos no estúdio de gravações, que dotou o museu de importância, movimentando-o e fazendo com que vivenciasse "uma efervescência espetacular":

> Lembro-me de Almirante, Chico Buarque, Cartola. Com as gravações, o MIS caiu nas graças do povo. As pessoas iam lá, o frequentavam, porque era um museu diferente, sem o aspecto intimidador dos outros. Essa diferença nascia do assunto tratado, a música popular brasileira. Não dá para ser besta fazendo gravações de MPB. Registrando depoimentos dos sambistas da velha guarda. Foi um processo muito bonito. E devemos dar todos os méritos ao Ricardo. As

pessoas entravam lá sempre, iam ver as exposições. Também houve aumento de frequência na área de pesquisa. Não há dúvida, Ricardo foi o consolidador. Ele fez os conselhos, tinha o poder de agregar pessoas. Deu um impulso extraordinário ao museu.

E fiquemos por aqui, abandonando estas duas senhoras cultas, coincidentemente de doce beleza loura e argutos olhos azuis, que ainda encontrariam Ricardo em outros momentos de suas vidas.

Sim, descongelemos o tempo e voltemos ao enfrentamento que houve entre Ricardo e o banqueiro Carlos Alberto Vieira, bem no início da história do MIS, quando a nova autarquia não morreu ou fechou as portas apenas porque Ricardo era quem era, ou seja, um homem cheio de energia, que não se entregava facilmente quando tinha um ideal.

Ainda o BEG e os depoimentos

ASSIM QUE NOSSO BIOGRAFADO começou a trabalhar como diretor-executivo do MIS, Carlos Alberto Vieira, então presidente do Banco do Estado do Guanabara, chamou Ricardo à sede do banco para que conversassem sobre o museu. Queria saber o que era exatamente aquela instituição a qual o BEG tinha que repassar por mês cerca de 20 mil cruzeiros, soma que considerava uma fortuna. Esse dinheiro era destinado, sobretudo, ao pagamento dos salários dos funcionários, no total de 23. Ricardo explica mais detalhadamente o que acontecia, naquela ocasião, no que se refere às finanças do MIS:

> Todos recebiam salário. Almirante, funcionário contratado, recebia. Assim como os demais funcionários e os contínuos. Lúcio Rangel, não, porque doou o acervo, mas não ficou trabalhando no museu. Eu, diretor-executivo, também não tinha salário, porque meu cargo não era remunerado. Nunca fui remunerado pelo MIS, pelo contrário, cheguei a colocar dinheiro do meu bolso. Mas o fato é que os meses corriam e o BEG não repassava verba alguma. Estávamos numa situação aflitiva. Tentávamos nos virar vendendo os produtos já feitos, os discos de Noel e Carmen Miranda, produzidos pelo Ary Vasconcelos, e réplicas das gravuras do álbum de Rugendas, *Voyage Pittoresque dans le Brésil*. Lembro-me de que cheguei a levar quatro a seis álbuns, com as reproduções, ao Luiz Alberto Bahia e ao Álvaro Americano, secretário de

Administração do Negrão de Lima, para que vissem a beleza e o peso da obra e as comprassem para presentearem visitantes ilustres do governo. Para me ajudar, eles compraram, então, alguns álbuns. Foi a minha sorte, porque aquela venda nos manteve vivos enquanto os recursos do BEG não chegavam.

O problema é que a maioria das pessoas não sabia direito o que era o MIS. Todo mundo ficava me perguntando pelo telefone: mas onde é que fica? Praça Marechal Âncora, isso existe? Eu explicava que ficava perto do Albamar, ao lado do Ministério da Agricultura e da Igreja de Nossa Senhora da Conceição. Chegava a ficar cansado de dar explicações sobre onde ficava o MIS. As pessoas não sabiam que museu era aquele, nem onde ficava localizado.

Pois bem, também Carlos Alberto Vieira não sabia muito bem o que fazia o novo museu. A primeira conversa que tiveram – o presidente da instituição mantenedora e o diretor do museu – foi num clima de poucos amigos. Carlos Alberto não entendia porque o BEG gastara 900 mil cruzeiros para comprar um monte de papel velho, discos antigos e reformar o prédio, e decidiu fazer uma visita à edificação da praça Marechal Âncora. A incompreensão, com a visita, só viria a crescer, "porque Carlos Alberto Vieira ficou ainda mais indignado ao ver o acervo do Almirante e o próprio Almirante dentro do museu. Indignado e desapontado".

E aí o executivo financeiro teve uma grande ideia, que repassaria a Ricardo na segunda reunião que fariam na sede do banco:

"Olha, o banco não pode arcar com isso. Sei que o senhor foi nomeado para ser o diretor-executivo da Fundação Vieira Fazenda, mas a intenção do banco é propor ao governador que acabe com essa coisa."

Ao que Ricardo retrucou: "Como assim, acabar com o museu?" A certeza que teve foi que o presidente do BEG e o secretário de Segurança do Estado eram pessoas mais ligadas às autoridades federais do que ao governador Negrão de Lima, ou seja, fariam parte do que poderia ser considerada uma intervenção federal branca no estado, já que Negrão de Lima e Israel Pinheiro eram os dois únicos (MDB) governadores que se opunham ao regime militar. Haveria, portanto, principalmente no tocante às finanças, uma divergência entre o que pensava Carlos Alberto Vieira e o governador. Ricardo diz ter ficado preocupado ao perceber que o banqueiro queria acabar com a Fundação Vieira Fazenda e doar todo o acervo, recém-adquirido pelo ex-governador Lacerda, a outras instituições e arquivos. Propusera verificar se a Biblioteca Nacional queria algo para o seu próprio acervo e devolver parte da iconografia ao Arquivo Público do Rio. A Biblioteca Municipal também receberia uma parte do espólio. E o museu, ah, o museu, aí vem a melhor parte da história relembrada dolorosamente por Ricardo. A dor só não é completa porque o prometido felizmente não aconteceria:

> O museu, contudo – hipótese que animou muito a Carlos Alberto Vieira – não deixaria de ter alguma finalidade prática, pois poderia vir a ser transformado num clube para os funcionários do BEG. O auditório poderia muito bem ser empregado para passar filmes amáveis, estrelados por Doris Day, ou musicais e filmes policiais, de agrado geral... Os salões teriam mesas, nas quais, nos fins de semana, os bancários poderiam jogar cartas, xadrez ou damas... haveria também mesas de bilhar... E poderia até mesmo se fazer lá dentro do MIS uma sala de leitura com revistas e livrinhos... Sim, aquela seria uma boa solução para o BEG, recuperar um pouco da soma absurda que gastara com o Museu da Imagem e do Som, destinando o prédio aos funcionários do banco, para que ali tivessem um lugar de lazer, inexistente até então para o quadro funcional da instituição financeira.

Foi, portanto, arrasado que Ricardo deixou o gabinete do presidente do BEG. Dirigiu-se para o MIS e, após ter se reunido com Ary Vasconcelos e Almirante, além de telefonar para os já amigos Lúcio Rangel e

Sérgio Porto, resolveu partir imediatamente para o Palácio Guanabara. Lá, entraria em contato com Luiz Alberto Bahia, com o cuidado também de telefonar antes para Álvaro Americano, que se diria pasmo ante a ideia de Carlos Alberto Vieira: "O Carlos Alberto está totalmente equivocado. Isso não pode ser feito. Não fale nada à imprensa, Ricardo, procure imediatamente o Luiz Alberto Bahia. E não deixe de falar com o Humberto Braga também".

> A posição de Luiz Alberto Bahia foi a mesma de Americano. Solicitou a Ricardo que não falasse nada com a imprensa e com ninguém, em particular, porque tudo poderia ser ajeitado ainda. Álvaro Americano apareceria no Palácio da Guanabara – trabalhava ali perto, na Erasmo Braga, 118 –, e os dois, Bahia e Americano, renovariam as esperanças de Ricardo, dizendo que achariam uma solução. Não poderiam assegurar exatamente a verba mensal, prevista no estatuto da Fundação Vieira Fazenda, a ser repassada pelo BEG. Se Carlos Alberto Vieira dizia que não daria um tostão para a nova instituição, os amigos do Palácio Guanabara, no tocante àquele problema, nada poderiam fazer... Mas o tempo, o salvador tempo, iria acabar resolvendo o impasse.

O tempo e a opinião pública, pois a saída encontrada foi a de pressionar o BEG e seu presidente a partir do sucesso do MIS junto à mídia e aos visitantes. Sendo que o primeiro grande passo, neste sentido, foi a já citada criação dos depoimentos para a posteridade e a repercussão do primeiro, o de João da Baiana. Pois se, ao ser inaugurado, o MIS só mereceu algumas notinhas na imprensa, tamanho foi o acúmulo de inaugurações vertiginosas de Lacerda em seu final de governo – e, em seguida, a atenção dos leitores de jornais se voltaria sobretudo para o confronto de Lacerda com Negrão de Lima e a polêmica que envolveria o governo de oposição – com os depoimentos dos grandes sambistas tudo mudaria da água para o vinho. O MIS "estouraria a boca do balão". Ou, como diz Ricardo:

Houve um *éclat*. Um parto súbito e inesperado, a partir daquela ideia de fazer algo de cunho sociológico e levar os sambistas para o Museu, a fim de que contassem suas vidas, inclusive alguns segredos. Aquilo teve um impacto forte pela absoluta originalidade no contexto cultural e até mesmo político da época. O efeito foi fantástico e, logo após o depoimento de João da Baiana, houve um imenso interesse das pessoas querendo saber o que era o MIS. É claro que agarrei a oportunidade com unhas e dentes. Uma semana depois marquei o segundo depoimento, com Pixinguinha, que viria a ser realizado em setembro daquele ano, ou seja, 1966. E a repercussão continuou. Houve um banho de matérias nos jornais, ocupando as primeiras páginas. O *JB* deu chamada na primeira página, com foto, e também uma grande reportagem no Caderno B. Pixinguinha falava com intelectuais. Foram publicadas crônicas a respeito. Elsie Lessa escreveu no *Globo*, Rubem Braga no *Diário de Notícias*. Muitos amigos me ligaram, querendo saber o que era o Museu, o que era essa história de gente da música, o pessoal da antiga, gravar depoimentos, alçando-se ao *podium* da imortalidade.

Logo depois viria o terceiro depoimento, com Heitor dos Prazeres, em outubro, e a onda de sucesso cresceu ainda mais, com a repercussão na mídia tendo se avolumado como turbulento e benéfico mar em agitação. Ricardo diz ter conhecido Heitor quando este ainda morava nas imediações da antiga Praça Onze, num casarão muito bonito, que havia sido filmado pouco antes por Antônio Carlos Fontoura num documentário muito digno sobre o músico, compositor e pintor. Tímido e gentil, no princípio Heitor dos Prazeres quis recusar o convite para fazer o depoimento, tendo dito a Ricardo que "não sabia falar":

> O senhor quer fazer uma gravação comigo, doutor Ricardo? Pois não faz bem. O que faço é cantar, quando posso. Falando a verdade, nem estou cantando mais, expresso-me atualmente através da pintura.

Heitor pegou então Ricardo pelo braço, levando-o ao corredor do casarão no qual residia, cheio de quadros primitivos belíssimos, que haviam encantado a crítica internacional. Telas que ganharam prêmios importantes e conquistaram poetas e literatos. Quem ajudara o músico no começo de sua trajetória profissional como pintor fora Carlos Drummond de Andrade. Tendo-o conhecido como contínuo no Ministério da Educação, o autor de *A rosa do povo* incentivara sua arte tão pessoal com crônicas e poemas. Com isso, passara a ficar muito bem conceituado junto à intelectualidade, com seus quadros extremamente coloridos adquirindo alto valor no mercado de arte brasileiro. Um mercado que Ricardo conhecia bem desde os tempos em que se envolvera com Djanira, durante o episódio do mural para o túnel Santa Barbara. Tanto que escreveria posteriormente várias apresentações para exposições de artistas plásticos, além de manter uma coluna em jornal sobre o tema.

Assim como ocorrera com João da Baiana e com Pixinguinha, a gravação com Heitor dos Prazeres, que fora pedida, na realidade, por Drummond, preocupado com a doença do amigo (Heitor era portador de câncer no pâncreas), resultaria num depoimento inestimável:

> Registramos cerca de duas horas de depoimento com Heitor. Mostrou-se ofegante, cansado. Amargurado, até mesmo desesperado. O depoimento foi muito importante, até porque seria um depoimento final, marcado pela morte que já se avizinhava. Ele morreria pouco tempo após a gravação. Com isso, criou-se um mito de que quem gravava para o MIS corria o risco de morrer logo em seguida. Sérgio Porto, por exemplo, que fazia parte do Conselho Superior de Música Popular Brasileira, não quis conceder um depoimento. Participou de gravações com outras pessoas, mas ele mesmo não quis deixar um registro pessoal. Morreria em 1968, vítima de infarto fulminante. Quem também não quis gravar, por causa da morte de Heitor, foi Aracy de Almeida. Insisti muito com Aracy, mas ela bateu pé, me mimoseando com um sonoro "vá à merda, seu urubu de mal agouro".

Estes três primeiros depoimentos, os de João da Baiana, Pixinguinha e Heitor de Prazeres, ao colocarem num pedestal essas figuras populares, até então objeto de certo preconceito cultural, de acordo com Ricardo, deram uma nova diretriz ao Museu de Imagem e do Som. A diretriz de que o MIS estava destinado a preservar e cultuar "os bambas" da música feita na cidade, cobrindo-os de glória. Com isso, novos depoimentos se seguiriam – Donga, Ataulfo Alves, Caymmi, entre outros tantos –, com a mídia sempre se fazendo presente, anotando e registrando fatos, dados e curiosidades das vidas dessas personalidades tão díspares, que em comum tinham o amor pela música de raiz, aquela que nascera nos quintais das tias baianas da Praça Onze.

Os depoentes, como já foi dito aqui, eram indicados pelos quarenta membros do Conselho Superior de Música Popular Brasileiro. O sucesso da iniciativa foi tão grande que Ricardo resolveu criar, dentro do MIS, outros seis conselhos, de música erudita, teatro, literatura, cinema, artes plásticas e esporte, que também escolheriam personalidades de suas respectivas áreas para que fossem entrevistados para a posteridade:

> Como diretor do museu, achei que não deveria absorver sozinho essa responsabilidade histórica de indicar quem mereceria ser coberto pela glória da posteridade – palavra-chave do sucesso dos depoimentos. Os conselhos, que juntavam o melhor da crítica de cada setor, é que designavam as pessoas a serem ouvidas. Para aumentar o prestígio dos conselhos, resolvemos criar, em seguida, os prêmios anuais Golfinho de Ouro e Estácio de Sá. E foi com este desenho de promoção cultural que os depoimentos para a posteridade vararam os anos de 1967 a 1971, sempre com enorme sucesso.

O ano de 1967, aliás, na lembrança de Ricardo, foi um grande ano, aquele em que o MIS começaria a colher os louros da planificação autocastradora de seu diretor, que em vez de agir sozinho decidira dividir as decisões dentro do museu com os quarenta membros de cada um dos sete conselhos culturais:

> Havíamos criado uma fórmula perfeita, que resultaria em mais repercussão e credibilidade para os depoimentos. A partir daí, personalidades dos setores os mais variados também passaram a ser ouvidas. No total, registramos naqueles anos seiscentos depoimentos. Na sala de gravações do MIS, sucediam-se personalidades da música popular e erudita, atores, diretores de teatro, escritores, pintores, arquitetos... Fizemos gravações com Gianfrancesco Guarnieri, Guerra-Peixe, Francisco Mignone, Di Cavalcanti, Djanira, Samsom Flexor, que veio especialmente de São Paulo para ser entrevistado. Cheguei a visitar o marechal Humberto de Alencar Castelo Branco e Juscelino Kubistchek para que seus depoimentos pudessem ser incorporados ao acervo do museu. No esporte, lembro-me que ouvimos Pelé e Ademar Ferreira da Silva. Pelé gravou cinco horas. E Ademar, mais contido, duas horas. Chegou a se emocionar, num dado momento da gravação, fazendo com que todos nós que o ouvíamos achássemos que ia chorar, mas não chorou, a lágrima não jorrou.

A razão da emoção de Ademar? Ricardo não se lembra muito bem, mas não há de se esquecer nunca do que considera que foram dois longos minutos de imensa emoção, tensão e beleza:

> Ele parou engasgado, sem conseguir falar. Tínhamos aquele homem parado à nossa frente... e nós também paralisados, silenciosos... Ele passou aqueles dois minutos intermináveis engasgado. Não sei muito bem, creio que falava sobre sua saída, ou seja, de quando abandonara o esporte... Ademar fora campeão de salto olímpico. Mas depois não conseguira mais ser atleta. Nós ficamos esperando a lágrima que não vinha, durante aqueles minutos silenciosos. Aquela lágrima que não jorrou foi umas das mais profundas emoções vivenciadas nos depoimentos que fizemos.

A literatura, é claro, não poderia ficar de fora e não ficou. Nem a literatura nem o cinema, nem o teatro. O MIS, naqueles anos, colheu os depoimentos de Gilberto Amado, Luiz Câmara Cascudo, Austregésilo de Athayde, Jorge Amado... Ricardo fez questão também de registrar a voz de uma personalidade que andava muito esquecida na época, e que fora um dos precursores do modernismo, Adelino Magalhães. Já entre atores e cineastas, foram ouvidos Oscarito, Grande Otelo, Pedro Lima, Ademar Gonzaga, Humberto Mauro...

> Gravamos um universo imenso de pessoas, entre 1966 e 1971, a época em que fiquei à frente do Museu da Imagem e do Som. Os depoimentos me fizeram ficar cerca de duas mil horas dentro do estúdio, convivendo com aqueles testemunhos para a posteridade. Duas mil horas tomando carona na visão daquelas pessoas que haviam feito o Brasil ficar melhor, mais interessante e mais vivo. Um país que tivera uma convivência cultural sem preconceitos com toda aquela gama de personalidades.

Conta ainda o musicólogo, voltando a acentuar que a partir daí surgiria em centros de pesquisas uma certa mania de registrar memórias. O depoimento oral passava a ser descoberto e valorizado por várias instituições, entre elas o CPDOC, da Fundação Getúlio Vargas. Sobre os testemunhos concedidos ao MIS, ele ainda observa o seguinte:

> Em nossos depoimentos, a visão, como já disse, era mais sociológica do que científica. As pessoas diziam o que queriam e como queriam. Diziam as suas verdades. Ou mentiras eventuais. A oralidade testemunhal foi então absorvida por várias outras instituições, que vieram na esteira do MIS. Nós demos o rumo, o compasso, definindo a atuação do Museu, que ainda não havia sido estruturado quando passei a dirigi-lo. Costumo dizer, quando afirmam que fui o fundador do MIS, que na realidade fui o estruturador. Quem fundou foi Lacerda. Já eu, o primeiro diretor, tenho orgulho de ter estruturado a base do Museu.

Um orgulho que tem sua razão de ser. Não é por vaidade que Ricardo afirma isso. Ele tem mesmo todos os motivos para se sentir orgulhoso, como afirmou, por exemplo, a crítica de teatro Barbara Heliodora, uma amiga de longa data, que nos deixou em 2015. Barbara não se lembrava da data exata em que Ricardo começou a frequentar a casa dos pais dela, Marcos Carneiro de Mendonça e Ana Amélia, no Cosme Velho, o famoso Solar dos Abacaxis. Ela acreditava que o primeiro contato com Ana Amélia foi feito através da Casa do Estudante, quando Ricardo ainda trabalhava na Sursan, com Enaldo, nos tempos de Lacerda. Ele devia estar por volta dos 20 anos. Historiador, ex-goleiro do Fluminense, o pai de Bárbara tinha uma biblioteca muito boa, que atraía Ricardo, assim como as conversas com o culto casal. A amizade com a família Carneiro de Mendonça se estreitou tanto, que não somente Barbara ficaria amiga de Ricardo para toda a vida, como também sua filha Patrícia, conforme ela conta a seguir:

> Ricardo gravou os depoimentos de meus pais. Eu os acompanhei ao MIS, na ocasião. Minha mãe foi quem criou a Casa do Estudante do Brasil. Existe até uma praça Ana Amélia com busto dela perto da rua Santa Luzia. Já meu pai, além de ter sido goleiro da seleção, tricampeão pelo Fluminense nos anos de 1917, 1918 e 1918, depois viria a se interessar muito por história, tendo comprado o arquivo do Marquês do Lavradio e se especializado em Marquês do Pombal. Recordo-me que Ricardo também gravou o depoimento de Napoleão Oliveira, o filho de uma lavadeira que fora criado por meus bisavós e que se tornaria carteiro, apesar de que o queria mesmo era ter sido oficial do Exército. Napoleão era muito amigo de Jacob do Bandolim e do Clube Carnavalesco Ameno Resedá. Acanhado, ele ficou com medo de depor, mas acabou aceitando, devido à insistência de meus pais e de Ricardo. Eu mesma, mais velha, daria um depoimento ao MIS, mas já não seria no tempo de Ricardo na diretoria. Não, ninguém pode tirar isso dele. Ele criou os depoimentos orais. Preservou a memória da música popular brasileira.

Barbara observou que estava feliz por saber que a memória de Ricardo também será preservada, através de um livro, uma biografia, "porque nada mais justo de que tudo o que ele fez fique também bem documentado".

Como a história de Ricardo é muito longa, vamos deixar outros depoimentos a respeito da importância de seu trabalho no MIS para o final deste livro. Por enquanto, fiquemos apenas com essas palavras inatacáveis de Barbara Heliodora, que acompanhou, com admiração e carinho, todos os feitos do antigo frequentador do belo solar de sua família até ele criar o Instituto Cultural Cravo Albin.

Os discos e os cursos

ALÉM DE TER PROMOVIDO os depoimentos orais, com o apoio dos membros dos conselhos culturais, enquanto esteve à frente do Museu da Imagem e do Som, Ricardo dedicou-se também a produzir discos. E ficou, como ele mesmo confessa, com "mania de gravação", mania esta que o levaria a registrar, para arquivo, os festivais de música, dos quais participaria como jurado, e os desfiles de escolas de samba.

> Foi uma loucura. Eu queria gravar tudo. Parecia que eu queria gravar "o som do Rio". O que eu podia eu gravava... depoimentos, shows beneficentes que fazíamos no MIS, escolas de samba, festivais. Hoje eu percebo o quanto fiquei siderado, obcecado com as gravações. Os recursos sempre foram mínimos, mas a vontade era imensa.

Os dois primeiros discos produzidos pelo MIS foram aqueles feitos por Ary Vasconcelos, ainda em 1965, ou seja, o de Noel Rosa, cantando suas próprias composições, e o de Carmen Miranda, que teve o objetivo de marcar os dez anos da morte da mítica cantora luso-brasileira, nascida em 1909 e falecida em 1955. A partir de 1967, Ricardo resolveu retomar a produção de discos, tendo feito um total de cerca de trinta títulos, enquanto esteve à frente do MIS. Pequenas obras-primas, tanto que a maioria deles virou preciosidade de colecionador:

Foram quase trinta discos, nos quais registramos tudo aquilo que considerávamos que valia a pena, muitas vezes em eventos e shows. Os dois primeiros discos foram os de Maria Lúcia Godoy: o que ela gravou acompanhada por Murilo Santos, homenageando Manuel Bandeira, que ainda estava vivo e ficou encantado diante da possibilidade de ter em disco as inúmeras letras que fez, especialmente para Jayme Ovalle, Villa-Lobos e Edino Krieger, enfim, um disco muito bonito, com prefácio na capa de Paulo Mendes Campos… Já o segundo, para o qual arranjei um patrocínio do governo da Amazônia, foi composto de músicas basicamente de Waldemar Henrique. A gravação da voz de Maria Lúcia foi feita em estúdio, no MIS. Guerra-Peixe fez os arranjos e nele há também três canções inéditas do amazonense Claudio Santoro, com letras de Vinicius de Moraes. O disco se chama *Canto da Amazônia*.

O terceiro, cuja produção ficou a cargo de Hermínio Bello de Carvalho, foi com Clementina de Jesus e se chamava *Clementina, cadê você*. Houve também discos testemunhais, como o de Ataulfo Alves, produzido em 1968, e o de Pelé, que foi vendido pelo museu à loja de roupas Ducal, para que oferecesse como brinde de fim de ano. Pois o MIS, desde o impasse com o BEG, estava sempre às voltas com dificuldades financeiras, com Ricardo tendo às vezes que pagar os salários dos funcionários com dinheiro do próprio bolso, havendo preocupação, sobretudo, com a remuneração do Almirante, que, pela idade e pelo respeito que merecia, ganhava um pouco mais do que os demais funcionários da instituição.

Ricardo cita também os discos de Turíbio Santos e de Luperce Miranda, mas os que lhe dão o maior orgulho, pelos quais tem um carinho especial, são os que foram feitos a partir de um espetáculo beneficente, a favor do MIS, realizado no teatro João Caetano, em fevereiro de 1968, e do qual participaram Elizeth Cardoso, o Zimbo Trio e Jacob do

Bandolim. Novamente, Hermínio Bello de Carvalho estava participando da elaboração do disco, mas ele e Ricardo se desentenderiam, porque Hermínio queria manter a gravação do espetáculo na íntegra, o que não era possível, por motivos técnicos e também econômicos. Com isso, Hermínio se afastaria da produção e Ricardo ficaria sozinho, trabalhando no laboratório do MIS:

> Produzi o disco por minha própria conta e risco. Houve muita confusão. Elizeth também brigou com o Jacob, e Jacob com Elizeth. Não foi uma briga, propriamente, foi mais uma discordância. Jacob queria que os discos saíssem pela RCA Victor e Elizeth queria que saíssem pelo MIS, com o selo da Copacabana, já que ela era uma das principais estrelas desta gravadora. Seria justo que Elizeth levasse o disco para a sua própria gravadora, já que ela estaria na capa no disco e os direitos do espetáculo haviam sido cedidos para o museu. Trabalhamos de graça, gravamos o show com dois técnicos do museu. Gravação que ficara tão boa que logo pensei em editar os discos. Depois de muita discussão, consegui fazer um pacto diplomático. As primeiras cinco mil cópias sairiam pela RCA Victor e as demais sequências pela Copacabana. Fiquei cuidando, em estúdio, por um mês, de toda a produção dos dois LPs.

Os direitos desses discos, na maioria dos casos, acabaram ficando com o próprio Museu da Imagem e do Som, porque seriam repassados pelas gravadoras à instituição. Caso, por exemplo, dos direitos do disco de Turíbio Santos, editado pela Erato francesa. 1968, o ano do disco da Elizeth, foi um ano, aliás, que começara bem para o MIS, porque em janeiro, no dia 20, aniversário de São Sebastião do Rio de Janeiro, havia ocorrido a primeira entrega dos prêmios Golfinho de Ouro e Estácio de Sá, relativa ao ano de 1967, em solenidade presidida pelo governador Francisco Negrão de Lima e transmitida ao vivo pela TV Globo. Todos os premiados compareceram, entre eles Nelson Pereira dos Santos, agraciado pelo Conselho de Cinema; Maria Clara Machado, pelo de Teatro; Adonias Filho, homenageado pelo Conselho de Literatura; Oscar Niemeyer, pelo Conselho de Artes Plásticas; e Chico Buarque de Hollanda, pelo de Música Popular. Com isso, o MIS, cada vez mais, ia adquirindo prestígio e repercussão.

Além dos prêmios e dos discos, para tornar o museu um centro permanente de atuação e animação cultural, evitando que suas salas ficassem ociosas – sempre visando a fazer dinheiro para a instituição –, foram também criados cursos de línguas (francês e inglês), cursos livres de artes plásticas, cinema, literatura e até relações públicas, o que antecipou o aparecimento de Faculdades específicas, cada um deles sendo concebido e produzido pelo conselho cultural correspondente.

Com isso, o MIS virou um centro cultural animadíssimo, com entrada e saída permanente de pessoas, no pequeno prédio no Centro do Rio, próximo ao Albamar, ao mesmo tempo em que, por meio de todas essas atividades – discos, cursos, shows, livros de gravuras e exposições –, eram levantados fundos para se arcar com a folha dos funcionários vinculados à Fundação Vieira Fazenda.

Sem falar que, em meados da década de 1960, em paralelo, estava acontecendo algo muito importante na área da música popular brasileira: os festivais de música. Pois o tempo em que Ricardo Cravo Albin presidiu o MIS foi exatamente "o momento dos festivais", aquele momento muito especial que ocasionou o surgimento de uma enorme constelação de novos compositores, cantores e cantoras. Não só passariam a ser conhecidos pelo Brasil inteiro, devido à transmissão dos festivais pela TV, como se consagrariam para todo o sempre no mundo – ou céu de estrelas – da música brasileira. Por ter ganhado notoriedade nacional devido a seu trabalho à frente do MIS, Ricardo seria convidado todas as vezes para ser jurado. Imbuído por aquela obsessão permanente pela gravação, já aqui mencionada, aproveitaria para registrar os festivais. Novamente entrariam em cena as duas guias, Lurdinha e Vera Tostes. Em cena, não, mas nos bastidores das gravações, como relembra Vera: "Quando começaram os festivais, o museu gravou tudo, para ficar na memória do MIS. Eu e Lurdinha íamos com os técnicos ouvir os festivais da canção. Ficávamos lá atrás, com a equipe de gravação.

Jurado de festivais

A HISTÓRIA DOS FESTIVAIS da canção, na realidade, começou bem antes da criação do Museu da Imagem e do Som. Até explodir e conquistar todos os brasileiros, veio devagarinho e o próprio Ricardo conta os seus primeiros passos. Como ele se recorda, o primeiro festival ocorreu, em 1960, no Rio. Promovido pela extinta TV Rio, pelas lojas O Rei da Voz, de Abrahão Medina, e pela gravadora Copacabana, chamava-se Festival do Rio e fez um concurso denominado "As dez mais lindas canções de amor", cujas músicas vencedoras "ficariam registradas num disco antológico". A canção que ganhou o certame foi a de Ary Barroso, "Canção do amor maior", mas a ganhadora moral, a que conquistara os corações, foi "Ternura Antiga", com letra de Dolores Duran e música de Ribamar. Uma homenagem póstuma à cantora. "Póstuma, porque Ribamar pegou a letra e a musicou. Dolores morrera em 1959 e quem a cantou no festival foi Ellen de Lima", conta Ricardo, acrescentando que também fez muito sucesso, na ocasião, "Poema do adeus", de Miltinho e Luiz Antônio, e "Afinal chegaste", de Paulo Soledade.

Uma curiosidade a respeito deste primeiro festival no Rio foi a participação de Newton Mendonça, o grande parceiro meio que esquecido de Tom Jobim em "Desafinado" e "Samba de uma nota só". Nascido em 1927, o compositor e exímio instrumentista – além de pianista, era violinista e gaitista – morreria exatamente em novembro de 1960. Sua música "Seu amor, você..." foi defendida por Lenita Bruno e foi uma das classificadas entre "As dez mais lindas canções de amor".

Três anos depois, em 1963, a TV Rio e Abrahão Medina fariam o festival "Um milhão por uma canção". Neste caso, foram doze as músicas escolhidas. Os arranjos foram do maestro Gaya. Entre os intérpretes, destaca Ricardo, estavam Dalva de Oliveira – cantou "Sempre te amarei" –, os Golden Boys, Cauby Peixoto, Agnaldo Rayol, Ellen de Lima, Francisco José, Hebe Camargo.

> A grande orquestra da TV Rio teve à frente o maestro Oswaldo Borba. Não houve vencedores formais, tendo sido aceitas as doze escolhidas. Luiz Antônio escreveu "Uma canção por um milhão", que foi interpretada por Helena de Lima; Ary Barroso compôs com Luiz Peixoto "Longe de você", cantada por Cauby Peixoto; Elza Laranjeiras interpretou "Se todo o amor do mundo", de Álvaro Santos, e Os Golden Boys defenderam "Mais que todo amor", de Fernando Cesar e Britinho. Havia também uma música de Ribamar, "Tudo que sonhei", e outras canções menos significativas."

Ricardo faz questão de citar ainda "A ausência de nós dois", de Silvino Neto, interpretada por Francisco José, e mais uma de Ribamar, "Estou chorando, tô aqui".

No ano seguinte, 1964, após o golpe militar, Medina e a TV Rio ainda promoveriam mais um festival, desta vez chamado "Dez milhões por uma canção", testemunho muito claro do processo inflacionário. Ellen de Lima foi a intérprete da canção vencedora, "A lei do mais fraco", parceria de Jacobina e Murilo Latini. Vale lembrar que nesses anos iniciais da década de 1960 outras redes de TV também produziam seus festivais e shows musicais, com a televisão se fortalecendo cada vez mais como um meio de entretenimento e de divulgação da música brasileira. No

Rio, a Tupi tinha o Festival Cinzano da Canção Brasileira, a Record fez a sua I Festa da Música Popular Brasileira, e a Excelsior realizou a Cancioníssima-6" e Noites da Bossa Paulista, ocorrendo, em paralelo, festivais regionais de música.

O grande festival, no entanto, de repercussão nacional, ainda iria acontecer. Inspirado no festival de San Remo, o produtor musical Solano Ribeiro, que havia sido convidado por Boni para cuidar da programação da TV Excelsior, junto com os jornalistas Franco Paulino e Moraci do Val, concebeu um grande festival de música, promovido pelas lojas Eduardo, do qual deveriam participar artistas do Rio e de São Paulo. O festival seria realizado – chamar-se-ia "Primavera Eduardo é Festival de Bossa Nova" – e dele participaria pela primeira vez uma neófita intérprete gaúcha, chamada Elis Regina. Mas, o evento ainda não decolaria nacionalmente.

O grande sucesso só viria em 6 de abril de 1965, quando Solano Ribeiro estreou, em Guarujá, o I Festival da Música Popular Brasileira, também transmitido pela Excelsior. Entusiasmados com a onda crescente de festivais, jovens compositores, sobretudo do Rio e São Paulo, se inscreveram. "Arrastão", de Edu Lobo e Vinicius de Moraes, cantado por Elis Regina, explodiu, conquistando o primeiro lugar, com o movimento de braços da carismática cantora tendo se tornado lendário em todo o país. O segundo lugar iria para "Valsa do amor que não vem", de Baden Powell e Vinicius, defendido por Elizeth Cardoso. Devido a seu enorme sucesso em Guarujá, Elis seria contratada pela Record para fazer o programa *O Fino da Bossa*, fortalecendo o *cast* de astros da emissora, que se especializaria em festivais, shows musicais de astros nacionais e internacionais e lançaria ainda vários outros programas, como o *Bossaudade*, apresentado por Elizeth Cardoso e Ciro Monteiro, e o juvenil *Jovem Guarda*, com Roberto Carlos, Erasmo e Wanderléa.

A partir de 1966, já à frente do MIS e iniciados os famosos depoimentos para a posteridade, Ricardo Cravo Albin começaria a ser convidado para participar de júris de outros festivais. Lembra-se bem de que 1965 foi o ano de "A banda", de Chico Buarque de Hollanda, cantada por uma Nara Leão inusitadamente cheia de alegria, já no festival organizado pela TV Record de São Paulo, o I Festival de MPB. O troféu de primeiro lugar seria dividido entre a composição de Chico e a música "Disparada", de Geraldo Vandré, defendida também com muito entusiasmo por Jair Rodrigues. Divisão essa que não seria muito aceita pelo público. Já Nara Leão e Chico foram os que conquistaram o coração dos ouvintes presentes no auditório da Record. A história provaria que o público estava pleno de razão. Sempre costuma ter razão, aliás. Pois, "A banda" ficaria para sempre na memória musical do povo brasileiro, enquanto que "Disparada" seria ofuscada. O animado intérprete da música de Vandré, no entanto, não mais seria esquecido, com Jair Rodrigues tendo se reunido posteriormente a Elis Regina para agitar um pouco mais o programa *O Fino da Bossa*.

O ano de 1966 foi também o ano da primeira edição do Festival Internacional da Canção Popular (FIC), do Rio de Janeiro, criado pela Secretaria de Turismo do estado e organizado por Augusto Marzagão. Realizado no Maracanãzinho, entre 20 e 30 de outubro, a transmissão estava a cargo da TV Rio. Presidido por Mozart de Araújo, o júri contava com Almirante, Aloisio de Alencar Pinto, Arnaldo Niskier, Edigar de Alencar, Eliane Pittman, Elizeth Cardoso, Flávio Cavalcanti, Gilka Sezerdelo Machado, Henrique Pongetti, Hermínio Bello de Carvalho, Ilmar de Carvalho, João Maurício Nabuco, Justino Martins, Juvenal Portella, Mauro Ivan, Roberto Menescal, Sandro Moreyra, Chico Buarque de Hollanda e Ricardo Cravo Albin. Os orquestradores das composições da parte nacional, comenta Ricardo, eram excelentes: Hekel Tavares, Radamés Gnatalli, Eumir Deodato, Lindolpho Gaya, Renato de Oliveira, Lyrio Panicalli e Oscar Castro Neves, entre outros.

Houve uma pré-seleção das músicas feita por Marques Rebelo, Guerra-Peixe, Geny Marcondes, Nelson Lins e Barros e Lindolpho Gaya, todos membros do Conselho Superior de Música Popular Brasileira do MIS, com exceção de Gaya. Foram escolhidas 36 canções. A participação de Chico Buarque no júri, segundo Ricardo, foi bem discreta. Os mais ativos e falastrões eram Hermínio Bello de Carvalho, Flávio Cavalcanti, Elizeth Cardoso, Roberto Menescal e Eliana Pittman. Não que Chico fosse mal-humorado, mas apenas criteriosamente quase não se pronunciava a respeito das composições dos colegas, preferindo ficar em silêncio. "Como esse menino é calado", observaria Elizeth.

A apresentação da solenidade foi feita por Adalgisa Colombo e Murilo Néri. A vencedora, na parte nacional, foi a música "Saveiros", composta por Dori Caymmi e Nelson Motta e interpretada por Nana Caymmi, resultado muito mal recebido pelo público. Novamente, ocorreu uma espécie de divisão ou abismo entre o gosto do público e o do júri:

> Público e júri, em geral, não se acertavam muito bem. Escolhemos "Saveiros", música que seguia a tradição do velho Caymmi, muito bonita, mas o público a vaiou. Lembro-me muito bem desta vaia terrível. Nana não costumava se apresentar no Rio. Havia se casado e morara por muito tempo na Venezuela. Encontrei-a nos bastidores e ela estava mortificada. Com lágrimas nos olhos, não estava nem pálida, estava roxa. Achei que ela poderia ter um infarto, ali mesmo, e morrer. Abraçou-se comigo – nunca me esqueço – fora de si. "Você vê, Ricardo? Você vê que tipo de gente é essa? Por que fui vaiada? Eu sou uma cantora e cantei a música mais bonita..." Foi um momento de aflição, aquele. Nós nos abraçando e lamentado a vaia monumental que ela levara. Geralmente o júri saía e não ia cumprimentar os artistas. Eu sempre gostava de ir aos bastidores, falar com os intérpretes. E naquele caso fiz questão de ir cumprimentar Nana.

Em sua opinião, a grande injustiçada do festival, no entanto, não foi "Saveiros", mas sim "Canto Triste", música de Edu Lobo e Vinicius, que foi cantada magistralmente por Elis, e sequer foi considerada pelo júri. Estando em suas plenas funções no MIS, Ricardo também guarda na mente algumas outras lembranças significativas deste primeiro FIC, relativas aos convidados internacionais. Uma delas diz respeito ao encontro com David Raskin, presidente da *Composers and Lyricist Guild of America*:

> Raskin, presença ilustre do I FIC, era o autor de "Laura", a célebre música cuja primeira gravação fora feita, nos Estados Unidos, por Dick Farney. Conversando com ele no MIS, disse-me algo muito interessante: não poderia imaginar "Laura" cantada melhor do que fora cantada por Farney, em sua primeira viagem aos EUA, em 1946 ou 1947. Comentei que esperava que sua observação não fosse apenas uma *flatterie* pra elogiar o Brasil. E ele reafirmou que podia testemunhar que de todas as gravações que haviam feito de sua canção – quase todos os grandes cantores do mundo haviam interpretado "Laura" – ninguém nunca a cantara com a propriedade de Farney.

Raskin viera ao Brasil acompanhado de uma dupla americana importantíssima, Jay Livingston e Ray Evans, e de Henry Mancini. Todos os quatro foram levados por Ricardo ao MIS para gravarem depoimentos. No caso de Mancini, a impressão que deixou foi bem desagradável. Ou, como diz Ricardo, "o convívio curto foi bem pouco prazeroso". Mal-humorado, só ficou no museu cerca de meia hora, respondendo às perguntas que lhe eram feitas com muita má vontade. Uma das causas da má vontade é que o famoso compositor, pianista e arranjador temia que o MIS fosse um estúdio particular. Ricardo explicou-lhe, então, tratar-se de uma instituição pública, ligada ao estado que estava patrocinando o festival e a própria vinda de Mancini ao Rio, mas mesmo assim o orquestrador americano se manteve pouco cortês, até conseguir sair do museu. Já a dupla

Livingston e Evans, autora entre outras canções celebérrimas da música cantada por Doris Day no filme de Hitchcock *O homem que sabia demais*, ou seja, do hoje clássico "O que será, será" ou "Whatever will be, will be", foi extremamente gentil, dando um ótimo depoimento. A música que trouxeram para competir no Rio chamava-se "Canção da Nostalgia", que ficaria perdida na poeira do tempo, infelizmente.

Também estiveram presentes no festival o compositor Johnny Mandel, autor de "The shadow of your smile", cantada por Frank Sinatra; os maestros Les Baxter e Nelson Riddle; o compositor austríaco Udo Jurgens, autor de "Merci, chérie", e o mexicano Roberto Cantoral, que cantou o bolero "La piel" e que ficara conhecido em seu país por ser o autor da música da novela "Direito de nascer", entre outros sucessos.

Enfim, o festival surpreendeu, pois ninguém imaginava que tantas personalidades internacionais aceitariam vir ao Rio, dando espetáculos quase que de graça no Maracanãzinho, gentileza que Ricardo atribuiu à simpatia e ao encanto quase que de bruxo de Augusto Mazagão. E se Mancini foi antipático ao depor no MIS, no estádio ele encantaria o público, tendo apresentado num dos entreatos do concurso uma seleção de seus maiores sucessos. Com isso, ao serem feitos seis LPs pela Secretaria de Turismo, apoiados pelo MIS com as músicas nacionais e internacionais que participaram do certame, o número escolhido para abrir o primeiro disco passou a ser exatamente o show de Mancini, com o piano e as cordas da orquestra abordando os seus temas imortais.

Se o primeiro festival do Rio foi, indubitavelmente, um imenso sucesso, apesar de ter sido conturbado pela vaia dada a "Saveiros", o segundo, acontecido em 1967, seria uma edição histórica. A TV Globo assumira o evento, que transmitiria até 1972. Marzagão, por outro lado, decidira transferir a administração do festival para o Hotel Glória. No Glória, o júri da pré-seleção analisou mais de cinco mil músicas enviadas por profissionais e compositores estreantes, ou ainda não profissionais, do Brasil inteiro. Numa das visitas que fizera ao hotel para se encontrar com Marzagão, Ricardo diz que Eumir Deodato lhe informara que havia entre os concorrentes um menino espantoso. Tanto que Marzagão estava entusiasmadíssimo com o rapaz, que certamente seria a grande revelação do festival. Eis de que se recorda Ricardo sobre o seu primeiro encontro com Milton:

> Era um menino de Minas Gerais, um *crooner* com uma voz muito bonita, rara. Além de cantor, era compositor e tocava um violão muito decente. Milton Nascimento, este era o nome do jovem mineiro desconhecido, que me foi apresentado pelos corredores do Hotel Glória cerca de um mês antes de o festival ser realizado. Neste primeiro encontro, achei-o uma pessoa absolutamente tímida, muito insegura e modesta. Não me marcou muito. Mas naturalmente eu ainda não o tinha ouvido. Na hora do festival, quando ele começou a cantar uma das três músicas que inscrevera – a comissão selecionara as três músicas de sua autoria, o que chegava a ser um escândalo, pois somente uma grande revelação obteria uma exceção de tal ordem –, fiquei num total estado de entusiasmo. Acho que ele começou com "Maria, minha fé", depois cantou "Morro Velho", e por último "Travessia".

O que mais impressionava, continua a contar, é que Milton apresentava a sua composição sozinho, acompanhado por seu próprio violão, havendo apenas uma pequena inserção da orquestra, muito sutil, feita pelo maestro Gaya. Mas a força toda estava mesmo no próprio cantor:

> Milton executou suas músicas vestindo um *smoking* bem convencional. E eu fiquei fã, totalmente devoto daquela revelação. Conduzi o júri dizendo que cada uma daquelas três músicas poderia perfeitamente ficar em primeiro lugar. Em minha opinião, a dificuldade era escolher que música de Milton deveria ficar entre as cinco primeiras colocadas.

O júri optaria por "Travessia", mas, ao contrário do que desejava Ricardo, esta música não ficaria em primeiro lugar, e, sim, em segundo. O primeiro lugar seria destinado a uma canção da qual o então diretor do MIS não gostara muito, a "Margarida", de Gutemberg Guarabyra, mas que caíra no gosto do público. Já o terceiro lugar seria concedido a "Carolina", de Chico Buarque, defendida por Cynara e Cybele. Naquela altura, Chico já era visto como uma estrela dos festivais, pois, desde "A banda", quando arrebatara corações no festival da Record, o compositor de olhos verdes e com cara de bom moço se transformara em unanimidade nacional. "Chico virou o namorado do Brasil. Todos o amavam. Com sua música e doçura, era considerado o filho, o pai, o amante, o marido e o amigo ideal para qualquer pessoa", diz Ricardo.

Enquanto transcorriam no Maracanãzinho os festivais do Rio, os de São Paulo não haviam parado de acontecer. Tanto o da Excelsior como o da Record haviam ficado conceituadíssimos junto à crítica especializada e ao público. Ricardo, convidado para ser jurado em tantos festivais, evoca o evento promovido pela Record, um festival polêmico, que faria história, porque nele se apresentariam Caetano Veloso, com sua magistral "Alegria, alegria", acompanhado pelas guitarras elétricas dos Beat Boys, e Gilberto Gil, com um arranjo arrojadíssimo para "Domingo no parque", criado por Rogério Duprat especialmente para Gil e Os Mutantes. Foi o momento célebre do surgimento do Tropicalismo, e também de sua "fritura". A análise atual de Ricardo sobre a divisão acontecida naquela época é a seguinte:

> A música popular brasileira cindiu-se, naquela altura, em música de tendência ou gosto universalista e a de cunho nacionalista. Uma divisão que hoje não faz o mínimo sentido, mas que naquela época gerou muitas discussões. O estopim havia sido a revolução dos Beatles e seu impacto no meio intelectual. É claro que as pessoas entendiam que acontecera uma

mudança radical de costumes, mas em geral a crítica mais conservadora não aceitava aquele ritmo *beat* considerado fruto de uma música de consumo, que poderia desvirtuar tudo aquilo que fazia parte do Brasil, em termos de experiência musical, fonte, raiz, ou qualquer outro nome que se desse. Ao lado das guitarras elétricas, achava-se que estava a influência ou estrutura do país dominador, ou seja, dos Estados Unidos. Uma grande bobagem. Mas naqueles anos, 66, 67 e 68, aquela visão fazia todo o sentido para uma esquerda que acreditava em nacionalismo.

Com isso, o júri, principalmente nos festivais de São Paulo, rachou-se de uma forma muito clara. Para os que defendiam a música de raiz brasileira, Caetano Veloso não poderia ter usado as guitarras elétricas, vistas como símbolo de "dominação imperialista". Sacrilégio ou anátema. Dentro desta visão purista, o grande ídolo era Chico Buarque de Hollanda, havendo também muita simpatia com relação ao Edu Lobo, já que a maioria dos jurados tinha aversão a qualquer coisa que cheirasse a internacionalismo, vendo com muita desconfiança o trabalho de Caetano e Gil. Continua a analisar, a posteriori, Ricardo:

> Foi um grande erro. Os júris eram predominantemente nacionalistas nos festivais paulistas, dando ganho de causa às músicas de sabor nacional. Caetano e Gil saíram prejudicados. Conversando sobre esse assunto, muitos anos mais tarde, aqui no Largo da Mãe do Bispo (*na casa na Urca, sede do ICCA*) com minha amiga Guguta Brandão (*Maria Augusta Brandão, viúva de Darwin Brandão*), ela disse que nunca pode perdoar aquele júri de 1967. Que tinha ido a São Paulo com Darwin, Mary e Zuenir Ventura, de trem, para ver o festival, e que torcera especialmente por Caetano Veloso. Vaiara enormemente o resultado.

E que resultado fora esse? Um resultado que de certa forma premiara as duas tendências, a "eletrizante" e a de raiz, com o primeiro lugar tendo ficado para "Ponteio", de Edu Lobo e Capinam; o segundo lugar, com "Domingo no parque"; o terceiro, com "Roda viva", de Chico Buarque, defendida pelo próprio Chico Buarque e o MPB-4, e o quarto lugar sendo destinado a "Alegria, alegria". Se não fossem as paixões do momento, poder-se-ia dizer que o júri tentara contentar a todos os gostos. Só que houve muita gente que, como Guguta, achara que o quarto lugar é que deveria ter sido consagrado com o primeiro troféu, apesar das profanadoras guitarras do Beat Boys. Ainda por cima, argentinos...

E não foi apenas pela divisão entre tradicionalistas e tropicalistas que este festival ficaria famoso, já que se trata também do festival de "Beto bom de bola", de Sérgio Ricardo. Ou seja, aquele em que o cantor e compositor, ao ser vaiado, perderia a cabeça e lançaria seu violão sobre o público, criando uma das cenas mais célebres do período de febre dos festivais...

E 1967, para Ricardo Cravo Albin, não acabaria por aí. Pois ocorreu no Rio outro festival, que não era de música, mas sim de cinema. Uma segunda versão daquele festival que acontecera em 1965, nos festejos do IV Centenário da cidade. Dessa vez, ele não seria diretor social, mas também se faria presente, como diretor do MIS, levando personalidades importantes do cinema internacional ao prédio da Praça XV para que deixassem registrados seus depoimentos. Uma dessas personalidades seria Joseph von Sternberg, o diretor de Marlene Dietrich em "O anjo azul", que morreria nos EUA dois anos depois, o que faria com que o registro de sua voz no museu carioca se tornasse um bem valioso. Tanto que Ricardo receberia posteriormente muitas cartas da Europa e dos Estados Unidos pedindo cópias da gravação para vários museus espalhados pelo mundo. O fato é que sempre que podia o ativo diretor se esforçava em levar para o Museu da Imagem e do Som os astros e celebridades internacionais que visitavam o Rio a fim de que deixassem gravados seus testemunhos, ajudando a fortalecer a memória da cidade. Esses visitantes poderiam até mesmo ser chefes de estado que os convocaria para deixar um depoimento. Costumava dizer então: "O diretor do MIS na realidade é seu redator chefe. Um jornalista atento à atualidade."

Passado o vendaval de emoções de 67, quando houve o racha entre nacionalistas e internacionalistas, os festivais de música continuaram a ocorrer, normalmente, no Rio e em São Paulo, chegando ao auge no ano de 1968, já que, após o AI-5, apesar de sobreviverem, seriam envoltos num clima de declínio, para não falar em tristeza e repressão. Neste ano de culminância musical e de crepúsculo da liberdade civil (o habeas-corpus ainda vigorava), em maio seria realizada pela Record a I Bienal do Samba, da qual Ricardo seria um dos organizadores, ao lado de Sérgio Porto, Lúcio Rangel e Sérgio Cabral.

> A Record fez questão de recorrer ao Conselho Superior de Música Popular Brasileira do Museu da Imagem e do Som para fazer esta bienal. Indicamos inclusive as pessoas que deveriam receber homenagens especiais: Ary Barroso, Lamartine Babo e, por minha própria insistência, Wilson Batista, que ainda estava vivo e morreria logo depois. Esta bienal do samba – que acabaria por ser a única, em vez de se realizar de dois em dois anos – não foi um festival de verdade, porque fez convites aos participantes, em vez de selecioná-los previamente. Foram expedidos convites a Pixinguinha, João da Baiana, Elton Medeiros, Cartola, Nelson Cavaquinho, Donga, ou seja, aos velhos sambistas, mas também a jovens compositores, como foi o caso de Chico Buarque, Baden Powell ou de Edu Lobo, com todos se unindo para fazer a grande elegia do samba.

E novamente houve uma grande polêmica, e também uma enorme vaia. Do mesmo lado de Ricardo estavam os jurados Lúcio Rangel e Sérgio Porto, torcendo por um samba de Cartola chamado "Tive sim", interpretado por Cyro Monteiro:

Era uma pequena joia. Fiquei entusiasmado e somei-me aos que torciam por Cartola e Cyro, mas o júri era heterogêneo, e o primeiro lugar foi para "Lapinha", de Baden Powell e do iniciante e ainda desconhecido Paulo Cesar Pinheiro, interpretado por Elis Regina. O segundo lugar ficou com "Bom tempo", de Chico, um maxixe. Chico merece sempre todos os prêmios, mas este, a rigor, ele não merece. O terceiro lugar foi para "Pressentimento", de Elton Medeiros e Hermínio Bello de Carvalho. O quarto foi destinado a "Canto chorado", de Billy Blanco. "Tive sim", do Cartola, ficou apenas com o quinto lugar.

Com isso, mesmo tendo sido Elis Regina a cantora de "Lapinha", de Baden e Paulo Cesar Pinheiro, além de ter ocorrido a vaia, houve também uma acusação de plágio de folclore de música baiana, pelo menos no refrão, o que não deixou de ser uma injustiça, observa Ricardo, já que a composição, a não ser por este refrão, "era originalíssima, com uma letra perfeita criada por Paulo Cesar Pinheiro". Mas o tempo era assim, de paixões e de torcidas calorosas... e acabou que "Lapinha" não ficaria, ou seja, acabaria sendo esquecida. Sem falar que não mais aconteceriam bienais do samba...

E 1968 também foi o ano de outro festival inesquecível, o III Festival Internacional da Canção, no Rio, ocorrido em setembro. A grande vencedora, na parte nacional e também internacional, foi "Sabiá", de Chico Buarque de Hollanda, mais uma vez concorrendo com força, e de seu parceiro Antonio Carlos Jobim. Com o voto de Ricardo Cravo Albin, entre outros jurados, a composição de Chico e Tom, interpretada por Cynara e Cybele, derrotou "Para não dizer que não falei de flores", canto de resistência de Geraldo Vandré. Novamente o público perdia, já que cantou em coro o hino libertário de Vandré. Não se negava a beleza de "Sabiá", mas o momento não era para sabiás saudosos da terra natal, relembrando o gênio de Gonçalves Dias, mas sim para cânticos revolucionários. A reação negativa do público quanto ao resultado foi tão grande que Ricardo, Eneida, Paulo Mendes Campos, Ary Vasconcelos e Alceu Bocchino correram risco de vida ao deixarem o Maracanãzinho, todos alojados no pequeno Volkswagen vermelho dirigido por Ricardo. Tiveram que ser protegidos pela polícia, o que fez com que Eneida, "velha comunista", comentasse: "Nunca pensei que um dia seria salva pela polícia".

O tempo passa e as visões se modificam, amadurecem. Eis o que diz hoje Ricardo sobre o embate entre Chico, Tom e Vandré:

> Passados mais de quarenta anos, conversando com amigos, vejo que aquela música de Vandré realmente tinha uma posição histórica, muito mais revolucionária do que "Sabiá", minha preferida pela beleza de letra e música. Deveria ter vencido, apenas pelo momento ideológico. Assim como ocorrera com a canção de Milton Nascimento no ano anterior, Vandré foi o vencedor moral do III FIC. A tal ponto vencedor moral que, ao ser aclamada e cantada por todo o público do Maracanãzinho, acredita-se atualmente que ela foi, devido à sua repercussão política, uma das causas do AI-5 ou golpe de 1968. A partir daí os festivais entrariam em declínio.

Mas mesmo assim seguiriam, aos trancos e barrancos. Seguiriam ou se arrastariam até que o chumbo da ditadura pesasse tanto, que os esmagaria por completo. A Record também faria um festival em 68, que seria vencido por "Benvinda", de Chico, sempre Chico, e conseguiria chegar a 1969, com a última edição de seu Festival da Música Popular Brasileira, o V, que teria como canção vitoriosa "Sinal fechado", de Paulinho da Viola. Já o evento promovido pela Globo seria mais resistente, tendo alcançado 1972, quando o primeiro lugar ficaria com "Fio maravilha", de Jorge Ben, interpretado por Maria Alcina, e o segundo com "Diálogo", de Baden Powell e Paulo Cesar Pinheiro, tendo como cantores José Tobias e Claudia Regina.

Carnavais e Janis Joplin

JURADO DE FESTIVAIS DA CANÇÃO, Ricardo Cravo Albin também seria convidado inúmeras vezes para ser jurado de escolas de samba. Essa participação começaria em 1967 e se estenderia por toda a vida. Além de gostar de samba, Ricardo tinha, como ele mesmo diz, "intimidade com as escolas" desde o tempo em que Enaldo era vinculado à Secretaria de Turismo, ou seja, o ano de 1965, o do IV Centenário do Rio, quando o secretário de Turismo era Levy Neves. Ricardo afirma, brincando: "Peguei os tempos de carnaval na Presidente Vargas, na Presidente Wilson e na Rio Branco. Sou mais velho do que Matusalém". O que está longe de ser verdade, já que o personagem bíblico teria morrido com 969 anos, tendo chegado, portanto, quase a ser milenar.

É fato, porém, que o baiano-alagoano que virou carioca de coração começou tudo, em sua existência, muito prematuramente. O jovem que se escondia por detrás dos óculos de hastes pretas, envergando ternos escuros e trabalhando com afinco e seriedade, no exercício de suas funções públicas, além de música, adorava carnaval... Tanto que resolveu criar no MIS o Museu do Carnaval, com o auxílio de Lígia Santos (filha do pioneiro Donga), o que o aproximaria ainda mais de Cartola e também de Silas de Oliveira. Ele e Lígia decidiriam gravar os sambas das escolas, tendo produzido conjuntamente, em 1968, um disco que se tornaria histórico, denominado de *As dez grandes escolas cantam para a posteridade seus sambas-enredo de 1968*. Ali foram registradas pela primeira vez as vozes de Martinho da Vila, Silas de Oliveira, Darcy da Mangueira, entre outros grandes sambistas. No ano seguinte, a Tapecar assumiria as gravações destes bambas das escolas de samba.

Este primeiro disco com as dez mais viraria mania de colecionador e, com o apogeu das escolas, a criação do Sambódromo e da Apoteose seria convertido de LP para CD. Quando fora gravado, quase ao final dos anos 1960, Ricardo confessa ter uma visão das escolas de sambas bem conservadora. Os membros do Conselho Superior de Música Popular Brasileira do MIS, sobretudo Sérgio Cabral, Sérgio Porto, Ary Vasconcelos, Eneida, Jacob do Bandolim e o próprio Ricardo, presidente do órgão, acreditavam, naqueles tempos em que imperavam os radicalismos, na pureza das escolas. Uma pureza que não poderia ser conspurcada por modernismos ou por influências de países estrangeiros.

> Creio que foi isso que fez com que Gilberto Gil, ao ser agraciado com o troféu Golfinho de Ouro, em 1970, por "Aquele abraço", decidisse não recebê-lo. Considerava que o júri do prêmio, todo ele vindo do MIS, era conservador. Tinha certa razão, porque naquela briga, durante os festivais, entre as guitarras elétricas e o samba de raiz, havíamos ficado contra as inovações. Nosso menino de ouro era Chico Buarque de Hollanda, que ganhara o primeiro Golfinho de Ouro, em 1967, ao lado de Oscar Niemeyer e Niomar Muniz Sodré. Tudo o que fazíamos então no MIS – os prêmios Golfinho de Ouro e Estácio de Sá, os discos, as exposições, o Museu do Carnaval – era envolto por esta noção de preservação conservadora da essência da música popular. Meu grupo, composto por Lúcio Rangel, Eneida, Ary, Hermínio e Sérgio Porto, seguia a posição dos membros mais velhos do Conselho como Marques Rebello, Edson Cordeiro, Guerra-Peixe, Jotaefegê (João Ferreira Gomes), Jacob do Bandolim, entre outros.

Com o decorrer dos anos, o musicólogo, amante de carnaval, diz ter entendido e aceitado que a evolução das escolas de samba as tenha transformado num grande espetáculo operístico, consagrado mundialmente como um evento representativo da nossa música popular e da estética visual brasileira. Sente orgulho e até mesmo apoiou a construção do Sambódromo:

> Mesmo com todo o luxo, as escolas sustentam o glamour da arte brasileira. Por que não? Por que ser contra? Por que voltar à Praça Onze antiga? Podendo ter tantas inovações ao gosto internacional. O mundo todo aderiu. Que mal há nisso? Só há orgulho. Eu sinto orgulho da escola de samba carioca, como sempre senti.
>
> Nos anos 1983-1984, quando o Sambódromo foi criado, eu exercia o meu último cargo público, o de coordenador de museus do Estado do Rio de Janeiro e depois coordenador de eventos, a convite de meu amigo Darcy Ribeiro, no primeiro governo de Leonel Brizola. Como coordenador dos museus e especialista em samba, fui consultado muitíssimo por Darcy e por Niemeyer sobre o Sambódromo... e, também, por Leonel Kaz, então presidente da Funarj. Por esta razão, fui convidado para ser o presidente do júri do primeiro desfile no Sambódromo. Havia dois desfiles. Duas escolas foram campeãs. Um grupo desfilava na noite de domingo e outro na de segunda-feira. A ganhadora, quando eu presidia o júri, foi a Mangueira com o enredo *Yes, nós temos Braguinha*, com o próprio homenageado desfilando. A verdeerosa Mangueira fez a célebre volta na Apoteose, tendo inaugurado uma grande e histórica polêmica. A maioria da crítica condenou esta voltinha. Eu não condenei.
>
> A crítica não era contra o Sambódromo, mas sim contra a Praça da Apoteose, criada por Darcy e Oscar. Mas a Mangueira genialmente deu a volta na praça. Em vez de se dispersar, reiniciou o desfile. Foi uma consagração e um momento absolutamente mágico. Acho que foi um momento ímpar em meus quase 50 anos ininterruptos de assistente dos desfiles. Pois eu sou um

dos únicos estudiosos de cultura popular que se gabam de ter assistido aos desfiles por cinquenta anos seguidos, sem interrupção.

Exercendo a função de coordenador de museus e logo depois de eventos públicos, nos tempos de Darcy, Ricardo teve a alegria de renovar museus da rede do Estado do Rio (como o Antônio Parreiras, em Niterói, e o Museu do Ingá) e de colocar em execução o projeto Museus na Rua, começando com uma exposição que durou dois meses e nunca havia sido feita na cidade do Rio de Janeiro, esboço do Museu do Carnaval. Essa mostra, vista por mais de um milhão de pessoas, exibia cerca de duzentas peças da Escola de Samba Beija-Flor, logo depois do desfile "No mundo da bola", sobre o campeonato mundial do futebol. O local foi na estação de metrô do Largo da Carioca, ainda em construção, com seus dez mil metros quadrados. Joãozinho Trinta, auxiliado por Maria Augusta Rodrigues, levou pessoalmente parte das peças, que incluía o abre-alas da escola, uma gigantesca bola de futebol de quase dez metros de diâmetro.

Mas voltemos ao início dessa história, a história dos carnavais de Ricardo, quando ainda era diretor do MIS. Postulante de uma visão conservadora, como jurado ou como um espectador privilegiado preocupado com as gravações de samba-enredo, Ricardo, como já comentou, sempre assistiria aos desfiles. Em fevereiro de 1970, ele teria um encontro do qual nunca se esqueceria, com uma personalidade nada conservadora, muito pelo contrário, pois se trata da cantora de rock Janis Joplin. Até hoje o amante das festas de Momo acha incrível o que lhe aconteceu. Estava com Eneida e outros amigos, na cabine de trabalho do MIS, para gravar o som do desfile, quando uma mulher muito bêbada, a ponto de parecer que ia desmaiar a qualquer momento, aproximou-se deles e pediu água. Sim, queria água. Ao olhar para ela com mais atenção, Ricardo notou tratar-se de Janis Joplin. Imediatamente levou a cantora para a cabine, oferecendo-lhe a água desejada. Por um momento, Ricardo achou que delirava, mas não delirava. Era mesmo Janis Joplin em carne e osso, sedenta e em estado de total *détresse*. Ela acabaria dormindo na cabine, ao lado de Eneida, também derrubada pela bebida e pelo calor de 40°C, até o final do desfile, a uma hora da tarde.

"Eu me lembro bem deste dia. Lembro-me o quanto Ricardo ficou nervoso, dizendo para nós: "Ajudem-na, ajudem-na, é a Janis Joplin", conta Antonio Carlos Athayde, amigo desde o Colégio Pedro II, atualmente assessor de imprensa da Academia Brasileira de Letras, que se encontrava, naquele momento, na cabine, a convite de Ricardo.

Realmente, não se tratava de uma visão ou sonho. Janis Joplin viera ao Rio naquele ano para tentar se desintoxicar da heroína. Muita gente já se esqueceu, mas na década de 1960 e início dos anos 1970 era praticamente impossível encontrar drogas pesadas no Rio, e os médicos da cantora já célebre, que havia eletrizado o público hippie de Woodstock, em agosto de 1969, haviam recomendado uma estada na Cidade Maravilhosa como uma forma de desintoxicação. Ela veio e só arrumou confusão. Bebeu demais, fez topless e amor na areia com seu namorado brasileiro, o roqueiro Serguei... Foi a um bordel, deu canjas em boates, foi expulsa do hotel no qual se encontrava, o Copacabana Palace, por ter ousado tomar banho nua na piscina e quase foi presa por seguranças no desfile de carnaval, aquele no qual Ricardo a encontrou sedenta. De volta aos Estados Unidos, Janis, para tristeza de seus fãs, não duraria muito tempo, pois morreria naquele mesmo ano, 1970, com apenas 27 anos, idade que passou a ser considerada fatídica para ícones de rock suicidas.

Não podemos abandonar o final dos anos 1960 e virada para os 1970, sem registrar o momento de uma grande mudança na vida agitada de Ricardo Cravo Albin. Pois mudou de endereço. De 1953 a 1970, Ricardo residiu em Laranjeiras, com a mãe, dona Zuleica, e com o irmão Leonardo, até Leo se casar com Glória Maria, em 1966. Em 1969, o diretor do MIS comprou uma cobertura na rua Visconde de Caravelas, em Botafogo, para qual se mudou com dona Zuleica, em princípios de 1970. Lá ficou por cerca de vinte anos, quando se mudou novamente, desta vez para a Urca, residência que deveria ser a definitiva, até ter a decisão de transformá-la em sede do Instituto Cultural Cravo Albin, para o qual doou todos os seus bens.

Olhando para trás, Ricardo diz que teve muita sorte ao ter comprado a cobertura da Visconde de Caravelas antes de assumir novas responsabilidades profissionais, por ter aceito, bem no comecinho de 1970, presidir o Instituto Nacional de Cinema e a Embrafilme, acumulando os cargos com a direção executiva do MIS. Sorte, porque iniciou uma nova fase de exposição pública ainda maior e de grande responsabilidade financeira. A nova residência fora fruto de seu trabalho - iniciara-se profissionalmente aos 19 anos – e também da generosidade da mãe, sempre disposta a abrir a bolsa para concretizar os sonhos do filho tão sério e aplicado em suas múltiplas atividades. Ricardo ainda não havia completado 30 anos. Enfim, como escrevera dona Zuleica por duas vezes no Livro do bebê, numa espécie de profecia, Ricardo, desde muito pequeno, gostava de música, cinema e literatura. A vida comprovaria o quanto eram profundas essas inclinações infantis. Pois, como já havia ocorrido com a música, o cinema, nos primórdios da década de 1970, vai entrar em sua existência de forma bem concreta... Por um curto espaço de tempo, que, mesmo assim, se fará eterno na memória deste homem cultivador de imagens, palavras e sons, tantas foram as emoções, as aventuras e as atribulações vivenciadas. As realizações e as decepções.

Confidências do Ricardo

Festival de Cinema de Berlim, feijoadas e caipirinhas à meia-noite

Eu chefiava a delegação brasileira junto ao festival de Berlim de 1971, quando levei para concorrer o filme de Ruy Guerra, *Os deuses e os mortos*. Filme lindo, em que a música era do Milton Nascimento, e do qual eram intérpretes Othon Bastos, Itala Nandi e a então exilada Verinha Bocayuva. Programei logo depois da segunda exibição, uma soirée brasileira. A recepção foi original, porque foram servidas apenas caipirinhas, acompanhadas por uma feijoada completa, regada a pimenta baiana. Depois da exibição do filme, no Palácio do Festival, toda nossa delegação e muitos convidados fomos comer e beber o Brasil, já para mais de meia-noite. Todos beberam muitíssimas caipirinhas, e degustaram muita feijoada. A festa foi também em homenagem, a pedido do Glauber Rocha, ao Bernardo Bertolucci, de quem Glauber era muito amigo, e de quem eu também fiquei, por conta do Davi Neves, o nosso jurado oficial brasileiro no Festival. Júri que teria trágico final. O cineasta George Stevens, uma pessoa reconhecidamente superreacionária, acabou por melar o festival. Ele ficara indignado com o filme alemão que falava sobre a guerra do Vietnã, metendo o pau nos Estados Unidos. Exigiu autoritariamente a retirada da película da competição oficial. Segundo ele, o filme agredia seu país (Os Estados Unidos), e o Presidente do Júri (o próprio). Como o diretor-geral do festival, o hoje mítico doktor Bauer, recusou a proposta de Stevens, o Presidente do Júri o dissolveu, sem maiores constrangimentos. Não havendo premiação, o nosso *Os deuses e os mortos*, tiraria, segundo Davi Neves me contou, o segundo lugar. Ou seja, ganharia o Urso de Prata. O primeiro seria *O conformista*, do Bertolucci. Pois bem, depois da feijoada brasileira, muitos dos astros e dos convidados não apareceram nas sessões da tarde. Foram vitimados por seriíssimas diarreias. Feijoada à meia-noite, regada à caipirinhas excessivas não poderia dar mesmo bons resultados...

Jantar com as pernas de Sophia Loren
Quando Presidente da Embrafilme e do Instituto Nacional de Cinema, a caminho do festival de Berlim, parei um dia em Roma. Ali, já tinha acertado um encontro com o produtor Carlo Ponti, marido de Sophia Loren. Havia um representante da Embrafilme na Europa, que me esperava no aeroporto, de onde logo marchamos à casa dos Ponti, na Via Ápia Antiga. O filho deles tinha acabado de nascer, e moravam em um castelo lindo, mas cercado de seguranças por conta de recente ameaça de sequestro do herdeiro do casal. Era a época dos terroristas do Exército Vermelho. Sophia e Ponti me receberam para jantar. Ela, lindíssima, parecia uma princesa refinada, educada, fazendo esquecer por completo sua apregoada origem humilde. Era um pequeno jantar muito sofisticado, com apenas seis pessoas. Logo depois fomos à sala perto da lareira para os licores habituais. Ali ficamos, Sophia, Carlo Ponti e eu, atracados os três a um puríssimo (charuto) cubano. De repente, entra na sala um fotógrafo. O anfitrião, um homenzarrão rude mas simpático, me propôs uma fotografia com a estrela. Sentamo-nos, Sophia e eu, num amplo sofá de camurça. Ela teve um único gesto, que não condizia com a princesa de educação refinada que me encantara todo o tempo. Ao ajeitar-se para foto, levantou, embora discretamente, a saia pra exibir parte das pernas. Lindas, por sinal. Observando minha reação de surpresa, riu com uma contida malícia e ciciou "o mundo inteiro aprecia, *non è vero*?".

Esther Williams no Rio, entre a sereia e a baleia
Eu levava sempre ao MIS personalidades que vinham ao Rio de Janeiro. Na verdade, ficava atentíssimo a isso. Não havia uma única personalidade que não tentasse, de uma ou de outra maneira, levar a depor "para posteridade" no MIS. E nos festivais de cinema, isso era infalível. Apanhava as celebridades no Copacabana Palace, em geral onde se hospedavam, ou no Hotel Glória. Uma delas foi Esther Williams, mítica sereia de Hollywood. Ela me pediu

para lhe mostrar o Rio. Saímos, inclusive à noite. Na primeira para a sereia aprender o samba, na falecida boate no Leblon, perto do Antonio's, chamada *Un, Deux, Trois*, que já não existe mais. Ali, Esther Williams tentou aprender alguns passos do velho e sensual ritmo brasileiro. Mas a sereia era um verdadeiro paquiderme. Impossível aprender a leveza e malemolência do samba. Na manhã seguinte fui buscá-la onde estava hospedada, o hotel do Posto Seis, à época chamado de Rio Palace. Mas desceu já embrulhada em um roupão, e com voz de comando disse sem pestanejar "me espere aqui na areia, que você vai ver uma coisa que poucas pessoas veem." Correu e meteu-se no mar. Demorou, mas eu a via na água em largas braçadas. Depois desapareceu. Voltou ofegante em 30 minutos, dizendo que tinha ido até o Copacabana Palace, nadando a todo vapor. Tinha sido, do que deu prova já aos 60 anos, uma campeã olímpica. Só depois estrela de cinema, vedete máxima dos filmes aquáticos de Hollywood.

Posse na Embrafilme, sendo cumprimentado pelo produtor Herbert Richers.

II INSTITUTO NACIONAL DE CINEMA E EMBRAFILME

Outros sons, outras imagens

No começo de 1970, o Museu da Imagem e do Som estava "arrebentando" na mídia, com extraordinária visibilidade e consequente credibilidade. Recebia o público com os depoimentos para a posteridade, com os prêmios Golfinho de Ouro e Estácio de Sá, com os cursos de extensão cultural, o cineminha de arte, os discos lançados a todo o momento e os festejos que celebravam a universalidade da música brasileira, entre outras atividades. Também se firmavam cada vez mais o prestígio pessoal e a confiabilidade de seu diretor.

Em pleno regime militar, praticamente sem receber dinheiro do governo estadual e tendo que levantar fundos por meio da venda dos produtos do museu, Ricardo bravamente levava adiante uma atuação que inspirava respeito. Abrigara em torno de duzentos intelectuais de toda a imprensa e de toda espécie de qualificação em seis conselhos: o Conselho de Música Popular, que fora o primeiro, e os que haviam se seguido a ele, como o de Literatura, Artes Plásticas, Cinema, Esportes etc... Essa composição apartidária e libertária fez com que o MIS desse prêmios Golfinho de Ouro e Estácio de Sá independentemente da perseguição política feita a seus agraciados, tendo premiado, por exemplo, Chico Buarque de Hollanda, Oscar Niemeyer, Quirino Campofiorito e Niomar Moniz Sodré, entre dezenas de figuras mal (ou pessimamente) vistas pelos governos de então.

Muitas pessoas, então, devem ter começado a se perguntar: "Como é que esse Cravo Albin está fazendo no MIS uma política que, mesmo não sendo ostensiva, é uma política livre, sem censura, de comportamento liberal?" Creio que isso chamou muito a atenção dos intelectuais, passando a haver uma confiança cada vez maior em minha administração naquela época difícil.

É a essa confiança, a essa credibilidade crescente, que ele atribui o convite inesperado que viria a receber:

> Estava sentado na minha cadeira do Museu da Imagem e do Som, usufruindo do reconhecimento legitimamente conquistado pela instituição, quando recebi um telefonema do cineasta David Neves, um dos integrantes do Conselho de Cinema do Museu. David me disse: "Estamos reunidos aqui, o presidente da Embrafilme e do Instituto Nacional de Cinema está saindo, não é da nossa confiança, é um cara de direita, e nós queremos indicar você, Ricardo, que é o único intelectual que nós, da ala de esquerda, temos, e que pode assumir... porque você já exerce um cargo público, não podendo ser rejeitado pelo governo federal. Vamos, portanto, apresentar o seu nome ao ministro Jarbas Passarinho, do Ministério da Educação e Cultura".

Surpreso, o diretor do MIS disse que ia pensar no assunto. Só que, enquanto estava pensando, "eles" foram ao Jarbas Passarinho... Eles quem? Luiz Carlos Barreto, Joaquim Pedro de Andrade, Leon Hirszman, com o apoio de Glauber Rocha – que estava no exterior, já exilado –, para sugerir um nome para a Embrafilme, o de Ricardo Cravo Albin. Logo em seguida, Ricardo recebeu um telefonema de João Emílio Falcão, assessor de imprensa do Jarbas Passarinho, dizendo que o ministro queria vê-lo.

"Meus Deus", pensei, "o ministro quer me ver, os caras já tinham dado com a língua nos dentes... Fui direto, então, fazer uma entrevista com o ministro. Fui vê-lo no Rio. E ele me convidou para o cargo."

No encontro, Jarbas Passarinho afirmaria: "A classe cinematográfica indicou o seu nome. Quero fazer uma aproximação do governo com a classe cinematográfica, não concordo com esta truculência toda, estou disposto a fazer uma abertura para os intelectuais..."

E a resposta de Ricardo foi a seguinte: "Bom, ministro, desde que eles é que me indicaram, eu aceito. Evidentemente, como o senhor sabe muito bem, sou um livre pensador, um intelectual, não posso dizer que seja ligado a algum partido de esquerda, mas fiz a Faculdade de Direito, fui da Reforma."

Ao que o ministro retrucou: "Eu também, quando estudante, na universidade, sempre fui de esquerda". "Pois então", disse Ricardo, "vamos tentar fazer o melhor possível para que possamos construir um cinema decente". O ministro, então, perguntou: "E qual é a sua ideia?". Já o diretor do MIS explicou: "Minha ideia é fazer um cinema brasileiro para o Brasil, um cinema brasileiro que possa conquistar o mercado dentro do Brasil. E ter o mínimo de liberdade para isso."

Jarbas Passarinho diria, em seguida: "Quanto à parte econômica de conquistar o mercado no Brasil, eu garanto. Quanto à liberdade, eu tenho que controlar os meus colegas do governo militar". "Assim seja, eu aceito", afirmou Ricardo, por sua vez, com o acordo tendo sido feito. E o Instituto Nacional de Cinema e a Embrafilme caíram em generoso colo, que não recusava funções e responsabilidades.

O discurso de posse no INC foi feito a quatro mãos, com David Neves. Ricardo veio a substituir, na presidência do Instituto Nacional do Cinema, Durval Gomes Garcia, um cineasta muito amigo do crítico Moniz Vianna, ligado à turma de direita do cinema brasileiro. Em seguida, tomaria posse na Embrafilme, acumulando os dois cargos. O INC já tinha uma sede própria, que funcionava num prédio da Praça da República, ao lado da Faculdade de Direito. O edifício era reconhecido por todos os intelectuais. Nele ficava o berço do cinema educativo, com Humberto Mauro dentro. Nele também ficava a Rádio MEC. Tinha um auditório muito bom, onde Ricardo seria empossado e onde eram exibidos os filmes brasileiros para jurados da pré-seleção dos prestigiados festivais de Cannes e Berlim. Já para a Embrafilme, o novo presidente, sempre ativo e empreendedor, decidiu comprar um prédio inteiro na rua do Acre, "uma joia":

> Reformamos o prédio e instalamos meu gabinete ali. Para me ajudar no Instituto Nacional de Cinema, a pedido do David Neves, convoquei Humberto Mauro. Já era meu amigo desde o MIS e mais amigos ficamos, amigos íntimos. Ele estava sempre em meu gabinete. No caso da Embrafilme, chamei para trabalhar comigo Jacques Deheinzelin. Ele me fora indicado pela turma do Cinema Novo que havia me colocado lá, ou seja, Nelson Pereira dos Santos, David, Luiz Carlos Barreto. Era um economista de São Paulo muito ligado ao que queríamos fazer em nossos sonhos, ou seja, fortalecer a indústria cinematográfica brasileira. Quando Jacques saiu, ele foi substituído pelo jornalista Noênio Spinola.

Porém, houve um choque natural com o regime, fácil de ser previsto, pois, no decorrer dos anos 1970, a truculência militar só aumentaria. No curto tempo em que o choque não veio, Ricardo aproveitou a oportunidade que lhe fora dada pelos cineastas "para abrir para valer" o cinema brasileiro, tomando algumas atitudes bem corajosas. Quando chegou no INC, o filme que estava indicado para ser levado ao Festival de Cannes era "O palácio dos anjos", de Walter Hugo Khouri, cineasta querido, porém mais ligado à corrente de direita. Ao lado deste filme oficial, Ricardo decidiu rachar e exibir na Quinzena dos Realizadores o antropofágico "Como era gostoso o meu francês", de Nelson Pereira dos Santos, baseado no relato de Hans Staden. Protagonizado pelo louro

Arduíno Colassanti, o filme causaria muito escândalo, mas faria história a partir de sua exibição no festival, tendo sido bem aceito pela crítica internacional. Nelson já era respeitado em Cannes, desde a exibição de *Vidas secas*, baseado na obra de Graciliano Ramos.

Auge da ditadura, as posições de esquerda e direita eram bem nítidas. Mesmo assim, Nelson não acha que seu filme *Como era gostoso o meu francês* não fora indicado, em 1970, para representar o Brasil apenas por ser dirigido por um diretor mais de esquerda, simpatizante do Partido Comunista (este depoimento foi concedido antes da morte do cineasta em abril de 2018):

> O fato é o seguinte: mulher nua sempre pode ser exibida em filmes. Já a nudez masculina não é bem vista. E meu filme, ao retratar a história de um francês que seria comido por índios tupinambás, mostrava na tela muitos homens totalmente nus. Mesmo assim Ricardo conseguiu que a fita, baseada na história contada por Hans Staden, fosse aceita na mostra paralela de cineastas. E acabou que meu filme seria muito bem-recebido em Cannes, por obra e graça de Ricardo Cravo Albin, tendo até hoje uma receptividade muito boa na Europa.

A respeito deste filme protagonizado por Arduíno Colassanti – um Arduíno jovenzinho, lindo de morrer, sendo que também está no filme seu pai Manfredo Colassanti –, Nelson tem ainda muitos fatos curiosos para contar, entre eles o de que foi filmado em Paraty. Por que Paraty? Por ser um território livre ou terra de ninguém, naqueles tempos de chumbo, nos quais a liberdade era escassa:

> Naquele tempo, Paraty ficava totalmente isolada. Não havia estrada para lá. Tinha que se recorrer a barcos. Era incrível existir aquele território livre em plena ditadura. E, para mim, era muito bom poder filmar lá, com liberdade total. O Exército permitiu que as filmagens fossem feitas naquela cidade distante, colonial, dos tempos da velha Estrada do Ouro. Ninguém passava

por lá. Pegávamos o barco em Angra dos Reis. Era tão bom filmar lá que depois fiz outros filmes em Paraty, como *Asilo muito louco* e *Quem é beta*. Eu era amigo de todo mundo, desde o prefeito, o capitão de portos e o delegado, até o príncipe João de Orleans e Bragança, uma verdadeira autoridade moral de cidade.

Mas retornemos a Ricardo. Nelson diz que o então presidente do INC e diretor da Embrafilme fez um trabalho incrível por seu filme em Cannes. E não só por seu filme, porque ele alugou um cinema atrás da Croisette, onde foram exibidos vários outros filmes brasileiros.

Nelson recorda-se ainda muito bem de Ricardo ter aumentando a participação da exibição de filmes brasileiros em salas de cinemas do país e que isso lhe criara sérios problemas, porque deixaria Harry Stone, o todo-poderoso distribuidor de filmes americanos no Brasil, extremamente irritado. Ele acha que esse tratamento prioritário dado ao cinema brasileiro foi o que, sem dúvida alguma, acabaria por derrubar o musicólogo da Embrafilme e do INC, além da "fofocalhada" dos cineastas ligados a Moniz Vianna. Felizmente, antes de ser derrubado, Ricardo pôde ainda fazer uma boa ação merecedora de elogios de parte do cineasta, que nos últimos anos se dedicou a resgatar a vida e obra de Tom Jobim:

> Ele deu uma contribuição muito grande para o curso de cinema da Universidade Federal Fluminense (UFF). Eu fui o criador deste curso e também seu professor. Fundei o curso, mas não tínhamos equipamento algum para as filmagens. E não pode haver curso de cinema sem que haja possibilidade de se filmar, o que vinha ocorrendo, porque a UFF não tinha verbas para comprar o equipamento necessário. O que Ricardo fez então, enquanto estava à frente do INC e da Embrafilme? Resolveu o impasse, tendo nos presenteado com todas as condições para fazer um documentário sobre História do Brasil, dando-nos negativos e filmadora. Foi com a ajuda dele que o curso de cinema da UFF deslanchou. Outros

cursos de cinema, depois, surgiriam pelo Brasil afora. Ajudei a muitos, tanto que vim a receber o título de professor *honoris causa* na UFF, UFRJ e na UFBA.

A partir daí, Nelson e Ricardo passaram a se ver bem menos, encontrando-se apenas de vez em quando socialmente ou na Academia Brasileira de Letras, mas o cineasta consagrado, que recentemente esteve novamente em Cannes para apresentar seu filme *A música de Tom Jobim*, verdadeira obra-prima, diz ter notícias de que o homem que salvou o curso de cinema da UFF "se encontra sempre envolvido com coisas boas, desde os tempos em que esteve à frente do Museu da Imagem e do Som".

Assistente de direção de Nelson em *Como era gostoso o meu francês*, Luiz Carlos Lacerda, o Bigode, também não se farta de tecer elogios a Ricardo no que diz respeito à sua breve passagem pela Embrafilme:

> Eu conheci o Ricardo quando ele começou a dirigir o Museu da Imagem e do Som. Ao saber que eu queria fazer o filme *Conversa de botequim*, com Donga, Pixinguinha e João da Baiana, ele abriu as portas do MIS para mim, facilitando minha pesquisa e tendo me apresentado ao Almirante, que me auxiliou muito, na ocasião. Depois, eu o reencontraria naquele tempo difícil da ditadura, no qual Ricardo, à frente da Embrafilme, foi um grande aliado do cinema nacional, fazendo de tudo para levar nossos filmes para os festivais europeus. Sim, foi por causa dele que *Como era gostoso o meu francês* foi apresentado em Cannes. Ricardo foi nosso cúmplice, um grande parceiro. Ele me é uma pessoa muito querida, muito maior do que costuma imaginar.

O ano de 1970, portanto, foi o auge da vida do filho de dona Zuleica. Acumulava três funções públicas e se encontrava num novo endereço, o da cobertura na rua Visconde de Caravelas, em Botafogo, no qual podia receber os amigos artistas, músicos e cineastas, se não com luxo, pelo menos com bastante conforto. Em dezembro daquele ano, completou 30 anos. E a mãe, toda orgulhosa, em 12 de outubro, registrou da seguinte forma aquele momento da vida do filho:

> Ricardo vai completar seus 30 anos agora, no dia 20 de dezembro, se Deus quiser. Está forte, com muita personalidade e uma cultura elevada, cheio de muitas responsabilidades com tudo o que empreende. Pelos seus méritos, recebeu o título de Cidadão do Estado da Guanabara, em 1968. É um trabalhador incansável pela cultura e pela música. Ricardo desdenha meus elogios...

Chega 1971 e Ricardo continua em plena atividade. Leva a Cannes *Pindorama*, de Arnaldo Jabor, e aluga um cinema no balneário francês, onde foram apresentados 50 filmes brasileiros para representantes do mercado cinematográfico. A exibição foi um sucesso, tendo angariado milhares de dólares para o cinema brasileiro. Neste ano, a participação da delegação brasileira na Berlinale também seria muito bem-sucedida. Tendo ficado amigo do doutor Alfred Bauer, diretor do festival alemão, o presidente do INC e diretor da Embrafilme conseguiu indicar para o júri internacional o amigo David Neves. O filme selecionado para representar o Brasil foi *Os deuses e os mortos*, de Ruy Guerra, que tinha música de Milton Nascimento e contava com a atuação dos consagrados atores Othon Bastos e Ítala Nandi, além de Verinha Bocaiuva. O momento era delicado, para não dizer perigoso, e, mesmo assim, Ricardo não evitou assumir sérios riscos:

> Verinha estava exilada em Paris e tive a petulância de chamá-la para integrar a delegação brasileira. Mandei buscar também Glauber Rocha, que se encontrava em Portugal ou na França, não lembro bem, para incorporar-se ao nosso grupo. E ele foi. (...) Ficamos íntimos de Bernardo Bertolucci, amigo de Glauber. Ofereci uma feijoada à meia-noite, regada a caipirinha, que abalou as estruturas do festival... todo o mundo do cinema foi... e (quase) todo o mundo teve diarreia no dia seguinte...

Com isso, Ricardo teve uma passagem meteórica à frente do INC e da Embrafilme, ficando à frente dessas instituições cerca de um ano e meio. Ele crê que a participação na Berlinale "fez a sua caveira", por ter sido muito mal vista por pessoas ligadas a Moniz Vianna, o influente crítico de cinema do *Correio da Manhã*, que organizara o primeiro festival de cinema no Rio e era mais ligado a diretores de cinema de direita (por se viver em plena ditadura, como já foi acentuado, os tempos eram de radicalismo e tomada de posição).

Ao chegar no Galeão, de volta de Berlim, Ricardo sentiu o ambiente carregado.

> Agentes do Serviço Nacional de Informações (SNI) foram me receber no aeroporto, conforme percebeu de imediato David Neves, que estava voltando da Alemanha comigo. Houve uma pressão, que continuou a ser exercida fortemente sobre a minha cabeça até que apresentasse o meu pedido de demissão. Em Berlim, eu tivera uma áspera discussão com o diretor americano George Stevens, o que só agudizara os problemas. Mr. Stevens implodira o júri... Amigo pessoal de McCarthy, ele se sentira ofendido porque o filme que representara a Alemanha era um filme contra a atuação dos Estados Unidos na guerra do Vietnã. Tratava-se de *OK*, de Michael Verhoeven, que mostrava uma menina vietnamita sendo violentada por um americano. Ele quis que tirassem o filme da mostra. "Ou tiram o filme ou eu não movimento o júri", ameaçara. A Alemanha bateu o pé. Dr. Bauer bateu o pé. Eu e David discutimos com Stevens, direitista juramentado. Além disso, eu levara para o festival Othon Bastos, Ítala e Vera, sem falar que incorporara sentimentalmente Glauber à delegação brasileira. Tudo isso fez com que o SNI ficasse ouriçadíssimo. Cheguei no Galeão e senti que o ambiente ia feder... Não deu outra.

Não chegaria, porém, a ser detido:

> Detido mesmo, só fui duas vezes na vida. Uma delas foi quando decidi exibir no MIS, em 1968, o *Encouraçado Potemkin*, de Eisenstein. Usei uma cópia do Centro

do Soviet Export Filmes e fui parar no Cenimar. Também fui procurado por agentes do esquema de segurança, quando fiz o velório de minha amiga Eneida de Moraes no museu, em 1971. Jornalista e cronista do *Diário de Notícias*, Eneida era uma velha comunista. Tive que responder a interrogatório. Em minha volta da Berlinale, o que aconteceu foi diferente. Passei a ser vigiado.

Se houve pressão interna para saída de Ricardo, também houve pressão externa. Sua administração de um ano e meio fora arrasadora para os interesses americanos. Quando chegou ao INC e à Embrafilme, o índice de exibição obrigatória de filmes brasileiros nas salas de cinema era de 54 dias ao ano. Depois de ter subido para 62 dias e, posteriormente, para 84 dias, ao término da gestão "ricardiana" já alcançara a marca dos 112 dias. Ou seja, sob o seu comando, fora feita, por lei, uma reserva de um terço do mercado para o cinema brasileiro. Na área internacional, também estimulou uma maior presença nas telas brasileiras de filmes europeus, sobretudo italianos e franceses, o que quebraria ainda mais a hegemonia americana. Eis o que ele comenta sobre aquele momento crítico:

> Aliada a Berlinale, essa marca foi a minha desgraça. Por quê? Porque a Motion Picture Association of America, com Harry Stone à frente, acionou o seu presidente, Jack Valenti, que imediatamente tomou um jato e veio ao Brasil conversar, não com o ministro Jarbas Passarinho, mas diretamente com o presidente Garrastazu Médici, no Palácio do Planalto. Queria a cabeça do homenzinho louco que estava dirigindo a Embrafilme e havia feito este grande ato de agressão contra o cinema americano.

O Governo começou a considerar que a Embrafilme estava se tornando um foco de subversão, sob a liderança daquele presidente impertinente, que, auxiliado por David Neves, estava sempre a dar força a cineastas como Glauber, Nelson, Ruy Guerra, Hirszman e Cacá Diegues. A *Tribuna da Imprensa*, de Hélio Fernandes, aliando-se a Moniz Vianna, no *Correio*, jogou mais lenha na fogueira, acusando Ricardo de estar atuando em prol da "esquerdização" do cinema brasileiro. Com isso, o circo pegou fogo. Jarbas Passarinho, desde o início, dissera que poderia ajudar muito no que dizia respeito ao desenvolvimento e industrialização do cinema brasileiro, mas também deixara claro que não poderia assegurar total liberdade nas decisões. Tudo somado – a audácia de implantar o cinema brasileiro, dentro do Brasil, a ousadia de abrigar gente mal vista pelo governo no Festival Internacional de Berlim, e a falta de liberdade, Ricardo, acusado de subversivo ou esquerdista, teria que deixar seus cargos – e deixou. Seria substituído pelo brigadeiro do SNI, Armando Troia, no Instituto Nacional do Cinema, "para limpar o que havia sido conspurcado", e por José Oswaldo de Meira Penna, "embaixador de extrema direita muito celebrado no Itamaraty, intelectual no nível de Gustavo Corção", na Embrafilme.

Mesmo assim, o saldo deixado foi positivo, e Ricardo não se arrepende em nada do que fez. Acha que distribuiu os recursos para a produção de filmes com dignidade e honradez, com o auxílio de Jacques, Noênio e, por fora, de Luiz Carlos Barreto.

Se antes as verbas disponíveis – cerca de 20 milhões de dólares por ano, arrecadados na própria fonte cinematográfica, através de impostos e bilheteria –, eram destinadas a amigos dos dirigentes das autarquias fomentadoras do cinema, em seu tempo, Ricardo tem certeza de que as escolhas foram técnicas.

"Eu, Noênio e Jacques criamos definições de filmes de arte, filmes de mercado e filmes autorais. Apostávamos 50% dos recursos em filmes de mercado, para conquistar público; 40% em filmes de arte e 10% em filmes autorais", conta, orgulhoso também por ter criado o Museu do Cinema, com o auxílio de Jurandyr Passos Noronha, e o prêmio Coruja de Ouro, cuja estatueta foi concebida pelo escultor Maurício Salgueiro.

E tudo isso sem deixar o MIS. Sempre que queria largar a direção do museu, o governador, que na ocasião ainda era Negrão de Lima, pedia que ficasse, daí a acumulação de cargos, situação na qual não se sentiria muito confortável. Não foi a primeira vez, aliás, que acumularia cargos com o MIS já que não recebia qualquer provento como diretor da Fundação Vieira Fazenda, que administrava o Museu. De 1967 a 1969, segundo revela o irmão Leonardo Albin, Ricardo ficaria lotado na Sunab, da qual Enaldo Cravo Peixoto era o superintendente. E onde tinha como auxiliar o poeta Ledo Ivo, um poeta já afamado e do qual guarda terna memória.

> Ricardo estava na folha da Sunab como diretor de divulgação. Nem ia receber o salário. Ficava até três meses sem receber. Nunca foi ligado em dinheiro. Na ocasião, eu era assessor direto de Enaldo, aquele sujeito que carrega a pasta, a pessoa de confiança do superintendente. Não me importava de exercer estas funções. Quando Enaldo saiu da Sunab, eu saí e Ricardo também. Fui então trabalhar na Alcântara Machado, organizando feiras.

Caminhos bem diferentes, os dos dois irmãos, mas sem brigas, sempre sem brigas. "Tivemos divergências, devido à diferença de personalidade, mas nunca brigamos. Ricardo tem um gênio bom, o gênio de minha mãe", diz Leonardo.

Confidências do Ricardo

Os Cantores do Chuveiro, um banho de MPB

Uma das minhas maiores alegrias foi ter participado do grupo "Cantores do Chuveiro". Eram cantores amadores, amigos entre si, que se reuniam pelo simples prazer de ... brincar de cantar. Cantar tudo, do repertório internacional, cabendo boleros, tangos, até o que mais caísse no gosto de cada um. Em noite de cantoria especialmente inspirada, foram chamados por Augusto Boal para uma tentativa de organização teatral. Cecília, mulher do diretor, também fazia parte do grupo, batizado inicialmente de Chuveiro Iluminado.

Detalhe fundamental: cada um dos seis cantores eram profissionais consagrados em suas respectivas carreiras. Os líderes eram Laura Sandroni (escritora premiada de literatura infanto-juvenil) e Octávio Mello Alvarenga (escritor e presidente do Fórum Nacional de Agricultura). O espetáculo de Boal, montado na Casa Laura Alvim por apenas um mês, foi sucesso, e surpreendeu pela originalidade.

Dois anos depois, se tanto, Laura e Octávio me convocam a uma reunião e me pedem que criasse um segundo show para o Chuveiro Iluminado. E assim foi feito. Mas um novo nome se impôs, "Cantores do Chuveiro", um novo tema foi adotado (a história do cancioneiro do Brasil, daí o título "Um banho de MPB"), um personagem a mais em cena — o locutor típico da era do rádio (com todos os erres aspirados dos antigos speakers dos anos 40), eu mesmo, acumulando com roteiro e direção.

Inventei uma novidade, o show era montado como se fosse um programa de rádio, com o atrevimento da encenação de "reclames" (os jingles radiofônicos dos anos 30 a 50).

"Pílulas de vida do Dr. Ross fazem bem ao fígado de todos nós". "Melhoral, Melhoral / É melhor e não faz mal." Ou ainda: "Quem bate? É o friiiio... / Não adianta bater / Eu não deixo você entrar / as Casas Pernambucanas / É que vão aquecer o seu lar..."

Para resumir: o show, que ficaria em cartaz por um mês no Teatro Arena, virou cult. Permaneceu em cena por um ano com casas lotadas, de quinta a domingo. Dois de nossos cantores, a arquiteta Clara Redig e o médico Fernando Rocha, até hoje se deliciam com o comentário feito à época por Fernanda Montenegro — "mas que milagre é este, um grupo amador de cantores com casas cheias ao longo de um ano? Quero a receita."

Taiguara mistura comunismo com música em show

O Taiguara me convidou para criar o roteiro e a direção de um espetáculo que ele faria no Teatro João Caetano. Fiz o roteiro, mas tive a necessidade de pedir ao Taiguara que obedecesse com rigor minhas indicações. De uma maneira categórica, roguei a ele que evitasse o discurso em cena. Ele costumava fazer, ao se apresentar em público, discursos políticos entre as canções. Num show com a direção mais rígida, isso era impossível. Ele tinha me prometido que sim, que não sairia do combinado. Iria do piano ao palco, falando o mínimo. O show começou, e ele foi se entusiasmando ao contar a primeira historinha. Já na segunda historinha política, ele estava excitadíssimo. O espetáculo foi dramático, porque, a cada música, Taiguara fazia discursos, cada vez mais inflamados e longos. Desesperado, acenava-lhe das coxias que parasse de falar. Sem sucesso. Mas o show foi salvo pela TV Manchete, que gravou tudo. E podou todos os discursos políticos na edição que foi ao ar, na semana seguinte. Indignado, Taiguara ainda ameaçou processar a emissora.

De como Tom Jobim virou aeroporto

A história que deu parto ao nome do Tom Jobim ao Aeroporto do Galeão pouca gente sabe. Como representar o nome de Tom em um Congresso Nacional atravancado e preguiçoso senão através dos afetos que ele colecionou durante a vida? Por isso, imaginei em 1998 uma comissão de notáveis, todos amigos e admiradores de sua obra e do ser humano raro que ele foi. Desse modo, a Comissão

Amigos de Tom Jobim ficou assim constituída: Antônio Houaiss, Antonio Candido, Chico Buarque, Carlos Diegues, Edu Lobo, João Ubaldo Ribeiro e Oscar Niemeyer. Eu me reservei ser o oitavo nome da Comissão e seu diretor-executivo. Falei pessoalmente com cada um deles, de quem colhi as respectivas assinaturas e lhes disse que teria de negociar em nome da Comissão no Congresso Nacional para que pudesse sair, finalmente, o projeto que lá dormitava havia anos. No Senado, o Aeroporto acabaria por receber o nome de Aeroporto Internacional do Galeão-RJ Antônio Carlos Jobim. Este nome ficou longo demais, reconheço, por exigência inamovível do Ministério da Aeronáutica. E por quê? Porque se a palavra conjugada Galeão-RJ saísse do cabeçalho do aeroporto internacional do Rio, o país teria que gastar alguns milhões de dólares a mais, só para mudar siglas e cartas internacionais, já que a abreviatura GIG está estampada em todos os aeroportos do mundo. O projeto corria o risco de dormitar por vários anos, ou de ser alterado — e tanto — que o Senado poderia arquivá-lo. Ou ainda poderia ser aprovado por ambas as casas e o Executivo vetar, já que o Ministério da Aeronáutica só admitiria o nome de Antônio Carlos Jobim desde que antecedido pela palavra Galeão-RJ. Fui pela sexta vez à Brasília, direto à Câmara dos Deputados, ao começo de novembro. Os deputados, com assentimento do presidente da casa, Michel Temer, resolveram simplificar o nome, dando ouvidos mocos ao Senado. Eu expliquei ao deputado Temer que o Senado aprovara nome comprido, sim, mas o único admitido pela Aeronáutica. De nada adiantou. O nome saiu da Câmara simplificado. Voltando ao Senado, relatei ao presidente Antonio Carlos Magalhães tudo o que ouvira no gabinete do Ministro da Aeronáutica, do que ele já estava muito bem informado. Vociferando, bateu o martelo e me disse "ponho em votação já, já, tal como o Executivo vai aprovar, e fim de papo." Em Regime de Urgência, ACM levou o projeto de lei ao plenário, que aprovou o relatório do senador Arthur da Távola, com intervenções, todas entusiásticas, dos senadores Abdias do Nascimento, Francelino Pereira e Marina Silva. O presidente FHC sancionou, em menos de 15 dias, a consagração devida ao Maestro-Soberano da música do Brasil.

O menino de 8 anos, Ricardo no dia de sua Primeira Comunhão. Quase 50 anos depois, seria nomeado pelo papa Francisco membro da ordem milenar Cavaleiros do Santo Sepulcro de Jerusalém.

III INFÂNCIA

Filho de uma princesinha obstinada

QUAIS AS ORIGENS daquele surpreendente jovem que aos 25 anos já era famoso no Brasil? Que cidade era Penedo, plantada às margens do Rio São Francisco? E seus pais, de onde vinham e como teceram uma rara história de amor?

Em 1510, havia no local apenas um povoado modesto, que teria sido visitado por franceses em busca do valioso pau-brasil. Reconhecida oficialmente pelo donatário de Pernambuco, Duarte Coelho Pereira de Albuquerque, e por seu irmão Marcelo, ao capitanearem uma bandeira em meados do século XVI, a pequena Penedo foi elevada a vila em 1635. Dois anos depois, ou seja, em 1637, seria ocupada temporariamente pelas tropas do príncipe Maurício de Nassau. O invasor holandês construiria em sua Maurícia um forte num penhasco, ao qual daria o próprio nome. A construção era para ser inexpugnável, mas não o foi.

Nos dias atuais, a bela cidade, situada ao sul do estado de Alagoas, é motivo de orgulho para a população residente de cerca de 70 mil habitantes. Com toda a razão. Banhada pelo rio São Francisco – aquele lendário Velho Chico em cuja foz teria navegado Américo Vespúcio, em 1501 – suas ruas, ladeiras, igrejas barrocas e rococós de torres elevadas, apontando para o céu, seus sobrados coloniais magros e gordos, com mil janelas ou olhos, suas praças e avenidas arborizadas encantam os viajantes.

A beleza é tanta e a história tão longa que a cidade ribeirinha, que já viveu momentos de glória e de decadência, há muito se encontra protegida pelo Patrimônio Histórico e Artístico Nacional, sendo considerada por alguns arquitetos e historiadores a Ouro Preto do Nordeste. Muitos de seus encantos, tesouros e monumentos já se perderam ou foram destruídos pelo tempo. Outros, felizmente, foram recuperados na tentativa de preservar aquilo que o abandono costuma destruir sem piedade. Magicamente há, em ruas que outrora se chamaram Sol, Aurora ou Correntes, majestosos casarões e sobrados que ainda se encontram praticamente intatos. Um deles fez parte do esplendor de Penedo no início do século XX, nos ruidosos anos da *Belle Époque*. Fica situado à rua Nilo Peçanha, próximo ao edifício da Ordem Terceira de São Francisco. Imponente, sua fachada é dotada de perfeição quase que irreal, devido à simetria de suas formas.

Não se trata de um genuíno casarão colonial, dos séculos XVII ou XVIII, pois foi construído há pouco mais de cem anos. Seu estilo é *art nouveau*. E tem um arzinho grego, com as seis falsas portas avarandadas embaixo, protegidas por grade trançada, e mais seis aberturas em cima – quatro janelas ornamentadas por cruzes de malta e duas portas com grades, que funcionam como balcões – ladeadas por quatorze colunas dóricas. Olhando a foto, é fácil imaginar que as entradas ou as portas para o interior do palacete sejam laterais. Atualmente, está pintado de verde musgo. Já as finas colunas, as janelas e os pórticos são brancos. O conjunto todo, harmônico, monumental, por mais incrível que pareça, tem um indelével quê de Partenon. Até há pouco tempo, este impressionante casarão teria servido de residência ao bispo penedense, utilizado como Palácio Episcopal da cidade. Mas, na primeira metade do século passado, asseguram a memória dos familiares e o doutor Francisco Sales, estudioso das riquezas arquitetônicas locais, foi residência do rico industrial Cícero Cravo e de sua mulher Isaura.

Vamos entrar nele, atravessar a barreira do tempo. Não é preciso visitá-lo fisicamente para imaginar que contivesse no seu interior várias salas e salões, corredores e quartos. Murais, cornijas, afrescos no teto, quadros na parede, estátuas, luminárias e candelabros. Cristaleiras, pesados armários, cômodas e arcas. Uma requintada mesa com cadeiras de palhinha, marquesas, poltronas e mesinhas de canto. Quiçá uma sala de música e uma biblioteca. E com certeza uma ótima cozinha, onde, em seus tempos áureos, eram preparados os quitutes para os moradores e também para os seus convidados, pois o dono do palacete, homem sofisticado, de gostos muito peculiares, gostava de dar festas e saraus. Foram famosos e muito concorridos em Penedo, em carnavais do passado, os seus bailes de máscara. Num deles, segundo nos revela uma reportagem do jornal *O Luctador*, Cícero Cravo chegou a recepcionar a fina flor da sociedade penedense transfigurado em "genuíno chinês", enquanto sua mulher optara por uma fantasia de criada flamenga, ornamentada por rendas e bordados típicos. A iluminação, o serviço de bufê, a decoração, tudo estava dentro dos conformes: "farto, profuso, de bom gosto". Podemos ouvir o retinir de taças de ponche, os brindes, os risos e até mesmo os pés dos dançarinos a deslizarem pelo assoalho do salão principal, de boa tábua larga, divertindo-se à tripa forra, agradavelmente acarinhados pelas finezas e atenções dos simpáticos anfitriões.

Não foi um solar sisudo, ah, não foi não. Lá moravam três moças formosas, Zoraida, Zita e Zuleica. Ou Zo, Zi e Zu, como eram chamadas, por parentes e conhecidos, as três senhoritas casadoiras, nascidas em berço de ouro. O pai era um visionário, amante de novidades. Sócio majoritário da empresa Cravo & Companhia, fora um dos primeiros comerciantes locais a trazer o automóvel para as históricas ruas de Penedo – aquelas ruas de pedras que em outubro de 1859 receberam faustosamente o imperador Dom Pedro II e sua comitiva. Entre os seus inúmeros negócios, além da Farmácia Popular, destacava-se o belo cinema Ideal, o único de Penedo, cujas dependências ficavam num teatro reformado, o Sete de Setembro. Numa outra matéria publicada em *O Luctador*, seriam descritas, em fevereiro de 1913, as festividades que marcaram o primeiro aniversário do cinema, com a redação do jornal tecendo muitos elogios ao ilustre conterrâneo Cícero Cravo por levar bravamente adiante o seu empreendimento, procurando oferecer aos penedenses, além de divertimento, filmes de caráter histórico "em condições de edificar, a par das cenas desopilantes". O programa comemorativo incluía, após a *ouverture* – o *Filantropos*, de Carlos Gomes, tocado por um conjunto musical –, a projeção do drama *Ouro não é tudo* e a exibição de imagens do Carnaval de Nice, em 1912. Ano que ficaria para sempre marcado como o da tragédia do *Titanic*, mas, naquele momento, em Penedo, a hora era de festa, Carnaval, corsos na rua, blocos, bonecos multicores imensos como os de Nice, e não de tristezas. Inaugurar um cinema numa cidadezinha quatrocentona orgulhosa de sua história, mas que não deixava de ser provinciana, como era o caso da antiga Maurícia, representava, para seus habitantes, além de abrir as comportas da fantasia e da imaginação, ligar Penedo ao mundo e aos novos inventos, modernizá-la.

É claro que, se o dono do palacete situado à rua Nilo Peçanha tinha lá seus sonhos dourados, também podemos imaginar que costumava satisfazer os caprichos das filhas, todas as três muito bem educadas em colégio de freiras, sabendo dedilhar um piano e arranhando o seu francês. Cícero Cravo era um homem abonado e influente. Fora seus próprios negócios, ele e sua mulher, dona Isaura, aparentados, tinham participação acionária numa bem-sucedida fábrica de tecidos que ficava do outro lado do rio São Francisco, em Neópolis (a antiga Vila Nova). Vestir as meninas de forma condizente com seu status deveria ser, portanto, uma tarefa bem fácil. A fábrica Peixoto Gonçalves, assim como ocorria com outras empresas do polo algodoeiro e têxtil de Sergipe, além de atender a encomendas oriundas do Nordeste e de outras regiões do país, também vendia tecidos no exterior.

Por conseguinte, obter bons pretendentes para as duas filhas mais velhas não chegou a ser um grande problema para o hospitaleiro e sociável "mandarim". Zoraida e Zita casaram-se jovens e bem. A primeira se uniria ao industrial Antônio Peixoto. Pertencente à outra rica família penedense, a do Comendador Peixoto, Antoninho acabaria por levar a esposa para morar no Rio, a tão sonhada capital ou "Corte". Quanto à filha do meio ou segunda, casar-se-ia com o futuro diretor do Banco do Bahia, Carlos Ballalai de Carvalho, o que faria com que Zita se mudasse para Salvador, onde os Cravo também tinham negócios e uma parentela bem grande. Já Zuleica, a mais jovem, ah, essa daria mais dor de cabeça ao pai... Pequenina, doce, alegre, exímia dançarina de foxtrote, obviamente que também deveria ter seu séquito de apaixonados... Mas, como caçula que era, e provavelmente a mais mimada, não estava disposta a seguir o ortodoxo caminho trilhado pelas irmãs... queria a paixão, em vez do bom casamento burguês com respeitáveis rapazes oriundos de tradicionais famílias alagoanas ou soteropolitanas, estando muito longe de se interessar por primos, de primeiro, segundo ou terceiro grau, como fora o caso do Peixoto escolhido por Zoraida, o filho do comendador... Devia ser bem sonhadora e fantasista, a mocinha, mesmo mantendo sua fé em Maria e tendo por hábito ler missais ou livros sobre santos. Tanto que, quando estava por volta dos vinte anos, em suas vindas para o Rio – muitas vezes os Cravo passavam as férias no Distrito Federal, ficando em hotéis de luxo – Zuleica se apaixonaria por um poeta, boêmio, Jayme Ovalle (1894-1955), nascido em Belém, que se mudou para o Rio, em 1911.

Conhecido até hoje por ter sido o compositor de "Azulão" e "Modinha" e amigo dileto de Manuel Bandeira (autor das letras dessas duas cantigas), e também de Murilo Mendes, Fernando Sabino, Paulo Mendes Campos, Otto Lara Resende e Vinicius de Moraes, Ovalle, apesar de ter alma de artista, era um funcionário aduaneiro exemplar. Trabalhando para a Alfândega brasileira, por sua competência, seria enviado a Londres e a Paris e passaria uma longa temporada em Nova York... Só que, se era sério e eficiente no trabalho, era também um grande mulherengo e sedutor... Provavelmente, foram essas características de Don Juan, capaz de namorar indiferentemente prostitutas e moças de família, que fizeram com que Cícero Cravo descartasse por completo a ideia de entregar sua filha querida, tão bem-criada no majestoso sobrado da cidade situada às margens do Velho Chico, ao homem bonitão, de rosto marcante, grande frasista em mesas de bar, que viria a se tornar uma lenda nas noitadas cariocas dos anos 1930.

Personagem de Fernando Sabino em *O encontro marcado*, citado em crônicas de Paulo Mendes Campos e em poemas de Bandeira e Vinicius, há quem dissesse, ao relembrar as várias historietas eternizadas a seu respeito – como apurou Humberto Werneck ao escrever a biografia *O santo sujo*, editada em 2008 – que Ovalle, um dia, se enfeitiçara por uma pomba que o visitava num hotel do Rio, e que também fizera a corte a um manequim de loja da Gonçalves Dias. Sem falar que costumava abraçar postes de luz com ternura, além de usar monóculo e passar graxa de sapato no cabelo. Apesar das promessas e tentativas, o fato é que não deixaria obra poética de relevo... Sua obra, na realidade, era a sua própria pessoa. Ou, como diria Dante Milano, outro de seus grandes amigos literatos:

> Tudo o que fazia era prodigioso, mas não se dava ao trabalho de realizar. Não podia, não havia tempo. Do pouco que resta de sua passagem pela Terra, há um livro em inglês (*The Foolish Bird*), ditado em transe a uma amiga e secretária, e algumas músicas fugitivas e encantadas. E basta. Nem era preciso tanto. De tal homem bastava a presença.

Presença carismática essa que encantou Zuleica, o que me parece ser bem natural, já que o homem fascinara os vates modernistas de seu tempo. Mas... nunca seria aceita pelo pai da donzela, por mais moderno que este tenha sido como inaugurador de cinema, importador e criador de modas em sua interiorana Penedo. O que não deixa de ser explicável, levando-se em conta o ponto de vista de um patriarca alagoano, tantas eram as histórias de arrepiar que envolviam o célebre moço, como a de que planejara viver em um bordel com seu amigo Manuel Bandeira... Só não seriam aceitos, costumava narrar aos amigos o poeta Dante Milano, porque Ovalle irritara os ouvidos da cafetina tocando Bach e Mozart no piano.

A moça teimou, teimou muito. Era pequenina e delicada, mas não se entregava facilmente aos ditames paternos. Compartilhada ou não – provavelmente o volúvel Ovalle deve ter tido outros objetos de desejo até vir a se casar já tardiamente com a escritora americana Virgínia Peckham –, a paixão contrariada de Zuleica se alongaria por muitos anos. Teimoso como a filha, Cícero Cravo também não cederia. E, com isso, Zu quase que ficou para titia. Para ocupá-la, fazer com que se curasse da paixonite, os pais a levavam para passear, seja num vapor para a Europa, seja nas estações de águas fluminenses. Há uma foto de uma Zuleica muito jovenzinha, numa pracinha em Caxambu, com um coreto ao centro. Vestido cintado, colarzinho de pérola, toda sorridente, a rapariga alagoana segurava uma sombrinha com estamparia muito fina, provavelmente francesa, estando ladeada pelos pais. A blusa e o colete da mãe Isaura poderiam ter vindo da Baviera, tantos eram os alegres bordados floridos. Com o chapéu na mão, Cícero olha para o fotógrafo com o semblante sério, quase que o encarando, provavelmente preocupado com o futuro da filha caçula, que o que tinha de encantos e brejeirice, tinha de obstinação.

Zu já havia passado dos 30 anos – ou seja, do ponto de vista vigente em sua época, já poderia ser considerada uma solteirona sem perspectivas matrimoniais – quando aportou em Penedo um emigrante oriundo da Áustria (mais precisamente do Tibor, região no centro da Europa, que hoje se espalha pela Ucrânia e pela Polônia e que pertenceu ao Império Austro-Húngaro). Para sobreviver, o moço aventureiro trabalhou como caixeiro-viajante quando imigrara para a América Latina, no início da década de 1930, tendo, nesta função de vendedor autônomo, passado pelo Uruguai, pela Argentina e pelo Rio de Janeiro. Homem bem-apessoado, olhos azuis, de estatura elevada – tinha cerca de 1,90m – Max Albin, decidido a criar raízes em Penedo, em 1937, já era dono de um pequeno negócio na cidade ribeirinha, na qual vendia de um tudo: desde sombrinhas, bolsas, capas impermeáveis para homens e senhoras, capotes de casimira, casacos de malha, a sedas lisas e estampadas para a confecção de vestidos. As vendas, que poderiam ser feitas a prazo ou à vista, tinham endereço fixo: Praça Comendador Peixoto, número 123, primeiro andar. Não foi lá, no entanto, apesar de ser usuária de sombrinhas sofisticadas, que Zuleica o encontraria. O homenzarrão, com sotaque estrangeiro carregado, conseguiria chamar a atenção da princesinha indomável num encontro no Penedo Tênis Clube. Provavelmente numa domingueira dançante, pois Zuleica, como já sabemos, era um verdadeiro "pé de valsa". Após anos e anos de solidão amorosa – mas não de tristeza, porque a donzela teimosa era e sempre seria muito bem-humorada, sendo uma de suas características o bom temperamento –, finalmente, a filha rebelde de Cícero Cravo se rendeu novamente a uma paixão. Tudo indica que a moça baixinha tinha mesmo queda por homens altos e sedutores, totalmente fora dos padrões de sua família. O estrangeiro Max Albin era um homem bem charmoso. O amor foi instantâneo e mútuo. Trintona, Zuleica mantinha todas as graças da juventude, que haviam feito Ovalle perder a cabeça anos atrás.

Por já se encontrar na tumba, desta vez Cícero Cravo não pode impedir o novo desvario de sua caçula. Mas sua viúva, Isaura Cravo, não ficou nada satisfeita diante da perspectiva de ver a filha mais nova casada com um forasteiro sem eira nem beira que até, quem sabe, poderia ter deixado uma esposa em sua distante pátria, sendo talvez um perigoso Barba Azul de olho no dote da graciosa herdeira de ações da fábrica de tecidos Peixoto Gonçalves. A resistência foi imensa. Apesar de ser dono de seu nariz, ou seja, de ter o próprio negócio, o austríaco realmente não foi bem-visto por seus futuros parentes. Para casar, teria que provar que não ocultava nada de ilícito ou ilegal em sua vida pregressa. Foram, então, solicitadas cartas de recomendação ao jovem enamorado, que comprovassem sua honorabilidade moral. Pois, além do mais, para piorar a situação, ele era bem mais novo do que noiva: estava por volta dos 28 anos, enquanto Zuleica aproximava-se dos 34.

Exigidas as missivas comprobatórias de sua idoneidade, o pretendente não se fez de rogado. Vieram cartas da família Albin da Áustria e até do Canadá, onde morava um digno tio médico. Descobriu-se que o pai, Leon Albin, fora um militar de alta patente do Imperador Francisco José, o marido de Sissi, primo de Dom Pedro II (anos mais tarde, circularia até mesmo a hipótese de um título de conde). De acordo com informações fornecidas pelo próprio Max, o oficial austríaco fora um homem duro, que maltratava os filhos, tendo-os criado num ambiente claustrofóbico, onde imperavam a ordem e disciplina. Foi para fugir desse regime espartano que o rapaz, de espírito libertário, resolvera, juntamente com um amigo, partir para a América Latina. É bem verdade que a Europa estava pegando fogo e que Albin era judeu. Poderia também ter vindo para a América fugindo do clima antissemita que já começara a grassar na Alemanha e na Áustria, desde o surgimento do Partido Nacional-Socialista nos anos 1920, em bares e sombrios redutos políticos da Baviera. Mas, sobre sua origem judaica, ele nada falaria à família de sua amada. Nem sobre Hitler, queima de livros, noites de cristais.

Com as dignas referências e o apoio integral da avó Blandina Costa, a "mãe Bila", matriarca de coragem, que criara doze filhos e adotara mais cinco, finalmente Zuleica se casaria com o seu eleito, em fins de 1938 (por acaso, o ano da anexação da Áustria pela Alemanha, o trágico *Anschluss*). A filha mais nova de Cícero Cravo já não era mais nenhuma criança, tendo, portanto, mais autoridade para dobrar a resistência familiar do que nos tempos em que caíra de amores por um poeta mal-afamado e beberrão. Também deve ter sido levado em consideração o fato de já se encontrar em idade perigosa para ter filhos, com o relógio biológico batendo à porta. Mesmo assim ainda houve um último obstáculo a ser transposto pelo noivo estrangeiro: como ele se dizia protestante, para que as núpcias fossem celebradas, lhe foi solicitado que se convertesse ao catolicismo. Sem problemas, converteu-se. Queria porque queria a pequenina e alegre Zuleica, e a teve, casando-se com tudo o que as famílias Cravo, Peixoto e Costa exigiram: papel passado, véu e grinalda, flores de laranjeira e igreja.

Para que a esposa engravidasse, foram necessários alguns cuidados e acompanhamento médico. No início de 1940, o casal foi aconselhado a passar uma nova lua mel na belíssima Praia do Peba, no extremo sul de Alagoas. Seria lá, naquela praia quase virgem, cheia de dunas, na foz do São Francisco, que Ricardo, o primogênito dos Albin, seria concebido. O nascimento, em 20 de dezembro daquele mesmo ano, não ocorreria em Penedo, mas em Salvador, onde havia médicos considerados mais capazes de realizarem um parto bem-sucedido.

Imaginem a alegria de Max e Zuleica ao terem o filho tão almejado, após enfrentar tanta resistência para se casar. A mãe coruja, felicíssima, comprou um Livro do bebê, no qual registraria carinhosamente todos os pequeninos e grandes acontecimentos na vida do filho, desde o nascimento, na travessa Corneta Lopes, em Campo Grande, Salvador, às 22 horas e 15 minutos, uma sexta-feira, passando pelo primeiro banho, o primeiro sorriso, a primeira palavra – mamãe! – as primeiras letras e as primeiras festas de aniversário, até o mancebo completar 40 anos, já homem feito, profissional bem-sucedido, enraizado no Rio de Janeiro. O segundo registro feito por dona Zuleica no tradicional livrinho foi o referente ao batizado de Ricardo, ainda em Salvador, na Igreja de Victoria, em 1º de janeiro de 1941. O padrinho foi o tio Carlos Balallai de Carvalho e a avó Isaura, a madrinha (talvez para amolecê-la um pouco).

As núpcias que abalaram as tradições de Penedo se fortaleceriam ainda mais com a vinda do segundo filho, dois anos após a chegada do primeiro. Novamente, o casal fora para uma praia, no início de 1942 – desta vez, a escolha recairia no Pontal de Coruripe – tendo levado Ricardo e passado lá dois meses. E, novamente, os deuses seriam benfazejos: em 31 de outubro daquele mesmo ano nasceria Leonardo Cravo Albin. Não teve jeito, Isaura Costa Cravo teve que suportar o genro que falava um português estranho, carregado de sotaque alemão, apesar de que nunca o aceitaria totalmente. Por pura implicância, já que o ex-caixeiro-viajante ao longo da vida de casado se mostraria extremamente capaz nos negócios, além de ser um marido dedicado e amantíssimo. Sabia lidar bem com dinheiro. Nos 15 anos de convivência com Zuleica (do casamento até a morte prematura), o desconhecido que tivera que solicitar cartas de referências no estrangeiro, a fim de ter condições de se unir à sua rica amada, se tornaria um próspero fazendeiro. Era empreendedor e muito aprendera com a disciplina e ética que lhe haviam sido impostas pelo pai. Ao falecer no Rio, em 1953, Max Albin deixaria três vastas fazendas à sua viúva, que, ao vendê-las, nunca passaria necessidade de dinheiro. Não foi um mau casamento, portanto, o que Zuleica fizera, apesar dos temores familiares. E, sobretudo, foi um casamento de dois seres muito apaixonados, até que a morte os separasse.

Sem ter tido a vida principesca da mãe e das tias, Ricardo e Leonardo teriam uma infância feliz e sem problemas financeiros. Feliz, sim, apesar da dureza do pai, que, segundo Ricardo, repetiria com os filhos a rigidez praticada em casa pelo oficial do Império Austro-Húngaro. Toda a sua formação, da qual fugira, estava intocada em sua mente e em seu coração, e foi ela que repassaria aos filhos, como se estivesse a dar a eles o melhor de si... Os meninos, no entanto, seriam salvos das lições de moral do pai pela meiguice da mãe, mulher de olhos iluminados, risonhos e plenos de vida.

"Se minha infância foi feliz?", diz Ricardo, "foi uma infância descontraída, mas um pouco dura por causa da disciplina de meu pai. Minha mãe, no entanto, era o oposto, muito doce. Cresci assim, convivendo com a dureza dele e a doçura dela."

Entre Penedo e Salvador

De início, portanto, foi assim: disciplina espartana paterna contrabalançada pela doçura materna e certa dose de desenraizamento. Mudança de ares. Viagens. A casa dos Albin em Penedo, na rua Siqueira Campos, também era um belo sobrado, bem próximo de onde se situava o palacete de Cícero Cravo, no centro histórico da cidade. Os dois meninos teriam uma infância movimentada, revezando-se entre Penedo e Salvador e frequentando, nas férias, as fazendas do pai, que se chamavam Taboado, Olho d'Água e Gado do Pasto... Bem pequeninos, com dois a três anos, já eram levados a Taboado, segundo os registros feitos pela mãe no até hoje existente Livro do bebê. Lá tomavam leite cru, tirado das vacas, brincavam no campo, espantavam-se vendo o gado pastar. "Ricardo era valente e não tinha medo de nada", registraria Zuleica, toda orgulhosa.

Quando já se encontravam mais crescidinhos, a partir dos quatro e seis anos, foram inúmeras as viagens para a Bahia realizadas durante a infância, já que houve um tempo em que Max Albin decidiu ser sócio da famosa fábrica baiana de cristais e refrigerantes Fratelli Vita, empresa que financiaria os primeiros trios elétricos do carnaval baiano, como o de Osmar e Dodô, e que nos anos 50 faria a campanha de Martha Rocha, quando a baiana de olhos verdes se candidatou a Miss Universo e perdeu o título devido às célebres polegadas a mais.

Em Penedo, Ricardo, com menos de cinco anos, seria alfabetizado pela professora dona Noélia Lessa Ribeiro, ou Noelinha, que o levava consigo para o Colégio Diocesano, no qual a criança ficava de uma às quatro horas da tarde. Já em Salvador, primeiro Leonardo e Ricardo entrariam para o jardim de infância do Colégio São Raimundo e, posteriormente, seriam transferidos para o Ginásio Santa Bernadete, em Itapagipe, onde o irmão mais velho ingressaria no primário e o mais jovem ainda frequentaria o jardim de infância. Como ainda era muito menino, são poucas as lembranças de Ricardo deste tempo passado em Salvador, destacando-se as brincadeiras com o amigo Ernani Vieira Filho, o Ernaninho, e a esplendorosa visão de Nícia Maria Dantas, prima muito querida que futuramente viria a ser a mãe do empresário e financista Daniel Dantas. O parentesco com Nícia vinha de parte dos Peixoto, já que os Dantas, assim como Cícero e Isaura Cravo, avós de Ricardo, também tinham laços familiares e societários com os proprietários da fábrica de tecidos Peixoto Gonçalves, sediada em Sergipe.

Eis o que Ricardo nos conta sobre o que se tornaria para todo o sempre uma inesquecível recordação:

> Estudei dois anos num colégio em Salvador, entre 6 e 8 anos, ou 7 e 9. E lá me ocorreu uma coisa que é uma das minhas melhores recordações. Minha prima Nícia Maria vinha me buscar no colégio para me levar em casa. Nossa casa ficava na Cidade Baixa, onde também se situava a sede da Fratelli Vita. Ela foi o meu primeiro alumbramento. Eu me sentia como se estivesse sendo assediado por uma mulher linda e excitante. Ela, jovem e loura, naquela baratinha conversível, vindo me apanhar no colégio.

Outro acontecimento extraordinário que ocorreu na capital baiana foi a descoberta do cinema, o Roma, na Cidade Baixa. Ricardo recorda-se que ia para a sessão matinal e só voltava para almoçar às quatro da tarde, já que a matinal exibia duas fitas em série, *Flash Gordon* e *Tarzan*, apresentando ao menino em estado de encantamento quatro trailers e duas fitas de longa metragem:

> Ao todo, eram quatro horas de exibição. Eu não desgrudava os olhos da tela. Ficava preso na poltrona, absolutamente siderado pelo que via. Minha paixão pelo cinema, naquela ocasião, foi fulminante, como eu viria a me lembrar mais tarde, quando assumi a presidência do Instituto Nacional do Cinema e da Embrafilme. Posso dizer que fui um cinéfilo bem prematuro. Também frequentaria muito o cinema em Penedo, já que meu avô tinha sido o dono de um deles, o Ideal, que ficava na praça principal da cidade.

Esse amor pelo cinema também foi registrado pela mãe no Livro do bebê. No que se refere ao primeiro registro, que se estende também à música e à leitura, não há data exata: "Ricardo gosta imenso de música, rádio e cinema. Adora ler e gosta pouco de brincar." Já a segunda anotação tem data certa: diz respeito aos oito anos de idade, época em que o menino se encontrava matriculado no colégio de Salvador: "Ricardo tem mania por cinema. Quando vê um jornal, procura logo ler os nomes dos filmes. Sua mamãe não acha bom que ele, aos 8 anos de idade, goste assim de cinema!"

Há os primeiros êxtases, que não se apagam com o tempo, e as lembranças ruins, desagradáveis, que também não costumam ficar enterradas no fundo da ampulheta. Se a beleza da prima Nícia e a descoberta fascinante do cinema e de seus astros nunca seriam esquecidas, ao buscar os vestígios de Salvador em sua memória Ricardo não pode deixar de mencionar o enjoo que sentia nas constantes viagens de avião que fazia, com toda a família, entre Alagoas e a Bahia.

> Naqueles tempos, eu ficava indo e voltando a Salvador. Viajávamos muito. O avião era anfíbio. Saía do rio São Francisco, em Penedo, e pousava na Baía de

Todos os Santos. Eu vomitava sem parar. Quando o Jaguar fez o personagem Gastão, o vomitador, identifiquei-me com ele, pois me fez lembrar a minha infância.

As terríveis viagens baloiçantes no pequeno avião anfíbio, no entanto, chegariam ao fim, já que a fábrica baiana passaria por dificuldades financeiras, tendo que fechar as portas, temporariamente, o que faria com que Max Albin desistisse de ser empresário de refrigerantes e cristais e se voltasse totalmente para a administração de suas fazendas. Com isso, a família se reestabeleceria em Penedo e os meninos seriam matriculados no Colégio Diocesano, onde Ricardo reencontraria a sua primeira professora Noélia, irmã mais velha dos coleguinhas Francisco e Roberto Lessa Ribeiro. Também seriam grandes amigos de infância – amizade iniciada no primário do Colégio Diocesano – Moacyr de Andrade e Francisco Sales.

Sales lembra-se bem daqueles tempos do Diocesano, instituição criada em março de 1944 e existente até hoje – seu lema é "educação é coisa do coração" e o padroeiro é São José. Aposentado, apesar de morar atualmente em Brasília, em 2011, o doutor alagoano tomou a iniciativa de fundar a Casa do Penedo, repleta de memórias da cidade. Na inauguração da casa-museu, entre outras personalidades, fez questão de homenagear "o filho ilustre de Penedo", que um dia partira para o Rio e ficara famoso como musicólogo, Ricardo Cravo Albin.

Eis exatamente o que relembra Sales, que no momento se encontra às voltas com a criação de outro museu, o do rio São Francisco, para isso tendo comprado o casarão que pertencera ao comendador Peixoto, pai de quatorze filhos, entre eles o industrial Antonio Peixoto que se casou com Zoraida Cravo, tia de Ricardo:

Convivi, quando garoto, com o Ricardo, na bela Penedo, e conheci sua mãe Zuleica, seu pai Max e seu irmão Leonardo. Estudamos no mesmo colégio, o Diocesano. Depois, eu o encontraria no Rio, na rua General Glicério, em Laranjeiras, e também nos festivais de cinema de Brasília. Ricardo estivera na Bahia, onde nascera, e chegou ao Penedo bem mais civilizado que os da terra. Ele se sobressaía. Até suas roupas eram mais "modernas" do que as nossas. Isso fazia com que se destacasse nas festinhas de igreja, as quermesses. Sua fina educação contrastava com a dos "matutinhos" do Penedo.

Francisco Sales confirma que Max Albin era um homem com altura notável, sobretudo se comparada com a de sua mulher, baixinha como também o era o pai Cícero:

> Recordo-me do Max perfeitamente, era um homenzarrão, que deveria ter realmente 1,90m, como menciona Ricardo, enquanto Zuleica não devia ultrapassar 1,50m. O pai, Cícero Cravo, também era baixinho. Temos várias fotos de Cícero na Casa do Penedo e até mesmo recortes de jornais sobre suas festas de mascarados, os *bals masqués*. Max era judeu alemão ou polaco, com voz rouca, gutural. Tinha fazendas nas proximidades do Penedo. Lembro-me bem dele chegando à cidade com seus inúmeros cachorros perdigueiros e suas caças. Capivaras, tatus. Ele tinha um carro tipo Jeep, alto como um Land Rover, no qual, no carnaval, fazíamos corso jogando talco nas pessoas que estavam nas calçadas.

É gozado que Sales mencione que Max Albin era judeu, porque o próprio filho Ricardo só o saberia bem mais tarde. Pelo visto, a sociedade penedense sabia ou, pelo menos, suspeitava. Quanto a ser polaco ou alemão, faz parte daquela mania brasileira de considerar que todo mundo que fala com sotaque alemão veio da velha Germânia. O fazendeiro Max, na realidade, veio de uma região, como já foi dito, que não existe mais: Tibor, no centro da Europa, que pertencia ao Império Austro-Húngaro. Era, portanto, como indicava sua carteira de identidade, austríaco. O importante, porém, nestas impressões do passado, é perceber que os Albin deviam ser vistos com certa estranheza, em Penedo, devido à estatura do pai da família, entre nordestinos bem mais baixinhos, seu vozeirão de forasteiro, e também pelo refinamento e a educação esmerada, herdados dos Cravo ou do velho oficial de Francisco José. Enfim, sobressaíam-se dentro do modorrento provincianismo local.

Interessante também a informação de que participavam das festas, quermesses, corso de carnaval. Se Cícero Cravo, fantasiado, abria seus salões nas festas de Momo, os Albin, pelo que tudo indica, também eram sociáveis e gostavam de participar das comemorações da antiga povoação ribeirinha, que até hoje tem um calendário festivo bem carregado. Entre as festas mais famosas da antiga Vila do Penedo de São Francisco, está a do Bom Jesus dos Navegantes, que ocorre no início do mês de janeiro e na qual os pescadores locais se unem aos dos municípios vizinhos, como Igreja Nova e Porto Real do Colégio, para celebrar Jesus e a boa pescaria, enchendo as águas do Velho Chico com uma procissão de barcos coloridos, enfeitados de flores, bandeirolas e imagens religiosas.

No carnaval, vários blocos animam a cidade, alguns com mais de 70 anos, como Batuqueiros de Penedo, Legião de Amigos e Raquel. Sem falar que, atualmente, as festas juninas são de arromba, com forró, bandeirinhas, comidas típicas e apresentação de cantores regionais, seguindo o fenômeno que cada vez mais se espalha e se enraíza pelo Nordeste e Norte brasileiros.

Em entrevista concedida a estudantes de sua cidade natal, provavelmente por ocasião da inauguração da Casa de Penedo, Ricardo contou que se lembrava bem da festa do Senhor Bom Jesus dos Navegantes, "muito bonita". Sua família costumava ficar às margens elevadas do rio São Francisco, vendo a procissão de barcos passar lá embaixo, no rio. Também eram nítidas as lembranças das festas ocorridas em adros de algumas igrejas, entre elas, a Igreja das Correntes, "joia do barroco brasileiro". Foi por sua intercessão junto a Manuel Diegues, pai do cineasta Cacá Diegues – revelou Ricardo aos estudantes –, durante um festival de cinema, que essa igreja acabaria por merecer os cuidados e a atenção do Patrimônio Histórico:

> Insisti, cobrei muito ao professor Manuel Diegues Júnior a reforma da Igreja das Correntes, o que seria feito pelo Patrimônio Histórico pouco tempo depois. Estava realmente em petição de miséria e houve uma reforma na qual se gastou muito dinheiro, creio que até da Unesco.

Se recordava das celebrações religiosas, lembrava-se também de festas mais pagãs no Penedo Tênis Clube, aquele clube no qual o pai e a mãe se conheceram e que continuaria a ser frequentado pela família, não exatamente para jogar tênis:

> Recordo-me muito bem do Penedo Tênis Clube, das festas de lá, das orquestras. Os músicos provinham da Lira de Penedo. O som era muito agradável, as pessoas dançavam ritmos americanos, *boogie woogie*, *fox*. Mas também havia samba, e o baião já estava chegando... Aliás, falando em baião, tenho uma forte lembrança...

Sim, foi através do baião que a música entraria nas veias e artérias do anfitrião da Urca, criador do Instituto Cultural Cravo Albin. O homem festeiro, que de certa forma mantém viva, no Rio de Janeiro, a prática de celebrações da cidade natal, sempre disposto a abrir hospitaleiramente as portas de sua moradia para os amigos, embevecê-los com saraus, assim como fazia o avô Cícero. Tudo começou quando estava ainda em Penedo. Não no clube de tênis, mas numa das fazendas do pai. O *start*, iluminação ou estopim foi dado por Luiz Gonzaga, o Rei do Baião... Mas deixemos que o próprio musicólogo nos conte:

Minha ligação com a música, como começou? Tive um choque ao ouvir Gonzaga e seu baião Asa-Branca. Ouvi-o no rádio, numa das fazendas de meu pai. Creio que estava com apenas 7 anos. Foi uma sensação muito forte. Hoje, eu diria que tive um choque parecido com aquele que tiveram Chico, Gil e Caetano ao ouvir João Gilberto. Mas eu nunca poderia imaginar que dedicaria minha vida à música.

Não poderia imaginar porque o ambiente reinante na família Albin não era exatamente um ambiente muito melômano. Dona Zuleica tocava piano, é bem verdade, e chegou a tentar ensinar o filho mais velho a tocar este instrumento. Mas o filho admite que nunca viria a tocar muito bem, tanto que, quando a mãe morreu, em 1990, jurou que para sempre se afastaria do piano. A música era sagrada, algo superior, e por isso não admitia tocar piano mal:

> Ainda criança, minha mãe me ensinou um pouco de piano. Mas quando ela morreu jurei que não tocaria mais, como se fosse um último tributo de amor filial. Eu tocava mal, e achava importante tocar bem. A música era tão superior a meus parcos predicados de pianista... Foi algo parecido com o que aconteceu com a religião. Quando menino, aos 9 anos, fiz a primeira comunhão. Mas quando perdi a fé, envolvendo-me com estudos de Marx, Engels, Kant, por escrúpulos, achei mais honrado de minha parte não mais receber a comunhão. Em respeito à sacralidade que minha mãe devotava à religião. Vejo nisso um paralelo com o que aconteceu com o piano... Pelo mesmo rigor com que decidi não mais engolir a hóstia, abandonei o piano. Eu respeito a sacralidade da música.

Já o pai tinha predileção por violinos e tangos. Mas não conversava a respeito destas predileções musicais com o filho

> Meu pai ouvia muita música clássica, tocada por Jascha Heifetz (Iossif Robimovich Heifetz, 1901-1987, violinista lituano, que emigrou para os

Estados Unidos e naturalizou-se americano em 1925. É considerado um dos maiores virtuoses do violino do século XX). Ele botava o disco de Heifetz na vitrola e quase que o furava. Gostava de ouvir também *Clair de lune*, de Debussy, e o tango *Malagueña*. Ficara louco por tangos, durante sua estada em Buenos Aires. Tangos e violino, era isso o que eu ouvia em casa. Mas meu pai nunca conversou a respeito comigo. O pouco que conversava era sobre lições de bom comportamento para a vida.

Enfim, apesar do piano da mãe e do violino de Heifetz do pai, Ricardo considera que de modo geral sua família não era marcadamente amante da música. Por isso, conclui que a música aconteceu dentro dele meio que milagrosamente, como se fosse um gosto ou característica de sua própria individualidade:

> Mamãe gostava de música, mas não era uma verdadeira melômana. Papai até gostava mais, ouvia mais. Mas, na realidade, minhas ascendências musicais nasceram comigo, por gosto, intuição, prazer. Para eles, a música era algo secundário, uma diversão paralela. Eu poderia ter tido músicos na família, mas não tive. Minha musicalidade foi inata.

Se o gosto foi inato, o rádio é que seria a varinha de condão, o grande feiticeiro, já que foi por meio deste meio de comunicação, predominante no Brasil nos anos 1930, 1940 e 1950, que Ricardo descobriria sua grande paixão. Foi em 1922 que Edgard Roquette-Pinto convenceu a Academia Brasileira de Ciências a comprar os equipamentos de radiofusão que haviam sido apresentados ao país por americanos na Feira Internacional de 1922, tendo criado a Rádio Sociedade do Rio de Janeiro. Em 1926, os aparelhos já podiam ser vendidos nas lojas do ramo, e a primeira rádio brasileira seria transferida para o Ministério da Educação, passando a se chamar Rádio Ministério da Educação e Cultura. Rapidamente, as transmissões se transformariam em mania nacional, e novas empresas de rádios surgiriam. Ricardo, como já contou, foi capturado pelo instrumento mágico captador de ondas no ar ao ouvir Gonzaga e sua "Asa-branca", ouvida pela primeira vez em 1947, numa das fazendas do pai. Anos mais tarde, seria totalmente enfeitiçado pelo vozeirão de Ângela Maria, que faria vibrar o radinho de sua cabeceira no dormitório do internato do Colégio Pedro II. Mas, estou a adiantar os fatos, porque o Pedro II fez parte da vinda da família para o Rio de Janeiro, na virada de 1952 para 1953, acompanhando o filho primogênito, que, por ser extremamente estudioso no Diocesano, nos dois últimos anos do primário, e ter tirado ótimas notas no exame de admissão para o ginásio, também do Diocesano (ficara com média 9,3, tendo tirado 8,5 em Matemática, 9 em História do Brasil, 9,5 em Português e 10 em Geografia), ganhara uma bolsa no tradicional educandário sediado no Rio, então capital do país. Bolsa esta que, no entanto, demorou um pouco a ser concedida, tanto que Ricardo ainda cursaria o primeiro ano ginasial no colégio penedense. Para que o direito legítimo fosse exercido, foi preciso que entrasse em ação o primo e padrinho de crisma Enaldo Cravo Peixoto.

Vamos, então, abandonar Penedo. Penedo, seus sobrados, igrejas, festas populares, quermesses e seu lendário rio, rico em peixes. Deixando aqui ainda uma resposta de Ricardo aos estudantes de sua terra, na entrevista realizada quando foi inaugurada a Casa do Penedo. A indagação foi sobre a influência de Penedo na formação moral e intelectual do musicólogo. Ricardo disse aos jovens entrevistadores não acreditar em influência moral, mas sim em influência intelectual. Gostava de estudar desde os tempos em que frequentara o Diocesano. Administrada por padres, a instituição dava muita ênfase à disciplina, ao rigor. Oferecia ensino de primeira qualidade, tanto que lhe possibilitou passar para o Pedro II. E também acha que a cidade o dotou de censo estético, graças à beleza de sua arquitetura colonial. Sem falar que, na infância, também se impregnara de outro tipo de beleza, a natural, pois uma outra memória bonita que carrega na mente sobre os tempos da meninice é relativa à Lagoa Santa:

> Tenho fotos na Lagoa Santa. Era uma lugar no qual íamos fazer piqueniques, quando não íamos para uma das propriedades de meu pai, que ficavam no município de Piaçabuçu. (...) Íamos no jipe do papai passar o dia na lagoa. (...) Era muito agradável ficar debaixo das árvores, cajueiros, se não me falha a memória. (...) Cercada de areia branca, a lagoa era belíssima. Havia lendas, os adultos diziam que pessoas haviam se afogado lá. (...) Não sei se eram histórias contadas para proteger as crianças.

Abandonar Penedo, sim, era hora de abandonar Penedo. Mas não sem antes deixar também um pouquinho da visão de Leonardo, o único irmão. Que também menciona o jipe do pai. Na realidade eram dois jipes, diz ele, não um apenas. E havia mesmo um Land Rover. Ao contrário de Ricardo, Leonardo não temia o pai, talvez por ser menor e, por isso, tratado com mais doçura pelo severo homenzarrão. Sua lembrança sobre Max Albin é que o amava muito:

> Eu o idolatrava. Um homem que chegou em Penedo sem nada, um forasteiro, e se tornou fazendeiro respeitado, dono de terras sem fim. Diziam que até Lampião o respeitava. Os cangaceiros não entravam nas fazendas dele. Meu pai era enorme, brigão, e tinha um vozeirão. Eu o admirava loucamente. Tanto que em Itaipu a casa na qual moro fica na rua com seu nome: Max Albin. Consegui que lhe fizessem esta homenagem.

No mais, Leonardo praticamente não tem recordações de Penedo, nem mesmo do Colégio Diocesano, que também frequentou.

> Só me lembrei da casa na qual moramos porque voltei a Penedo com Ricardo, há cerca de sete anos. Vi a nossa casa. Visitamos também a fazenda Taboado.

Aí, sim, me recordei de alguma coisa. A vó Bila morava com a vó Isaura no sobrado de meu avô. Como Ricardo, eu amava muito a vó Bila, porque ela gostava de nosso pai. Ficara a favor do casamento de minha mãe com o forasteiro. (...) Já a vó Isaura tinha predileção pelos filhos de tia Zoraida: o Enaldo, padrinho de crisma de Ricardo, e o Valdo, meu padrinho. Como implicava muito com o nosso pai, ficou mais afastada de mim e do Ricardo. Com isso, nós também não gostávamos dela.

Leonardo também não se lembra dos colégios frequentados em Salvador, apenas que o pai era sócio numa empresa de vidros. Agora, algo que lembra bem é que Ricardo era o bom aluno, sempre foi, e que foi por causa disso que a família se mudaria para o Rio:

Eu sempre fui da bagunça, farrista. Desde pequeno não gostava da escola. Já Ricardo era o estudioso, o CDF, o sério, que obtinha os primeiros lugares. (...) Quando viemos para o Rio, ele ficou no Pedro II e eu no Salesiano, em Niterói.

Confidências do Ricardo

Sérgio Porto e a premonição de Mãe Senhora em Salvador

Em maio de 1968, estava a minutos de gravar no Museu mais um depoimento para a posteridade, creio o do já idoso escritor Adelino de Magalhães, aliás um grande nome da literatura quase sempre esquecido. Nisso fui chamado para atender o telefone. Era Zélia Amado, direto da Bahia, que me convidava a escolher, em nome do MIS, meia dúzia de pessoas que pudesse participar do júri de um Festival de Música Baiana no Teatro Castro Alves. Júri presidido por Jorge e Caymmi. Aliás, só mesmo na Bahia dois presidentes para um único corpo de jurados... Convidei Oscar Castro Neves, o Quarteto em Cy e Sérgio Porto com a mulher Elzinha. O Festival bi presidido foi um grande sucesso. Mas, na véspera, Caymmi convidou nosso grupo a visitar a yalorixá Mãe Senhora do Apô Afonjá, da qual ele e Jorge eram fidelíssimos ogans. Mãe Senhora, de fato, era uma figura simpática e austera, uma sacerdotisa de verdade. Zélia apresentou-lhe um a um do nosso grupo. De mim, ao jogar os búzios, logo disse que meu protetor era Xangô. O último a entrar na salinha foi Sérgio Porto, talvez o mais descrente de nós e o que mais ficou com a yalorixá. Ao sair, Sérgio chamou Jorge e Zélia para uma conversa pessoal. No dia seguinte, em almoço privado na casa do Rio Vermelho, ambos me disseram, apreensivos, que Mãe Senhora, muito acabrunhada, lhes comunicara uma coisa terrível "aquele grandalhão, o jornalista famoso lá no Rio, estava para fazer a 'passagem' ainda no segundo semestre do ano".

Sérgio Porto, nosso Stanislaw Ponte Preta, morreu poucos meses depois, de infarto fulminante.

Praia da Urca com Elvira Pagã

Logo que passei a morar na Urca em 1989, costumava ir a Praia Vermelha. Lá por volta das 11h da manhã dava um mergulho e voltava para o Instituto.

Era dia de semana, a praia estava vazia. Eu tinha o hábito de, depois de caminhar uns 40 minutos como exercício, ir ao mar para um mergulho. Quando deixei a minha roupa na areia, logo reconheci quem estava embaixo de um guarda-sol colorido, a Elvira Pagã, vedete famosíssima dos anos 50 aos 70, a quem conhecia razoavelmente. Disse-lhe com alegria "Elvira, você aqui tostando-se ao sol do Morro da Urca?". Ela estava acompanhada por uma possível secretária, que não parecia de bons bofes. A estrela, ainda exibindo as famosas pernas que fizeram a alegria dos teatros de revista da Praça Tiradentes, em especial os de Walter Pinto, me cumprimentou com amabilidade e até evidente simpatia. Depois do mergulho, sentei-me a seu lado. Ela disse com certa malícia "pode encostar sua perna na minha, e me conta algumas coisas, de preferência fofocas picantes". Sem muito assunto comecei o papo "olha, você imagine que ainda ontem dois amigos seus almoçaram comigo, Herivelto Martins e Grande Otelo, que estão ótimos e faceiros. Você os tem visto?". No que eu falei o nome Grande Otelo, ela empalideceu, calou-se, de imediato amarrou a cara. A boca crispou-se, dos olhos saíram faíscas, como se despertasse nela o bote de uma cobra. Engolindo em seco me disse "Não admito que se fale este nome junto a mim. Este filho da puta é isso, e isso, e isso e aquilo". Ingenuamente tentei defender o Otelo. Erro fatal. No que ia esboçando tênue defesa dele, via que a ex-vedete (naquela altura da vida já se dedicando por inteiro à pintura) se enfurecia, bramindo frases de peroração contra o antigo colega. A tal ponto que se levantou em seguida, um tanto trôpega, saiu da barraca, e se pôs aos gritos comigo. Disse à secretária que queria ir embora, que desmanchasse o guarda-sol. Perplexo e tentando argumentar alguma desculpa, que ela não permitiu, ainda fiquei ao seu lado por alguns ralos minutos. Vociferando, disse palavrões cada vez mais cabeludos. Logo conclui que seu descontrole desaguava em crise de histeria. Cabisbaixo, disse-lhe que tinha que partir, e dei-lhe às costas com natural constrangimento. Dez passos depois, ela se pôs atrás de mim, guarda-sol em riste, com a intenção de envergá-lo às minhas costas. Ocorreu um fato incomum, o mais bizarro possível. Eu correndo pela praia, ela logo atrás de mim, guarda-sol empunhado, a secretária atrás dela, esbaforida. Olhei de soslaio para trás e não contive o riso comigo mesmo. A cena poderia estar em qualquer chanchada da Atlântica...

Candidatura de Darcy Ribeiro à ABL

Tom Jobim havia pensado em candidatar-se à Academia Brasileira de Letras (ABL). Mas a candidatura de Antonio Callado o fez desistir. Aqui vai um pequeno segredo, que só agora — com todos eles mortos — posso revelar. Darcy, ao saber que Callado estava mesmo disposto a disputar a vaga na ABL, me pediu que fizesse uma visita ao Tom, para quem, segundo me assegurou, não queria telefonar de jeito nenhum. Mas queria que o compositor compreendesse que o autor de *Quarup* era imbatível, e que ele, Tom, jamais deveria disputar aquela vaga. Pedido feito, pedido cumprido. Ao chegar à casa de Tom, na rua Sarah Vilela, Jardim Botânico, numa bela manhã ensolarada, o Maestro, de muito bom humor, foi logo dizendo: "Se você também vem me pedir que não me candidate à Academia, nem precisa mais. O Darcy acaba de me telefonar sobre este mesmo assunto. E, nem esperando chegar aqui, já me convenceu. Só que eu disse a ele que ainda ia pensar, porque sabia que você estava a caminho para me pedir a mesma coisa." Aproveitamos o que restava da manhã não mais para falar da Academia, mas sim para falar de Darcy Ribeiro, de seu gênio, suas deliciosas trapalhadas e seu jeito tão surpreendente, inesperado e macunaímico de ser e de agir.

No último ano do 2º Ciclo (Curso Clássico) do
Colégio Pedro II, a anotação impensável: data
de nascimento errada em dia, mês e ano.

IV

VINDA PARA O RIO: OS ANOS DE FORMAÇÃO

O internato Pedro II

São muitos os que atualmente se esquecem, ou apenas não sabem, que o Colégio Pedro II teve origem num educandário religioso, o antigo Seminário de São Joaquim. Foi após ter sofrido uma grande reforma durante o período da Regência, a partir de uma proposta educacional do ministro Bernardo Pereira de Vasconcelos ao regente Araújo Lima (1837 a 1840), que passou a se chamar Imperial Colégio de Pedro II, em homenagem ao jovem Habsburgo, à beira da campanha pela maioridade. Com a mudança, oficializada por decreto regencial, a nova instituição de ensino público federal seria inaugurada no dia 2 de dezembro de 1837 (data do aniversário do monarca) e funcionaria a partir de março de 1838, sendo a segunda mais antiga do Brasil (só perde o posto para o Atheneu Norte-Rio Grandense). O amor de Dom Pedro II pela educação e pelo colégio batizado com seu nome era tão grande que, ao ser deposto e mandado para o exílio, conforme diria a amigos mais próximos, teria sido menos doloroso terem-no deixado ficar no país apenas exercendo a atividade de professor, seja de história, ciências ou línguas.

Criado para formar quadros políticos e intelectuais para a administração pública, até se popularizar e ampliar o número de suas unidades escolares, que chegaram a doze estabelecimentos, o Pedro II foi considerado um colégio de elite, por apresentar em seu quadro docente professores ilustres e também pelo grande número de alunos que viria a se destacar na sociedade brasileira, principalmente na área de humanidades. Sua prova de admissão sempre foi considerada difícil, por isso quem lá entrou, seja para o internato ou para o externato, tinha orgulho de se sentar em seus bancos, nas dependências da antiga rua Larga (avenida Marechal Floriano) ou no casarão de São Cristóvão. Orgulho este que perdura até hoje, tantas são as associações e clubes de ex-alunos, as páginas na internet, as reuniões, os encontros, os jantares e almoços comemorativos.

É muito provável que os antigos petrosecundenses não saibam mais cantar o hino do colégio: "Nós levamos nas mãos/ O futuro de uma grande e brilhante nação/ Nosso passo constante e seguro/ Rasga estradas de luz na amplidão/ Nós sentimos no peito/ O desejo de crescer, de lutar, de subir/ Nós trazemos no olhar o lampejo/ De um risonho fulgente porvir/ Vivemos para o estudo,/ Soldados da ciência/ O livro é nosso escudo/ E a arma a inteligência./ Por isso, sem temer/ Foi sempre o nosso lema/ Buscarmos no saber/ A perfeição suprema." Mas, com certeza, todos ainda sabem o grito de guerra... Aquele grito que às vezes era usado para enfrentar, em bondes ou nas ruas, os estudantes fardados do Colégio Militar: "— Ao Pedro Segundo, tudo ou nada?/ – TUDO!/ – Então como é que é?/ – TABUADA!/ – Três vezes nove, vinte e sete./ – Três vezes sete, vinte e um./Menos doze ficam nove. Menos oito fica um!/ – ZUM! ZUM! ZUM!/ PARARATIBUM!/ – Pedro Segundo!"

Ricardo Cravo Albin está entre esses ex-alunos que ainda não se esqueceram das palavras entusiastas da "Tabuada", sendo capaz de cantarolá-las ao telefone. Ao terminar o primário em Penedo, ele não faria a temida prova de admissão para o Pedro II, no Rio. Como já foi dito acima, fez a prova de admissão ainda morando em Penedo, e foram as ótimas notas tiradas no Diocesano que lhe concederiam a bolsa para estudar no Rio. A Casa do Penedo, tão minuciosa em suas pesquisas, chega a ter uma cópia do Certificado de Prova de Admissão de Ricardo no Diocesano, com seus resultados, datada de dezembro de 1951.

Ocorria o seguinte: a fim de permitir o ingresso de estudantes de outros estados e premiar a excelência nos estudos, a instituição padrão federal, sediada na então capital do país, oferecia bolsas para os estudantes que tivessem tirado as melhores notas em colégios de outros estados da União. Esse foi exatamente o caso do menino de Penedo. Pelas notas obtidas no Colégio Diocesano, Ricardo adquiriu o direito de vir para o Rio estudar no internato em São Cristóvão. Já naquele tempo, tudo envolvia certa dose de pressão política ou "mexida de pauzinhos". No caso, a pressão seria feita por um deputado federal de Alagoas, a pedido do primo Enaldo Cravo Peixoto, que pela primeira vez exerceria benéfica influência sobre o destino do primogênito da tia Zuleica. Uma primeira vez que seria seguida por inúmeras outras intervenções decisivas, com Ricardo tendo se tornado o homem que é por suas próprias qualidades, sem dúvida alguma, mas também, em parte, pelo interesse e dedicação, além de puxadas de cordões políticos, deste padrinho protetor, que funcionaria em sua existência, sobretudo no início da vida escolar e da profissional, como um anjo tutelar:

> Enaldo Cravo Peixoto foi muito importante em minha vida. Um primo-irmão mais velho, quase um pai. Foi ele quem me ajudou a entrar para o Pedro II, exercendo o meu direito à bolsa. Filho de tia Zoraida, a primogênita de minha avó Isaura, ele me recebeu em sua residência, em 1953. Pois, de início, morei na casa dele na Gávea, na rua Marquês de São Vicente, 374. Era casado com minha tia Célia (Sarmanho, quando solteira, prima de Darcy Vargas). Quando eu saía do colégio, ia para casa dele. Creio que nossa diferença de idade era de uns 20 a 25 anos. Minhas tias se casaram bem jovenzinhas. Foi minha mãe, como já relatado, que se casou tarde, sobretudo para os padrões da época.

Engenheiro sanitarista de renome internacional, que exerceu cargos proeminentes na prefeitura e no estado do Rio de Janeiro, Enaldo, começou a vida com muita força, a força de um técnico de competência reconhecida em sua área. Inteligente, com personalidade original, sério quando tinha que ser sério, mas também capaz de ser brincalhão, quando a ocasião lhe permitia, o primo mais velho, longe de poder ser caracterizado como um homem bonito, tinha muito charme pessoal (A bióloga Frida Shomorosny, que com ele conviveu quando trabalhou na Cedae, analisando a qualidade da água distribuída na cidade, confirma que era realmente uma pessoa de personalidade muito magnética). Ao conseguir que a bolsa saísse, em fins de 1952, beneficiando finalmente o brilhante aluno de Penedo, o parente influente faria com que toda a família Albin viesse para o Rio, acompanhando o jovem estudante...

> Sim, a bolsa saiu e minha família veio comigo, meus pais e meu irmão. O Rio era o meu objetivo. Era quase um sonho para qualquer pessoa da classe média do Nordeste, e mesmo de classe abastada, trazer para estudar no Rio de Janeiro o herdeiro da família. Sobretudo galardoado com o privilégio de ter sido o primeiro da turma, razão da bolsa. Houve a dificuldade política, resolvida por Enaldo. Saímos todos de Penedo em dezembro de 1952. Em março de 1953, eu já estava estudando no Pedro II. Não entrei no primeiro ano do ginasial, mas no segundo, com 12 para 13 anos, devido ao atraso na concessão do privilégio.

A mãe, de início, ficaria na casa da irmã Zoraida e do cunhado Antônio, que moravam em Laranjeiras, na rua General Glicério. E Leonardo, o irmão dois anos mais jovem, que inicialmente também ficaria alojado na casa de Enaldo, na rua Marquês de São Vicente, posteriormente seria colocado no Salesiano, do outro lado da baía, no mesmo regime de internato.

Eu sempre fui bom aluno. Já Leonardo gostava de farrear. Depois, quando cresceu, viria a se tornar um empresário muito bem-sucedido. Temos nossas diferenças no jeito de ser e ver o mundo. Mas ele me é muito querido. É o pai de minhas duas sobrinhas, Ana Paula e Cristina, que curiosamente tiveram filhos aos quais deram o nome de Leonardo e Ricardo. Gostaria que tivéssemos ficado mais próximos, ao longo da vida. Mas nossas diferenças de personalidade atrapalharam a convivência.

Ser um bom aluno, aliás, foi o que mais caracterizou Ricardo em sua passagem pelo Pedro II, uma longa passagem, já que cursaria no tradicional internato o ginásio e também o clássico. Ser aluno aplicado e também ter odiado, inicialmente, a vida enclausurada, já que a infância em Penedo e em Salvador, apesar das lições de moral e da rígida disciplina imposta pelo pai, foi uma infância bem livre e alegre, sobretudo nas férias passadas ao ar livre nas fazendas de Max Albin. Para quebrar a solidão, novamente entrou na vida do menino sensível o rádio e seu poder de encantamento. Ricardo não mais se recorda se foi o primo Enaldo ou a tia Zoraida quem o presenteou com o radinho que o marcaria para sempre, ao lhe doar a sua segunda memória musical: Ângela Maria.

Entrei para o Pedro II, como já disse, em março de 1953. No colégio, em minha memória musical, saiu Luiz Gonzaga e entrou com força Ângela Maria. Ângela chegou arrebatando o meu coração de 12 anos, no centro do Rio de Janeiro, dentro do internato do Pedro II. Eu tinha recebido de minha tia ou de meu primo Enaldo um radiozinho pequeno, que ainda não era de pilha e que eu ouvia dentro do dormitório. Este rádio foi o meu grande consolo. Naquela época eu maldizia a minha vida. (…) Aquela coisa de internato era realmente sinistra, creio que para qualquer pessoa, mas sobretudo para mim, menino sensível, que tive que aprender a viver praticamente separado dos pais. Logo eu, que naquela altura era muito ligado à família.

A tristeza foi imensa. Chegou a ter vontade de morrer, tão profundos foram a angústia e o sentimento de desolação. Foi a voz de Ângela Maria, nos programas noturnos, que fez com que o menino de tão fortes laços familiares aguentasse o isolamento:

> Lembro-me que ela começou a cantar na Rádio Mayrink Veiga, com uma força enorme. Era a Princesa do Rádio. E creio que, em 1954, já era chamada de Rainha. Aqueles programas me inundavam o ouvido e tornavam a minha vida mais amena. Eu ficava entre as lágrimas, constantes à noite. Em geral, os alunos que vinham do Norte e do Nordeste sofriam muito, porque, tendo sido separados de suas famílias, costumavam não sair nos fins de semana. Ficavam enclausurados lá dentro. Já eu, felizmente, tinha família no Rio, até porque meus pais não voltaram para Alagoas.

Sim, a tristeza foi imensa, e maior ainda se tornaria, nestes primeiros anos no internato, porque logo, logo, o pai faleceria. Assim que chegou ao Rio, Max Albin começou a se queixar de que suas habituais dores de estômago estavam aumentando. Zuleica e o marido, como foi mencionado aqui, estavam morando na casa de Zoraida. Antonio Peixoto, o pai de Enaldo, que pertencia a uma família de pessoas muito ricas em Salvador e em Alagoas e era bem-relacionado na sociedade carioca, recorreu ao cirurgião Fernando Paulino Soares de Souza para acudir ao cunhado. Este decidiu que era preciso operar o negociante e fazendeiro o mais rápido possível, para verificar o que estava a se passar em seu estômago. O quadro era gravíssimo: os médicos abriram a barriga do doente e não puderam fazer nada. Tarde demais. Passados tantos anos, Ricardo ainda se recorda com amargura do que aconteceu com o pai:

> Abriram a barriga de meu pai e a fecharam. Chamaram a minha mãe para um canto e disseram pura e simplesmente, com uma clareza que só os americanos usavam àquela altura, e que me indignou, porque detesto este

tipo de clareza, que meu pai tinha exatos seis meses de vida. Ele era portador de um câncer de estômago que estava a se desenvolver dramaticamente... Eu não vim a saber disso de imediato, na época. Minha mãe só me contaria isso uns três meses depois, pois meu pai continuava a piorar. Quando cobrei dela uma definição sobre a doença dele, disse-me: "Está com câncer no estômago, tem pouco tempo de vida". Fiquei chocado. Naquela noite, quando voltei para o colégio, senti-me mais desemparado do que nunca. Foi uma noite horrível.

Felizmente, houve um inesquecível momento de reunião familiar antes do agravamento da doença, uma daquelas vivências comoventes que se eternizam na mente de pessoas impressionáveis e sensíveis, como é o caso de Ricardo Cravo Albin. Enquanto o pai ainda estava vivo, numa das saídas de fim de semana do internato, a família inteira foi ver *O cangaceiro*, de Lima Barreto, exibido pela primeira vez em salas de cinema exatamente em 1953, ano em que os Albin vieram para o Rio. Por narrar uma história passada no Nordeste, baseada em Lampião, o pai se comoveu muito com o filme, estrelado por Alberto Ruschel, Marisa Prado, Milton Ribeiro e Vanja Orico. E também foi muito tocante para todos ouvir a música tema da fita – "Mulher rendeira", interpretada por Vanja, acompanhada pelos Demônios da Garoa. Tanto que Ricardo faria questão de abrir um LP de trilhas musicais, que produziria quando já se encontrava na presidência do Instituto Nacional de Cinema, exatamente com o tema.

A ida ao cinema para assistir *O cangaceiro* foi a última memória feliz da pequena família. A partir daí, Max Albin só pioraria, tendo pensado até mesmo em se matar, numa desesperada tentativa de se jogar do décimo andar do prédio em Laranjeiras, edifício Paquetá, no qual se encontrava hospedado com a mulher. Rememora o filho:

> Foi em junho de 1953. Ele queria se jogar da janela, as dores estavam muito fortes. Quis mesmo se jogar do décimo andar do apartamento da tia Zoraida

e do tio Antoninho. Mas não conseguiu concretizar o suicídio que planejara. Tudo aquilo foi muito triste.

Como todos os momentos relevantes da vida do filho mereceram registros da dedicada mãe Zuleica no Livro do bebê, também a morte do pai está lá anotada: "Ricardo perdeu o seu querido papai no dia 16 de junho de 1953."

"Ele estava interno no Colégio Pedro II, quando foram buscá-lo para ver o seu papai pela última vez. Soluçando muito, abraçou-se a sua mamãe e ficou chorando algum tempo, sem ter coragem de ver o seu querido papai entregar a alma a Deus."

Outro falecimento se seguiria ao do pai, e também chocaria muito o menino que ainda se encontrava na entrada da adolescência. Trata-se da morte da avó Isaura, um ano depois:

> Como já expliquei, minha avó nunca gostou muito de mim, nem de meu irmão. Ela não quis o casamento de minha mãe com meu pai. Por isso nós nos sentíamos emocionalmente bem distantes dela. Mas quando exalou o último suspiro, no quarto em que meu pai havia morrido, senti uma dor dentro de mim como se um liame houvesse se desconectado. Um cordão umbilical imaginário. Sim, a dor foi lancinante. Tranquei-me no quarto da empregada e soquei uma toalha na boca, para evitar o urro, o grito de dor. Eu não queria que ninguém ouvisse aquela coisa contida, aquela ruptura dentro de mim. Depois, enfrentei o velório e o enterro normalmente. Mas foram mortes muito sentidas, que me traumatizaram: a de meu pai e a de minha avó Isaura.

Infeliz no internato, traumatizado pelas mortes em casa, mesmo assim Ricardo diz que a alegria e o amor pela vida, milagrosamente, não o abandonaram. O que atribui, de certa forma, ao prazer que sentia ao ouvir música. Música que sempre o acompanhava no colégio. Extasiarase com Luiz Gonzaga, na infância, descobrira o vozeirão de Ângela Maria, a perfeição da voz de Orlando Silva, a graça simplória de Emilinha Borba, no radinho de seu quarto, no internato, e também começava a gostar de ouvir o que cantava Dolores Duran, já contratada pela Rádio Nacional. Não há ser humano que possa ficar a vivenciar tão somente tristezas, rupturas, dilaceramentos, pois seria insuportável, e o mesmo acontecia com o estudante do Pedro II, que se agarrou à música para não se deixar ser tomado pela depressão.

Uma das grandes compensações oferecidas naqueles anos tristonhos de 1953 e 1954, de grandes perdas, foi uma visita à Rádio Nacional, para ver o programa de César de Alencar. Quem conseguira os ingressos foi... Ah, quem poderia ter sido? O padrinho Enaldo Cravo Peixoto, é claro, que mais uma vez conseguia o impossível, porque aqueles ingressos para ir ao programa de auditório de César Alencar, na PRE8, eram disputadíssimos pelos fãs dos cantores de rádio, os astros nacionais da época. Poder assistir àquele programa, que já escutara tantas vezes no dormitório do colégio, e que até então só existia na imaginação, para o rapazinho melômano, foi motivo, consequentemente, de absoluto êxtase. Eis o que ele conta:

> O programa era no sábado, começava às 3 horas da tarde. Era tão envolvente, prestigiado. (...) Acho que os ingressos tinham sido obtidos com outro deputado federal ou político de Alagoas, um mês antes da apresentação. Lembro-me muito bem do meu deslumbramento, vendo aquilo que já ouvia e que me confortava nas noites de desolação, no internato. Poder assistir àquela gente ao vivo, Ângela Maria, Luiz Gonzaga, Nora Ney, Dolores Duran, cantando na Praça Mauá os sucessos da virada de 1953 para 1954, para mim foi uma emoção indescritível. Jorge Veiga começava a cantar juntamente com Emilinha Borba as músicas de carnaval. Ah, as marchinhas carnavalesca que ouvi, naquele programa. (...) Começavam a ser tocadas no réveillon e depois todos os cantores de carnaval as cantavam, em janeiro e fevereiro.

Pode-se dizer que o rádio foi uma espécie de mago onipresente nas longas e tristonhas noites do Pedro II, que o afastava da dura realidade, transportando-o para áreas de prazer e deleite. Pois assim como existem benfazejas fugas literárias, identificação com personagens que nos fazem abandonar momentaneamente as agruras cotidianas, existem fugas musicais, nas quais o eu se eleva, paira acima da terra. O estudante solitário ouvia a rádio Nacional – na qual Emilinha brilhava no programa de César Alencar, e sua rival Marlene, no programa de Manuel Barcelos, às quintas-feiras – e, também, a Radio Mayrink Veiga, que tinha programas de humorismo que o faziam rir... Mas, quem realmente o encantava era Ângela Maria, no programa *A Princesa canta*. Dalva de Oliveira apresentava seus melodiosos trinados na Rádio Tupi, mas era Ângela que Ricardo mais apreciava, sem perceber ainda que o modelo de Ângela fora a própria Dalva. Ele comenta:

> Muito tempo depois, vim a conversar sobre isso com a Ângela e com a Dalva, que viriam a se tornar muito minhas amigas. Mas na década de 1950 eu não poderia saber que aquelas cantoras que povoaram a minha mitologia musical do início da adolescência poderiam vir a se tornar pessoas de minha intimidade num futuro não tão remoto assim, uns quinze anos depois.

Ainda não havia TV nas casas brasileiras. Ricardo calcula que somente em 1956 o hábito começaria a pegar. Até então, ligava-se a televisão para ouvir o *Repórter Esso*, na TV Tupi, e, depois, a mágica telinha, que se encontrava ainda em seus primórdios, exibia raríssimos programas, findos os quais aparecia a imagem gráfica de um índio, que perdurava um tempo sem fim. O que se ouvia mesmo era o rádio, e se a família gostava muito da invenção de Thomas Edison, o aparelho captador de ondas sonoras ficava ligado o dia inteiro na sala e na cozinha, exatamente como ocorre hoje em dia com as TVs domésticas. Os programas costumavam ser ouvidos por todo o núcleo familiar, reunido em torno do rádio, assim como hoje são assistidas as novelas, a programação humorística ou os musicais de TV. Daí, a importância de se poder ir, num sábado, a um programa de alto índice de audiência e apelo popular como era o de César de Alencar; a maravilha que era poder ver pessoalmente aqueles cantores, que também eram estrelas dos filmes da Atlântida. Filmes que, no fim de semana, o menino de Laranjeiras procurava não perder. Pois, o prazer com o cinema, cultivado desde Penedo e Salvador, aquele mesmo prazer que compartilhara com o pai, na derradeira ida a *O cangaceiro*, continuou a ser vivenciado por toda a adolescência:

> Eu frequentava as matinais no domingo no cinema São Luís. Ficava ouvindo a rádio MEC para conhecer os concertos comentados didaticamente, o programa do César de Alencar e só depois ia ao cinema, onde nós – a garotada sentada na plateia – fazíamos muita algazarra. Era um momento de liberdade. Aquilo que nós não tínhamos condições de fazer nas sessões vespertinas, fazíamos nas matinais do São Luís. Papagaio, namoro, bagunça. Os filmes eram ótimos. Tudo era ótimo, na realidade. Nessa ocasião, eu também morava na casa da tia Zoraida, em Laranjeiras. Meu irmão estava em Niterói e, de vez em quando, eu ia lá visitá-lo, pois minha mãe tinha ido a Alagoas cuidar do inventário de meu pai.

Este inventário dos bens do fazendeiro Max Albin é um assunto a respeito da qual Ricardo diz não querer fazer muitos comentários, por ter sido "um inventário dramático, que faria minha mãe ficar ausente do Rio por cerca de um ano". Pelo que tudo indica, sob a orientação equivocada de um primo advogado, a viúva Zuleica teria vendido muito mal as fazendas herdadas do marido, sobretudo uma que foi cair nas mãos do senador Arnon de Mello, ex-sócio de Max Albin em negócios comerciais e fundiários.

> Não tenho dados concretos para provar nada. Mas na família, a *sotto voce*, correu essa versão de um inventário infeliz. De qualquer forma, com o

dinheiro angariado minha mãe pode comprar quatro a cinco imóveis no Rio, indicados por Enaldo, um deles na própria rua General Glicério, onde moravam meus tios. E também foi adquirido o apartamento no qual moraríamos, eu, minha mãe e meu irmão, na rua Cristóvão Barcelos, 55

Enfim, coisas sobre as quais ouviu falar, nos bastidores familiares, bem depois da volta da mãe para o Rio, mas a respeito das quais nunca quis se informar mais detidamente.

Só que Leonardo também tem a mesma lembrança a respeito do inventário e, como sabemos, proverbialmente, onde há fumaça geralmente há fogo ou uma ponta de verdade:

Enquanto fiquei no Salesianos, em Santa Rosa, mamãe ia lá me visitar. Ela ficava se dividindo entre mim e o Ricardo. Houve um tempo em que ela teve que ir a Penedo vender as fazendas de meu pai. Meu pai era proprietário de fazendas enormes em Alagoas, que, como já disse, eram respeitadas pelos cangaceiros. Ela perdeu muito dinheiro com este inventário, é bem verdade. Viúva, filhos pequenos, não sabia fazer negócios. Quando solteira tinha tido uma vida de rica. Costumava ir de vapor para a Europa, com o pai e a mãe. A verdade é que não aprendera a administrar dinheiro. Mas mesmo tendo sido mal negociada, a herança daria para comprar muitos apartamentos no Rio.

Quando não estava com a mãe, o irmão, os tios e os primos nos fins de semana, em Laranjeiras ou na Gávea, a vida do menino internado no Colégio Pedro II continuaria a transcorrer sem muitos sobressaltos, com o jovem estudante queimando as pestanas sobre os livros. Era o que se chamava na ocasião, pejorativamente, de CDF – cu de ferro. Os colegas assim o alcunhavam, tamanha era a dedicação aos estudos, a seriedade e a disciplina. Ricardo não gostava nada desta pecha de cu de ferro, que chegava a irritá-lo, mas não tinha jeito, essa era a sua índole. Perdia a noção do tempo, ocupando-se com os estudos e com a leitura de livros, com as horas passando despercebidamente ao se dedicar às lições e à literatura, sobretudo a de Machado de Assis e José de Alencar. Erico Veríssimo também já lhe apetecia. Era sempre o último a abandonar a mesa de estudos, em busca de diversão ou lazer. A mãe, em suas anotações, confirma a dedicação do filho aos estudos:

> Ricardo tirou ótimas notas no segundo ano ginasial, passou muito bem e foi muito elogiado pelo diretor do colégio, que lhe deu como prêmio, de ótimo comportamento e esforços nos estudos, o enxoval efetivo de livros e roupas para o ano seguinte.

A partir do terceiro ou quarto ano ginasial, um dado novo entraria na monótona vida escolar: o estudante aplicado faria grandes descobertas na biblioteca do internato, passando a frequentá-la com assiduidade. Dessa época em diante, os livros e a literatura sempre haveriam de ser uma boa companhia em sua vida. Primeiramente, ficaria siderado por Monteiro Lobato, autor que, ao mesmo tempo em que entretinha, ministrava conhecimento. Interessou-se até mesmo pelas cartas de Lobato publicadas em *A barca de Gleyre*, um dos primeiros livros que marcariam sua formação intelectual:

> Trata-se da correspondência de Lobato com o escritor Godofredo Rangel, um juiz de direito que foi seu grande amigo, desde rapazinho, e para quem dirigiria suas melhores cartas. Nessas epístolas, o criador de Narizinho, Pedrinho, Emília e do Visconde de Sabugosa revela seu amor pelo Brasil, amor que considerava necessário a todos os brasileiros, e também aborda o problema da colonização cultural. Em vez de considerar, como era comum na época, que o bom para o Brasil era o que vinha do estrangeiro, Lobato teve um entendimento muito precoce de que o bom mesmo poderia ser aquilo

que vinha do útero ou das entranhas brasileiras. Eu realmente insisti, li e reli suas obras, as infantis e as de adulto, os contos de *Urupês*. Tudo que provinha de sua pena me fascinava.

O fascínio de Ricardo tem sua razão de ser, sendo Monteiro Lobato o escritor que foi. Mas impressionante é a descoberta de certa forma prematura dos dois tomos da correspondência mantida ao longo de quarenta anos por Lobato e Rangel, pois não é todo estudante de ginásio que gosta de ler cartas de literatos. Além de analisarem o Brasil, os dois amigos de Pindamonhangaba, que haviam feito parte de um pequeno cenáculo de jovens com ambição literária, que batizariam de "Minarete" (nome do sobrado que funcionou como república e refúgio para escrita e leitura), também analisavam em suas epístolas o fazer literário – deles mesmos e de grandes autores – e a necessidade de encontrar um estilo próprio. Muitas vezes Lobato criticava Rangel pelo excesso de adjetivos e pelo formalismo. Eis o que o futuro autor do *Sítio do Picapau Amarelo* escreveria, por exemplo, para o amigo Godofredo na carta que lhe enviaria de Taubaté em 19 de agosto de 1905:

> A observação sobre os teus adjetivos pode ser generalizada. Apliquei-a aos teus porque me veio enquanto te lia. Nos grandes mestres o adjetivo é escasso e sóbrio – vai abundando progressivamente à proporção que descemos a escala de valores (...) Contei os adjetivos em Montaigne, Renan e Gorki. Sóbrios. Shakespeare, quando quer pintar um cenário (um maravilhoso cenário shakespeariano!) diz, seco: "Uma rua". O Macuco diria; "Uma rua estreita, clara, poeirenta, movimentada, etc". (...) Tolstoi só usa o adjetivo quando incisivamente qualifica ou determina o substantivo. Tenho que o maior mal de nossa literatura é o "avança" do adjetivo. Mal surge um pobre substantivo na frase, vinte adjetivos lançam-se sobre ele, ficam "encostados", como os encostados em repartições públicas (...) Isso me veio ao ler em teu

Diário a "mancha sobre o lampião da sala". Se expulsasses dali todos os adjetivos encostados, aquilo ganharia oitenta por cento.

Já numa carta anterior, de 15 de julho de 1905, Lobato diria o seguinte:

> Estilos, estilos... Eu só conheço uma centena na literatura universal e entre nós só um, o do Machadão. E ademais, estilo é a última coisa que nasce num literato – é o dente de siso. Quando já está quarentão e já cristalizou uma filosofia própria, quando possui uma luneta só dele e para ele fabricada sob medida, quando já não é suscetível de ser influenciado por mais ninguém, quando alcança a perfeita maturidade da inteligência, então, sim, aparece o estilo. Repare no Machado.

A barca de Gleyre, portanto, deve ter funcionado para o jovem interno do Pedro II como um manual de estilo e também um guia literário. Pois após Lobato aconteceriam outras descobertas imprescindíveis: o próprio Machado e José de Alencar. O estudante leria os dois grandes romancistas brasileiros, que foram tão amigos – sem o romântico Alencar, desbravador do romance brasileiro, certamente não teríamos o cético e irônico Machado –, na boa biblioteca do Pedro II em estado de encantamento. Só mais tarde, uns dez anos depois, é que descobriria Eça de Queirós e também se apaixonaria pela obra de cunho naturalista do grande escritor português, a ponto de participar de um clube de leitura. Mas aí já estaria na faculdade...

Quem gosta de ler livros e se encanta com as palavras geralmente gosta de aprender línguas e foi isso justamente o que aconteceu com o rapazinho estudioso do Pedro II. Aplicou-se bastante em aprender inglês, francês, latim e alemão, sobretudo a partir de 1956, quando já se encontrava cursando o clássico. O latim foi ministrado por Vandick Londres da Nóbrega, o diretor do colégio. O professor de francês seria sempre lembrado como um homem notável: "Magrinho, esquizofrênico e adorável, chamava-se Edgard Liger-Belair e participara da Primeira Guerra Mundial". Mas, o mestre mais querido, aquele que se tornaria um grande amigo, seria Aloysio Franz Dobbert, o de alemão. Talvez devido à ascendência austríaca do pai já falecido, Ricardo esmerou-se bastante no aprendizado da língua de Goethe e Schiller, ao ponto de ser capaz de falar um alemão bem correto em seus tempos de estudante do clássico. Iniciara o estudo de alemão em casa? Não, o pai não falava alemão com os filhos. Tudo o que aprendeu da língua germânica foi mesmo no curso de bacharel em Ciências e Letras do Colégio Pedro II. Um curso tão maravilhoso, remarca, que lhe permitiu tentar falar latim e grego com os colegas, tirando uma "chinfra", numa espécie de brincadeira erudita. Entre eles, os de sua própria turma (turma D), como Enio Nunes, seu amigo até hoje, e Lelsis Avena de Jesus, já falecido.

Além de o que ele chama até hoje de "núcleo duro" de colegas-amigos, como Jeronimo Mascardo, Franco Paulino, Antonio Carlos Athayde, Leo Christiano, Leonardo Fróes, todos dedicados posteriormente à cultura e às letras.

> Meu curso foi tão valioso que mais tarde eu me tornaria uma testemunha do abastardamento da educação no Brasil. Ao longo dos anos, sem dúvida, houve um processo de decadência, decrepitude do ensino. No meu tempo, o Pedro II era realmente um colégio-padrão, com tradição enorme, que conferia inclusive aos alunos que concluíam o curso de Humanidades o título de bacharel. Era o único colégio, aliás, que conferia o bacharelato de Ciências e Letras. Seu currículo de matérias era muito racional. No ginasial, estudava-se Matemática, Português, Francês, Inglês, Geografia, História, Ciência, Desenho. Aprendíamos o que era necessário aprender. E no clássico entravamos em contato com Grego, Latim, Alemão, Filosofia.

Na mente adulta de Ricardo também se eternizariam, pelas boas lembranças, o professor de português, Carlos Henrique da Rocha Lima (antecedido por Antenor Nascente), a professora de canto orfeônico, Antônia Reina Racha, que sucedera na cadeira o compositor Villa-Lobos, o de geografia, Honório Silvestre, e o de filosofia, Euríalo Canabrava. Destacando-se ainda o de desenho:

> Inesquecível, o professor Saboia. Ele desenhava uma circunferência no quadro-negro perfeita. Como se estivesse usando um compasso. Encantava a todos nós, seus alunos, o Saboia, com seus desenhos no quadro-negro.

Enfim, o fato de a estada no internato ter sido difícil, dura, principalmente nos primeiros anos, não quer dizer que o ex-aluno não tenha tido a capacidade de avaliar, pelo menos retrospectivamente, a excelência de seus professores e do ensino que lhe fora ministrado, e de ter saudades do velho casarão no qual estudou. Tanto que lamentaria muito o incêndio ocorrido em janeiro de 1961, quando não mais se encontrava dentro da instituição, incêndio misterioso, que chegou a ser considerado criminoso na época. Deixemos novamente que ele nos conte:

> O aspecto arquitetônico do Colégio Pedro II sempre foi dos mais bonitos. Era um grande casarão colonial, que havia sido inaugurado pelo próprio Imperador Pedro II, patrono do colégio. Ficava faceando o campo de São Cristóvão, no ponto mais nobre, numa região cercada por construções igualmente nobres. Ali fora construído o campo de futebol do Clube São Cristóvão, com arquibancadazinhas muito simples, que num primeiro momento me lembrariam as do Fluminense Football Club. Aos sábados, antes da saída, íamos ali jogar futebol. Eu era um péssimo jogador, entrava no time e só fazia gol contra. O que fez com que nunca mais jogasse futebol na minha vida. Fiquei traumatizado. Mas o colégio, ah, a imagem que guardei na mente era das mais bonitas. Por isso me doeu muito no coração a notícia de

que tivesse pegado fogo alguns anos depois de eu ter saído de lá. Uma grande perda, uma lástima para a memória urbanística da cidade.

A versão que correu, na ocasião, foi a de que o incêndio teria sido motivado por uma conjugação de interesses da diretoria que visava à destruição do velho casarão para que ali fosse construído um edifício mais moderno. Com esta finalidade, seriam concedidas verbas gordas do Ministério de Educação, Cultura e Saúde. Indignados, os universitários da Universidade do Brasil – e Ricardo já estava entre eles – fizeram um manifesto pedindo ao reitor Pedro Calmon que apurasse os fatos, pedido este que seria estendido ao ministro de Educação Clóvis Salgado. Mas, nada aconteceria, porque o que aconteceu, efetivamente, foi a construção do prédio novo, atual sede do Pedro II. Segundo Ricardo, "horrenda e manchada pela destruição criminosa do Casarão Amarelo".

Estudantes versus Vandick

NA MEMÓRIA DE RICARDO, por detrás do incêndio estaria a figura de Vandick Londres da Nóbrega, o diretor que era odiado pelos estudantes. Mas não é bem assim, já que Vandick, em 1961, não se encontrava mais na diretoria, por obra e graça de seus alunos, que realmente o detestavam. O afastamento do renomado professor de latim faz parte das recordações de um ex-colega de Ricardo Cravo Albin, o editor Leo Christiano.

De acordo com Leo Christiano, o incêndio foi realmente uma desgraça, mas Vandick não pode ser responsabilizado, porque havia sido demitido do cargo alguns anos antes, mais precisamente em 1958, devido a uma acusação de malversação de recursos:

> Vandick, nosso diretor, era um carreirista superfascista, um nazista. Embora disfarçasse, porque não ficaria bem ser visto como um nazista... Além do mais, era ladrão. E acabou sendo expulso pela nossa turma. Eu e alguns colegas colocamos o Vandick para fora por justa causa. Azulino de Andrade colecionou os borderôs dos refeitórios. Esse dossiê ficou com Guido Bilarinho e depois comigo. Era um dossiê para provar que o Vandick era ladrão. Fomos à casa do ministro de Educação, Clóvis Salgado. Comprovamos que Vandick roubava, geria mal as finanças, superfaturava.

Leo lembra-se muito bem desta visita ao então ministro de Educação. O grupo era formado por cinco a seis alunos. Pegaram o bonde no Tabuleiro da Baiana e foram para a casa do ministro, na Praia Vermelha. A residência de Clóvis Salgado, casado com Lia, cantora lírica, ficava ao lado do Instituto Benjamin Constant. Assim que lá chegaram, o ministro perguntou aos meninos o que queriam, e eles prontamente disseram ao que tinham vindo, ou seja, tinham como missão fazer uma séria acusação ao diretor Vandick. Para provar o roubo, apresentaram os borderôs dos refeitórios, superfaturados. Ao ver a documentação, o ministro pediu que os estudantes voltassem imediatamente para o colégio, pois o melhor é que estivessem lá dentro quando a denúncia fosse feita, mas que não se preocupassem, porque no dia seguinte ouviriam uma notícia importante no *Repórter Esso*. E foi exatamente isso o que aconteceu:

> No dia seguinte, pegamos todo o dinheiro do grêmio e compramos cabeças de negro. Na hora do *Repórter Esso*, nós arranjamos um rádio para ouvir o noticiário. E ouvimos, na voz de Heron Domingues: "Acaba de ser demitido Vandick Londres da Nóbrega, o diretor do Pedro II." O colégio foi pelos ares, com os fogos estourando.

Fogos de comemoração pela saída do mau diretor, não os tristes fogos do incêndio de 1961. Mesmo assim, a força de Vandick era mesmo grande, porque voltaria ao Pedro II quando foi decretado o golpe militar, dirigindo novamente o colégio de 1964 a 1967. Época em que Leo, Ricardo e outros amigos daqueles tempos do internato, como Leonardo Fróes e Jerônimo Moscardo, já tinham seguido outros rumos na vida, estando, por conseguinte, livres de terem de conviver novamente com o terrível professor de Latim.

Leo Christiano, que durante algum tempo foi o editor do jornalzinho *Flama*, dos estudantes do colégio, entrou para a instituição também em 1953, só que para o primeiro ano do ginásio, enquanto que Ricardo, como já foi explicado, ingressou para o segundo ano, devido ao atraso na concessão da bolsa. Léo acha que era correta a premiação dos primeiros alunos de outros estados, já que trazia para o Rio estudantes excelentes, que se reuniam aos que haviam sido admitidos através da difícil prova de admissão. Na sua memória, por ano, eram abertas de noventa a cem vagas, com os novos alunos se dividindo em quatro turmas, em ordem alfabética. E ao todo, no ginásio e no clássico, deveria haver uns oitocentos alunos.

Apesar de contemporâneos, ele não se lembra muito bem das características do bom aluno vindo de Penedo, enquanto estudaram juntos, porque "Ricardo, isso eu me recordo, era muito retraído e completamente voltado para os estudos. Enquanto que eu era expansivo, agitado, e participava da liderança". O futuro editor pertenceria, porém, à mesma turma de Jerônimo Moscardo, aluno que viera do Ceará e que se transformaria num dos maiores amigos de Ricardo no Pedro II, na Faculdade de Direito, e posteriormente ao longo de toda a vida. Carola, de terço na mão, tímido, o filho do deputado cearense José Colombo de Souza, de início, seria perseguido pelos colegas, mas Leo acabou de imediato com o que hoje é chamado de *bullying*, tendo-o colocado sob sua proteção. "Eu decidi, esse ninguém tasca", conta ele, tendo acrescentado que muitas vezes estudaria na casa do amigo. Muitos anos depois da saída do colégio, formar-se-ia um grupo de ex-alunos, composto pelo editor Leo Christiano, o diplomata Jerônimo Moscardo, o também diplomata e jornalista Antonio Carlos Athayde (atual assessor da imprensa da ABL) e o poeta Leonardo Fróes, que até hoje mantêm o convívio entre si, grupo ao qual Ricardo também se reuniria, devido à grande amizade com Moscardo e ao compartilhamento do orgulhoso sentimento de ter sido um petrosecundense. Às vezes, também é acrescentado ao grupo Domício Proença Filho, professor e acadêmico, que foi inspetor dos outros quatro e de quem Ricardo tem grata lembrança, a de ter sido presidente do Grêmio Acadêmico e Literário Pedro II, época em que, de quando em vez, recitava os melhores poemas do vernáculo.

Diretor do grêmio, sempre em atividade, e já mostrando aptidão para jornalista e editor, Leo recorda-se bem do colégio, sua estrutura, seus dormitórios. Os "pequenos", os do ginásio, dormiam em dormitórios grandes, com mais de vinte camas. Já os "grandes", do clássico ou científico, tinham direito a um quarto com apenas seis camas e alguns privilégios, como luz pessoal, abajur.

> No quarto dos ginasianos, quando os inspetores apagavam a luz, eles tinham que dormir. Nos dos maiores, havia três camas de um lado, três camas do outro, e uma bancada grande para se estudar.

Leo comenta que compreende muito bem o fato de Ricardo não ter gostado nada do colégio quando nele ingressou. Pois ninguém que entrava, gostava, já que era obrigado a se afastar da família e absorver uma situação nova, na qual quem mandava eram os inspetores. Sem falar nas implicâncias. O próprio Leo quando entrou sofreu *bullying*:

> Teve um colega, Jorge da Silva, que cismou comigo. Passou o ano inteiro me chateando. No segundo ano comecei a fazer muita ginástica, já que meu pai era professor de ginástica. O Jorge veio me perturbar e eu o enchi de porrada. Deixou-me em paz, finalmente.

Se havia perturbações, perseguições e implicâncias – o lado ruim de colégios fechados, sobretudo os que não são mistos, situação muito bem descrita em *O Ateneu,* de Raul Pompéia, ou em *O jovem Torless,* de Musil – havia a biblioteca, o maravilhoso laboratório de química e as discussões filosóficas. Sem falar em professores da envergadura de um Malba Tahan, Manuel Bandeira, Álvaro Lins, Afrânio Coutinho, ou o já citado Dobbert, que todos apreciavam. Todo dia 2 de dezembro natalício de D. Pedro II há uma festa de congraçamento no internato, à qual costumam ir Jerônimo, Athayde e Ricardo... Leonardo Fróes mora em Petrópolis, o que dificulta o seu comparecimento. Por outro lado, deixou o internato antes, no final do ginásio, tendo ido para o externato na rua Larga fazer o clássico em regime aberto. Mas, assim como Leo Christiano, Fróes considera que o colégio o marcou muito e acha que criou entre os ex-alunos laços tão indissolúveis quanto os existentes entre irmãos. Eis o que diz o atual poeta e tradutor de Shelley, Goethe e George Elliot, entre outros autores consagrados, a respeito da passagem pelo Pedro II:

> Foram do nosso tempo Emanuel Brasil, o Athayde, Jerônimo Moscardo, Léo Christiano, Ricardo. No ginásio, creio que ao todo éramos cerca de trezentos alunos. Domício era mais velho do que nós, inspetor, já estava no clássico.
> E tinha o Antônio Lopes, que fez uma associação de ex-estudantes. Hoje, estamos todos por volta dos 70 anos. Se Ricardo nasceu em 1940, eu nasci em 1941, Jerônimo também. Não fiquei em São Cristóvão no clássico. Fui para a rua Larga. Muitos fizeram depois CPOR, o que não foi o meu caso, porque fui excluído do serviço militar. Agora, é impressionante como o internato criou laços duradouros. O colégio era a nossa casa. Somos quase como irmãos. Os laços são fortes. Fiquei sabendo depois que dois alunos de nossa época enlouqueceram. Um deles dizia que era Napoleão.

Já Antonio Carlos Athayde, que ficaria muito próximo a Ricardo na vida adulta, por compartilharem o interesse pela música popular brasileira, diz que pouco se lembra do amigo nos tempos do Pedro II, fora o fato de ter sido ótimo aluno e ganhar muitas medalhas. E atribui o distanciamento principalmente ao fato de Ricardo não jogar futebol:

> Não éramos da mesma turma. Além disso, Ricardo não participava das peladas. Nós, a maioria dos outros estudantes, se não houvesse uma bola de verdade ou de meia, jogávamos futebol até mesmo com pedra. Ricardo se

sobressaía por ganhar muitas medalhas no fim de ano. O Pedro II costumava encerrar as atividades anuais com entrega de medalhas de ouro, prata, bronze. Domício era famoso por ter mais de 400 medalhas. E Ricardo sempre estava no quadro de honra, sendo também ganhador de medalhas de ouro. Enfim, era mesmo um CDF.

Ao completar 18 anos, em dezembro de 1958, Ricardo se formaria em bacharel de Ciências e Letras pelo Colégio Pedro II. Como ocorreu durante todo o curso, terminou o clássico com ótimas notas. Houve uma missa para os formandos na Catedral Metropolitana, no dia 27 de dezembro e, no dia 9 de janeiro, um baile comemorativo no Ginástico Português, ao som da orquestra de Waldir Calmon. Dona Zuleica registra que o filho, neste baile, "estava muito elegante e satisfeito, a ornamentação do salão estava muito bonita, e à meia-noite foi tocada uma valsa, dançada somente pelos bacharelandos". Ricardo dançou com a mãe, o que a deixou muito feliz. Naquele mês, janeiro de 1959, ele estava estudando a todo vapor para prestar o exame de vestibular para a Faculdade Nacional de Direito. Uma das razões do estreitamento da amizade entre Ricardo e Jerônimo Moscardo deriva justamente do fato de terem entrado juntos para a Faculdade Nacional de Direito, na antiga Universidade do Brasil. Ou seja, suas vidas continuariam emparelhadas após o ginásio e o clássico, com o convívio e a amizade tendo sido mantidos até hoje, até mesmo quando Jerônimo esteve afastado do país, por ter optado pela carreira diplomática... Carreira com a qual Ricardo também sonhou seguir num dado momento, mas da qual acabaria por desistir ainda no cursinho para fazer a prova do Itamaraty... Enfim, chegara o momento da faculdade e, também, o da entrada na vida adulta, porque foi cursando Direito que Ricardo começaria a trabalhar. Por obra e graça de quem? É claro, nem precisamos pensar muito... Novamente entra em cena a varinha de condão de Enaldo Cravo Peixoto, o primo influente eternamente preocupado com o destino dos filhos da tia Zuleica, viúva de Max Albin. Seria por seu intermédio que o sério e disciplinado Ricardo conseguiria o primeiro emprego, o mesmo acontecendo com o rebelde e farrista Leonardo Cravo Albin, que aos 16 anos também obteria o seu primeiro posto de trabalho, através da intercessão de Enaldo:

> Comecei a trabalhar com 16 anos, talvez menos ainda, 15 anos. Emprego obtido por Enaldo. Ao contrário de Ricardo, não cursei faculdade. Eu não dava mesmo para os estudos. Era do tipo que gostava de boemia, mulheres, futebol. Fiz bolos esportivos antes da Loteria Esportiva existir.

Conta Leonardo, que após trabalhar muitos anos com Enaldo, trabalharia na Alcântara Machado, organizando feiras de economia e indústria.

Já os interesses de Ricardo eram outros. Distantes de bares, chopes, noitadas, jogos, bolões... O que não quer dizer que também não se divertisse, ou tivesse suas formas de lazer. Juntamente com o ingresso na faculdade, o irmão sério vivenciaria um roldão de novas experiências. Só que mais artísticas do que o mais novo. Pois, o tempo em que o estudante universitário frequentaria os bancos da lendária faculdade, na rua Moncorvo Filho, de frente para o Campo de Santana, foi também o tempo da descoberta do jazz e da bossa nova. E do fanatismo literário por Eça de Queirós. A mãe escreveria:

> Ricardo gosta muitíssimo de música, sente-se feliz quando está em casa ouvindo discos escolhidos pelo seu bom gosto. A sua eletrola muito boa foi um presente de Enaldo; nunca ele poderia ter recebido um presente igual, que o agradasse tanto!

Além dos novos ritmos musicais, entra em cena também na vida do rapaz estudioso a política, já que o Brasil ingressava numa nova era de modernidade, guiado pelas mãos visionárias de Juscelino Kubitscheck, o construtor da capital interiorana do país, há tanto tempo almejada, erguida no meio do cerrado com o auxílio de gênios como Niemeyer e Lúcio Costa. Em seguida, a nação passaria por reviravoltas ou viradas radicais – a renúncia de Jânio, o parlamentarismo de João Goulart, o presidencialismo malquisto por militares – que acabariam por desaguar no golpe de 1964. Enfim, a hora era de grandes mudanças, associações políticas, sindicatos, militância, música, teatro e arte aos borbotões. Leituras, debates, clubes de estudos. Apesar de não poder ser caracterizado nunca como um militante político, sendo mais um homem de contemporizações do que radicalismos, Ricardo não podia ficar de fora do furacão que mobilizaria toda a nação. E não ficou.

Jazz, bossa nova, direito e política

VAMOS DETALHAR UM POUCO MAIS os novos passos do nosso estudante universitário, base da formação do adulto no qual viria a se transformar no Ricardo Cravo Albin. Ele se preparou para o vestibular para Direito no cursinho Hélio Alonso, "no centro do Rio, rua México ou por ali por perto". Entrou em quarto lugar para a faculdade, com "o primeiro lugar tendo ficado com Muniz Zilberberg, que deixaria uma carreira promissora de advogado para ser comerciante de imóveis". Ricardo também se lembra de que o colega de cursinho José Guilherme Merquior (de quem ficaria muito próximo) misteriosamente optaria pela Faculdade do Catete, Universidade do Rio de Janeiro, e não pela Faculdade Nacional de Direito da Universidade Federal do Rio de Janeiro, não tendo nunca entendido muito bem a razão desta estranha escolha feita pelo jovem intelectual. Neste período, ou seja, em algum momento entre os 18 para 19 anos, por intermédio de Enaldo Cravo Peixoto, ele seria empregado como assistente administrativo na mesma autarquia do Distrito Federal, à qual também seria incorporado o irmão mais novo, o Departamento de Esgotos Sanitários, mais tarde integrado à Sursan. Mas as atividades não parariam por aí.

Olhando através da lanterna mágica da memória, nos anos do início da faculdade, Ricardo considera que estava se "superpreparando" para sua vida futura, sem que tivesse consciência exata disso. Continuava sendo, como sempre o fora, o rapaz sério e aplicado nos estudos. Por isso, enquanto trabalhava à tarde como assistente classe J no Departamento de Esgotos Sanitários – até hoje guarda em sua mesa na Urca a placa identificadora de seu primeiro emprego – e estudava Direito à noite, na Praça da República, frequentava pela manhã o IBEU e a Aliança Francesa, para reforçar os conhecimentos de inglês e francês, adquiridos no clássico.

E, para complicar ainda mais a agenda do jovem atarefado, também decidira assistir às aulas do cursinho de Álvaro Valle para o Instituto Rio Branco, almejando se tornar diplomata:

> Minha mãe contava que sempre, quando me perguntavam o que eu ia ser quando crescer, eu respondia que ia ser diplomata. Muitos amiguinhos optavam pela carreira militar, eu sempre quis ser diplomata... engraçado.

Sem falar que entraria em sua vida, nas férias, o serviço militar no CPOR (Centro de Preparação de Oficiais da Reserva). Eis a anotação de sua mãe:

> Ricardo começou o serviço militar com 19 anos, em dezembro de 1959. Vai todos os dias às 4 horas da manhã, acorda sempre bem disposto e sem preguiça, é muito cumpridor dos seus deveres. Está fazendo o serviço militar no CPOR, fica bonito e bem elegante na sua farda. Quando volta às 2 da tarde, almoça e quase sempre vai para o trabalho. Só quando chega muito cansado é que deixa de ir.

Enfim, um verdadeiro *tour de force*, já que tudo – estudos, trabalho, serviço militar – acontecia concomitantemente:

> Eu vivia esgotado. Sinto-me como se tivesse sido forjado a sangue, suor e persistência. Trabalhava como assistente administrativo na prefeitura, fazia IBEU e o curso de francês, havia o Itamaraty e o curso noturno da Faculdade de Direito, aquele dos rapazes e moças mais esforçados... quatro ocupações simultâneas. E ainda por cima nas férias tive que prestar o serviço militar no CPOR, do qual sairia como oficial de reserva. Não foi nada fácil. Do Itamaraty, acabaria por desistir.

O motivo principal da desistência foi uma discussão ácida, no cursinho de Álvaro Valle, com o colega Igor Torres Carrilho, sobre famílias, descendências, genealogias:

> Igor, que se tornaria embaixador e já faleceu, só tinha na cabeça árvores genealógicas. Aquilo me deu uma irritação muito grande. Fulano tem que ser filho de fulano, as famílias cariocas são essas... Fui ficando agoniado e dei um basta em meu velho sonho de vir a ser diplomata. O debate funcionou como uma vacina contra o Itamaraty. Eu deveria ter insistido, deveria ter seguido em frente e tentado o ingresso no Instituto Rio Branco, mas desisti na hora de fazer as provas, num primeiro grande, vamos dizer assim, *beau geste* de intolerância e rebeldia contra um determinado status, que me parecia antiquado, anacrônico, antiético, pouco correto e chato, sobretudo chato.

Com isso, não seguiria a carreira à qual se destinariam tantos colegas da turma do cursinho preparatório, como Luiz Felipe Lampreia, Fernando Guimarães Reis, o próprio Merquior, Gilberto Paranhos e, posteriormente, o amigo dileto Jerônimo Moscardo. É muito provável que também estivesse exaurido devido ao acúmulo de atividades e que a discussão com o preconceituoso e elitista Igor tenha sido a gota d'água no esforço que devia estar a se tornar insano, já que trabalhava e estudava Direito à noite. Se o Brasil perdeu um diplomata, no entanto ganhou um jornalista e um musicólogo, pois, dificilmente Ricardo poderia ter se dedicado futuramente a sua grande paixão – a música popular brasileira – caso tivesse ingressado no Itamaraty... A história poderia ser outra...

Já a Faculdade de Direito seria cursada por inteiro, de 1959 a 1963, sempre com ótimas notas, porque o gosto pelos estudos continuava o mesmo. Ou seja, Ricardo se formaria advogado um ano antes do famigerado golpe de 1964, motivo de grande sofrimento para os colegas envolvidos com política e de uma pequena reviravolta na vida do jovem alagoano nascido na Bahia, provocada pela fidelidade a um amigo baiano, incidente este que teria importantes repercussões futuras.

Mas, voltemos aos bancos da faculdade. E aos professores. Entre eles, os que mais marcariam o futuro maior pesquisador de MPB, que pouco exerceria a função de advogado (fato comum, na época, já que muitos advogados se dirigiam para outras profissões, entre elas o jornalismo), foram Francisco Clementino de San Tiago Dantas, Hermes Lima, Regina Gondim, Lineu de Albuquerque Melo, José Ferreira de Souza e Theófilo de Azeredo Santos. Segundo Ricardo, eram "magníficas" as aulas de Direito Civil proferidas por San Tiago Dantas:

> Ele aparecia, com aqueles óculos enormes, dulcíssimo, e portava um corpanzil de elefante. Tinha uma cara de árabe e, quando abria a boca, nos fixava com um olhar opaco. Emitia, então, uma voz extremamente sedutora, e falava com clareza, como se estivesse a ler o mais claro discurso escrito. Na realidade, falava de improviso, dando aulas que me marcaram a vida inteira pela limpeza da frase. Foi um grande espanto para mim a aula de San Tiago Dantas.

San Tiago Dantas foi um jornalista, advogado, professor e político brasileiro, nascido no Rio, em 1911 e falecido em 1964 (foi acometido por um câncer galopante no pulmão), ministro de Relações Exteriores no período parlamentarista do Governo de João Goulart e ministro da Fazenda de 1963 até o golpe de 64. Deixou memórias indeléveis em vários alunos e também em todas as pessoas que com ele conviveram quando exercia cargos de prestígio, já que nunca perderia a doçura e simplicidade. Tendo ingressado na Faculdade de Direito em 1928, e se formado em 1932, assumiu a cátedra de Direito Civil em 1940, com a alcunha de "catedrático-menino". Suas aulas ministradas entre 1942 e 1945 foram taquigrafadas pelo estudante Victor Bourhis Jürgens, e se tornaram referência no estudo do direito civil brasileiro. Já sua aula inaugural na Faculdade Nacional de Direito, em 1955, até hoje é lembrada em debates sobre educação jurídica.

Também foram consideradas "cheias de beleza e de dignidade" as aulas ministradas por Hermes Lima, professor que depois se tornaria um amigo para a vida inteira e que viria a ser primeiro-ministro do Jango, também no período do parlamentarismo temporário, após a renúncia de Jânio. Diretor da Faculdade de Direito, Hermes Lima licenciar-se-ia do cargo para ser alçado a *premier* naqueles tempos turbulentos pré-ditadura de 64, segundo relembra seu ex-aluno e admirador, que também ficaria muito amigo de Regina Gondim, filha de Gondim Neto: "Ela me dedicava uma deferência muito especial, da qual eu nunca saberia a razão". Lineu de Albuquerque Melo era um *gentleman*. Já José Ferreira de Souza, que tinha como assistente o futuro presidente da Federação Nacional dos Bancos (Fenaban), Theóphilo de Azeredo Santos, era um potiguar brilhante, "com uma voz diferente da de San Tiago Dantas, mas cujo discurso também era caracterizado por brilho e beleza, passando perfeitamente seus conhecimentos para os alunos."

Enquanto estudava leis, constituições e códigos civis, Ricardo aceitou o emprego que lhe fora conseguido pelo primo mais velho por considerar que devia trabalhar para ajudar a mãe. Dona Zuleica vivia dos aluguéis dos apartamentos comprados com o dinheiro provindo do inventário do marido. A soma de rendimento patrimonial não era muito elevada, daí a necessidade de o filho começar a trabalhar (o mesmo aconteceu, com irmão mais novo). Ricardo, ao iniciar a vida profissional como artífice especializado com referência "J", lotado no gabinete de Enaldo, seria um funcionário público muito disciplinado:

> Sempre eu chegava pontualmente na hora. Fazia questão de realizar o serviço burocrático o melhor possível, empenhadíssimo em não ser considerado

um privilegiado apadrinhado. Aquela história da "Maria Candelária/ alta funcionária/ saltou do paraquedas/ caiu na letra ó/ começa ao meio-dia/ coitada da Maria/ trabalha, trabalha de fazer dó/ A uma vai ao dentista/ às duas vai ao café/ às três vai à modista/ às quatro assina o ponto e dá no pé/ que grande vigarista que ela é", ficara no meu ouvido, nos anos 1950... Por isso, ao cair na referência "J", modestíssima, resolvi trabalhar arduamente.

Nesses tempos de tão duros esforços, a música, sempre a música, seria novamente a grande fonte de prazer. O jazz e a bossa nova. Ricardo recorda-se que "a coisa começara a pegar fogo em 1958, 1959". Havia um clima de expectativa, de renovação, em todo o país, e a bossa nova iniciava seus primeiros passos. Quem gostava de música, como era o caso de Ricardo, já começava a considerar que as emissoras de rádio estavam saturadas de sambas-canções, transmitindo melodias inexpressivas ou de má qualidade. Os poetas e compositores falavam de suas dores de amor ou de cotovelo, temas que não condiziam mais com a geração do Brasil em ebulição, desde que se iniciara o período desenvolvimentista de Juscelino. Os tempos eram bem outros, a exigir posicionamentos radicais e novos ritmos:

Havia otimismo no ar, um sentimento de nacionalismo. Uma notória má vontade com os Estados Unidos, estribado num esquerdismo que impulsionava a todos nós. Um ano que chegava a ser cabalístico foi o de 1958, em que fiz o vestibular. Havia um desabrochar de vitalidade, que nos cativava, prendia, até embriagava. Participávamos das lutas no Grêmio Recreativo do Caco. Em geral, os mais críticos e inteligentes se filiavam à Reforma, enquanto a outra facção do CACO, a Ala, ficava com os estudantes mais conservadores. A meta de todos nós era mudar o mundo. Situação bem diferente da que vivi no Pedro II, quando só pensava em estudo. Naquela ocasião, eu imaginava que tinha a obrigação moral e ética de tentar salvar o mundo, junto com meus companheiros de esquerda.

E com isso se iniciaram as leituras de Marx e de Lênin, a descoberta da dialética hegeliana, transposta para o marxismo, e da dicotomia entre pensamento progressista e pensamento reacionário. O que motivou os estudantes da Reforma era a busca de objetividade, o abandono do sentimento de religiosidade e da formação católica familiar, o confronto com a Igreja:

> Sim, a dialética nos influenciou fundamentalmente. Foi irresistível para muitos de nós a argumentação materialista do professor Hermes Lima, questionando a miséria, antepondo o rico ao pobre, o capitalismo ao socialismo. Os Estados Unidos à União Soviética. Houve uma espécie de febre, vontade de abraçar a causa popular, abraçar a redenção do mundo, a ética. Aos 18, 19, 20 anos, estávamos ligados por este tipo de abraço, envolvimento.
> O que fazia com que apoiássemos Juscelino, apesar das campanhas contra ele, de direita ou mesmo da extrema-direita.

Em paralelo, soavam as notas daquela nova cadência abraçada pelo presidente "Bossa-Nova", que representava uma ruptura com os padrões musicais antigos, ultrapassados pela modernidade. Tudo estava entrelaçado, a nova música, o Cinema Novo, e a visão de um país voltada para o futuro. Dos Estados Unidos, império do consumo, vinha o jazz de Nova Orleans, principalmente, mas também de outras cidades, como Memphis, Kansas City, Saint Louis, Dallas, executado por músicos negros, em sua maioria. Fabulosos trompetistas, clarinetistas, pianistas, bateristas, que botavam para quebrar em suas *jazz bands*... Ricardo participou de tudo.

Na literatura, houve a descoberta de Eça de Queirós. As mesmas pessoas, o mesmo grupo de amigos que se reunia para ouvir jazz, em Laranjeiras – Ricardo continuava morando com a mãe e com o irmão na rua Cristóvão Barcelos, 55 –, também se reunia para ler e comentar Eça. Foi criado, então, o Clube De Leitura Eça de Queirós:

Éramos eu e mais 10 rapazes e moças. Ana Maria (neta de Ondina Portela Dantas, dona do Diário de Notícias), Paulo Sauer, Paulo Marinho (um talento precoce, filho de Stella e Roberto Marinho)... Agildo Ribeiro frequentava de vez em quando. Fizemos um clube de leitura do qual também participaram outras pessoas, das quais não me lembro mais do nome. Só gostávamos, naquela altura, da literatura naturalista de Eça. Líamos as páginas de *O primo Basílio* e de *O crime do padre Amaro* no intervalo das sessões de jazz. Líamos em busca de um mundo ideal, melhor. Tudo era uma choldra, como dizia Eça. Com sua grande sátira, rebelião contra a sociedade portuguesa tradicional, Eça era um alívio, um bálsamo perfeito às nossas aspirações. Seus romances espezinhavam a burguesia, ridicularizavam-na, desprezavam-na. E mais do que *O primo Basílio* e *O crime do padre Amaro*, gostávamos mesmo era do *Conde d'Abranhos* e de *A capital*, pela crítica feroz à burrice, à estagnação da burguesia da época.

E "tome jazz", diz Ricardo, jazz, literatura eciana e muita bossa nova. Foi mesmo um grande momento, no país e no Rio, aqueles anos dourados de JK, que antecederam a inauguração de Brasília. Anos em que aconteceram coisas novas de roldão, como os shows na Faculdade de Arquitetura, dos quais participaram Nara Leão, Baden Powell e Carlinhos Lyra, entre muitos outros cantores e músicos. Ricardo foi a esses shows memoráveis, deleitou-se com a suavidade de Nara e a maestria de Baden, mas também tem outras memórias, mais pessoais, a respeito de Baden, pois na ocasião namorou uma vizinha, Ana Maria Portela, que recebia o violonista em sua própria casa. Assim como a família Albin, Ana morava na rua Cristóvão Barcelos, em Laranjeiras, e promovia também reuniões musicais, nas quais recebia Baden, Alaíde Costa e vários outros músicos, entre eles Sérgio Mendes. A avó de Ana, como já foi mencionado aqui, era nada mais nada menos do que dona Ondina Portela Dantas, dona toda poderosa do *Diário de Notícias*. Amante de música, a digna senhora assinava uma coluna no *DN* com o pseudônimo de "D'Or". Muitas vezes, ia assistir aos saraus domésticos organizados pela neta.

Saraus que também eram frequentados por outro morador das Laranjeiras, chamado Tenório Junior, lembrança pungente de Ricardo, já que o músico teve um fim tristíssimo, como todos nós sabemos (ou deveríamos):

> Tenório Junior vinha sempre. Ele morava na rua das Laranjeiras, próximo ao cruzamento com a General Glicério. Eu emprestava a ele os discos que já começava a colecionar, de Horace Silver, Bill Evans e de Oscar Peterson, exímios pianistas de jazz. Por sua vez, Tenório os emprestava a um amigo dele de Niterói, o Sérgio Mendes. Creio que Mendes sofreu uma grande influência dos meus discos de Horace Silver, que, por sinal, nunca mais vieram parar às minhas mãos.

Ao pensar em Tenório, Ricardo relembra também da ida do jovem compositor e pianista para Buenos Aires, com Vinicius de Moraes, "no começo daquela longa noite argentina, quando a ditadura lá se instalou". O próprio Vinicius depois lhe contaria o sumiço de Tenório, ocorrido quando o jovem músico foi comprar cigarro e nunca mais voltou. Intelectual, de óculos e barba, cachecol no pescoço, Tenório desceu o elevador em direção à rua Mayo, perto do hotel no qual se encontrava e desapareceu para sempre. Uma das versões, na ocasião, era que teria sido sequestrado por engano, confundido com um terrorista. Seu desaparecimento chocou a todos os amigos, era uma pessoa muito querida:

> Vinicius, generoso como era, tentou fazer de tudo, falou, fez campanha, ficou em Buenos Aires mais tempo do que devia, com esperanças de que Tenório pudesse ser encontrado, mas, finalmente, ao se conscientizar de que não o veria mais, teve que voltar. Triste história, a de Tenório Junior.

Na virada dos anos 1950 para 1960, o pianista Tenório Junior era um dos que gostavam de Eça de Queirós, além de jazz, tendo frequentado também o clube de leitura do escritor naturalista português. E um outro clube, naqueles tempos em que a cultura literária, artística e musical fervilhava no Rio e no país, surgiria um pouco mais tarde. Partilhada por muitos, a paixão pelo jazz e pela bossa nova levaria Ricardo Cravo Albin, em meados dos anos 1960, quando já estava trabalhando na Secretaria Estadual de Turismo com seu primo Enaldo Cravo Peixoto, a fundar o Clube de Jazz e Bossa, juntamente com Jorginho Guinle. A ideia da nova associação foi de Ricardo, mas Jorginho logo a abraçou, tendo reunido alguns amigos em seu belo apartamento no Flamengo. Na primeira reunião, ficou decidido que o presidente do Clube seria o epicurista socialite e playboy (tão amante de jazz que um dia escreveria o livro *Jazz panorama*), enquanto Ricardo seria o diretor-executivo e o diretor financeiro seria o dinamarquês Nis Skoff, "uma pessoa extraordinária, de oculinhos, magrinho, muito rígido e certinho, que mais parecia o Visconde de Sabugosa". Nis é quem cobrava as entradas dos jazzófilos. Inaugurado no Golden Room do Copacabana Palace, hotel de propriedade da família Guinle, o novo clube teve como fundadores Vinicius de Moraes, Baden Powell, Sílvio Tulio Cardoso, Luiz Orlando Carneiro, os críticos e programadores de programas de jazz Lula Ayres e Paulo Santos. Além de Tom Jobim...

Muitos dos sócios eram homens de rádio. E com isso, numa consequência quase inevitável, Armando Queiroz, pai do ator Luiz Armando Queiroz, em 1963, convidaria Ricardo para capitanear um programa de jazz na rádio Roquette-Pinto, dando início a uma carreira que seria interrompida por um breve período e, mais tarde, se estenderia ao longo de quarenta anos. Se fosse falar de sua vida como radialista, Ricardo, que havia descoberto a música através da emissão de ondas sonoras ainda em Penedo, teria várias histórias a contar, podendo, com certeza, escrever um livro inteiro sobre essa sua vocação, que o dotaria de voz clara e empostada. Voz de locutor, dizem alguns amigos. Mas uma delas é a sua preferida:

> O programa era ótimo. A rádio Roquette-Pinto fez uma boa divulgação. Gravava durante a semana, comentando os discos recebidos, e ia lá aos sábados, às 5h da tarde. Entrevistei várias pessoas. Lembro-me de tudo saborosamente, com grande emoção. Mas, uma das histórias que mais me marcaram foi quando entrevistei Vinicius e Tom. Deixaram sua querida Ipanema, seu bar, e foram enfrentar o calor da cidade, na rua Erasmo Braga, 118, 11° andar. Era lá que ficava o estúdio da Roquette. Gravamos ao longo de uma hora e meia um daqueles programas com intervalo de música. Eles falaram de tudo, foi uma entrevista maravilhosa. No final do programa, quando já estávamos nos despedindo, vem em nossa direção esbaforido um técnico, com a mão na cabeça... acontecera um imprevisto. Ele não havia apertado um botão e a entrevista não fora gravada. Já imaginou?

Tom ficou desolado, Vinicius fez-se pálido. Morto de vergonha, Ricardo não tinha onde enterrar a cabeça. Foi salvo pelo imenso coração de Vinicius, que o abraçou, adoravelmente, tendo afirmado a seu parceiro musical: "A gente grava de novo, não é, Tonzinho?" Louco para ir embora, mas encabulado com a situação, Tom, diante da gentileza de Vinicius, achou que não tinha saída. Voltou para o estúdio e a gravação foi refeita. Ricardo lamenta que todas as gravações iniciais que fez na rádio Roquette-Pinto tenham se perdido, já que as emissoras de rádio não tinham – e não têm – grande respeito à memória:

> Muitas delas jogam tudo fora. E com isso perdemos várias gravações. A de Tenório, Sérgio Mendes. Jorginho Guinle foi à rádio inúmeras vezes. O programa era chamado *Jazz, música do século* XX. E o prefixo era ótimo. Utilizei

o melhor do *bop*. Um tema de Dizzie Gillespie tocado em duo com Charles Parker... em seguida, entrava Oscar Peterson, fazendo a continuação. Enfim, o tema era uma coisa muito *bop*, seguida de um blues de Peterson tocado em pianíssimo.

Ao mesmo tempo em que estava envolvido com o programa – que se encerraria em 1965 –, o homem que se encaminhava para se tornar um dos mais completos dicionaristas do país também passou a escrever uma participação na revista *Cinelândia*, chamada "Esquina do Jazz", dentro da coluna de Leônidas Bastos. Toda dedicada à música, a coluna de Leônidas tomava uma página inteira da revista, na qual Ricardo ficava com um quarto para comentar os discos de jazz recém-lançados na praça, publicando também notinhas. Enquanto isso, o Clube de Jazz e Bossa crescia e se consolidava. Eram dois os diretores musicais, Aurino Ferreira, um sax barítono muito apreciado por Ricardo, músico impecável, e Juarez Araújo, outro saxofonista que faz parte das lendas do cenário musical brasileiro. Às vezes, o maestro Cipó também comparecia. E, cada vez mais, o público aumentava. Uma sessão no Midnight, pequeno salão do Copacabana Palace, que depois se transformaria em teatro, ficou na história do Clube. Com o crescimento da audiência jazzófila, o espaço teve que ser ampliado, e então entrou em cena o Casa Grande:

Foi a nossa época de ouro. Decidi criar uma comenda, a de Comendador de Jazz e Bossa. Já estávamos no ano de 1966. E eu já me encontrava à frente do Museu da Imagem e do Som. Meu coração começava a ser balançado pelos velhos mestres da música popular brasileira. Entregamos a comenda então a Pixinguinha e a Jacob do Bandolim, que tocou sua música com o conjunto Época de Ouro. Ficou tão emocionado com a ovação do público que passou mal, teve um infarto no palco. Levamos então o Jacob, com aquele imenso corpanzil, em meu Volkswagen, para o hospital mais próximo. Acho que era o Miguel Couto. Sérgio Bittencourt também estava presente. A Dilia, a Helena, toda a família Bittencourt, e eu dirigindo. Jacob se sentindo péssimo... no hospital, foi comprovado o infarto, do qual ele se recuperaria. Do segundo, morreria [em 1969].

O Clube teve esta e outras emoções. Quando saiu do Casa Grande, teve outras sedes. Ricardo, Moacyr Peixoto e Araken Peixoto levaram-no para a Boate Drink, dos irmãos Peixoto. Cauby fazia shows à noite. E o Clube do Jazz e Bossa ocupava a boate nos sábados à tarde, ao comecinho de 1967. Depois do Drink, passaram para a boate que o Clube Flamengo mantinha no Morro da Viúva, que ainda não seria a última na qual os amantes de jazz e bossa se reuniriam. O problema, diz Ricardo, é que o clube não dava lucro, os ouvintes eram uma "garotada dura" que no máximo tomava uma Coca-Cola... No Copacabana Palace não havia problema, porque Jorginho Guinle e sua mãe, dona Mariazinha, não se importavam com a receita angariada com os shows, apenas queriam que as pessoas não quebrassem coisas. Mesmo assim, o clube ainda passaria por mais uma boate, a Bierklause, no Lido, e, depois, "foi se encerrando, encerrando, até que se encerrou de todo". Mas, deixou como saldo toda uma geração de amantes da boa música, como Claudio Roditti, Victor Assis Brasil, a cantora Tuca. Um dia, recebeu a visita de um jovem amigo de Ricardo chamado Chico Buarque de Hollanda, que cantou "Com açúcar e com afeto" e "Pedro Pedreiro"... Ele ainda não havia explodido e se tornado "o namorado do Brasil" ao cantar "Carolina" e "A banda" em festivais...

Pois, ao mesmo tempo em que o Clube do Jazz e Bossa subsistia, um novo fenômeno surgia no país, os festivais de música, iniciados, em 1965, com o festival da TV Excelsior, em São Paulo. O começo foi fulminante, pois, o jovem compositor Edu Lobo, filho do conhecido jornalista Fernando Lobo, seria defendido por uma cantora nova, vinda do Sul, chamada Elis Regina. "Arrastão", com sua força e a interpretação apaixonada de Elis, foi uma prova concreta de que uma nova geração de músicos, intérpretes e compositores estava chegando para se impor ao cenário musical brasileiro, fazendo um contraponto com a geração anterior, que tanto falara em flor, mar, luz. Ao lado da música de Roberto Menescal, Ronaldo Bôscoli, de Francis Hime, dos irmãos Valle, Carlos Lyra e de Tom e Vinicius, ao lado do "Chega de Saudade", verdadeiro manifesto da bossa nova, que de certa forma enterrava o samba-canção, surgia também um novo Brasil, o Brasil de Brasília, com mais fé em si mesmo, e que começava a cantar as causas populares. "Quem quiser encontrar o amor vai ter que chorar, vai ter que sofrer", porque o choro do protesto e o movimento de esquerda haviam invadido o campo lírico da bossa nova... Vinicius fez a ponte entre as duas margens ou vertentes, compondo com Baden, Edu Lobo, exaltando o amanhecer... O amor ainda era cantado, mas também as dores do povo, o Zelão (personagem de Sérgio Ricardo), pescadores, operários. E todos os estudantes universitários queriam colaborar com o Centro Popular de Cultura (CPC) da UNE... os tempos começavam a ficar quentes. Aparecem também no cenário os jovens cineastas... Gianfrancesco Guarnieri faz música com Edu Lobo. Glauber estava a mil... Cacá Diegues, Arnaldo Jabor, Leon Hirszman também estavam com suas câmeras a postos, todos trabalhando sem dinheiro... Carlos Lacerda cria então a Comissão de Auxílio à Indústria Cinematográfica (CAIC). O Banco Nacional entra na dança criativa, já que desde a ascensão de Jânio, em 1961, o Ministério da Educação e Cultura ficara sem verbas para a cultura. Lá dentro só existia o Instituto Nacional de Cinema Educativo (INCE) que daria origem, posteriormente, ao INC. Criada, por Roberto Campos, em 65, a Embrafilme ampliaria o cinema do Brasil.

Tempos revolucionários, inovadores, cheios de ritmo, sons e imagens. Celeiro de novos cantores, compositores e intérpretes, o Clube de

Jazz e Bossa atravessou, portanto, esses tempos memoráveis do início da era dos festivais de música e do Cinema Novo e ainda se aguentaria firme pelo menos um ano – de 1966 a 1967 –, quando seu idealizador já estava mais do que envolvido com o Museu da Imagem e do Som e com a febre de festivais, no Rio e em São Paulo, dos quais participaria como ativo jurado. Mas antes de chegar ao MIS e à Embrafilme, instituições culturais que marcariam para sempre a sua carreira, Ricardo ainda tem muito o que contar a respeito de duas experiências de extrema relevância em sua vida: o trabalho ao lado do primo Enaldo, no governo de Carlos Lacerda, e a curta temporada fora do país, após o golpe de 1964, um pequeno e salvador exílio no qual teve papel significativo o amigo Raphael de Almeida Magalhães, que foi vice-governador de Lacerda...

Enfim, abandonando o clube de jazz e seu passeio pelas boates da zona sul, temos que fazer a areia da ampulheta voltar um pouquinho para trás... ir novamente àquela mesa de funcionário da prefeitura, da qual até hoje Ricardo guarda a placa designativa, por ter sido o seu primeiro emprego, do qual muito se orgulha: artífice especializado nomeado pelo prefeito Negrão de Lima...

Ricardo ouvia e se embevecia com a bossa nova e o jazz, fazia programas de rádio, escrevia colunas e notinhas, estudava Direito, atuava politicamente na Reforma, acompanhava as novidades no mundo mágico do cinema, ao mesmo tempo tinha que se sustentar e dar uma ajuda à mãe... Impossível viver só de sonhos. Imagens e sons.

Enaldo, Lacerda
e a cidade maravilhosa

EM 1960, ao ser chamado pelo primeiro governador do estado da Guanabara, Carlos Lacerda, para dirigir a Sursan, o engenheiro Enaldo Cravo Peixoto levaria com ele o filho mais velho da tia Zuleica. Nas eleições de 1960, Ricardo, que ainda estava no terceiro ano da faculdade, filiado à ala mais combativa do Caco, a Reforma, votou em Sérgio Magalhães. Não só votou. Como ele mesmo frisa, chegou a fazer campanha, sendo contra a candidatura de Lacerda para governador do estado recém-criado, após a transferência do Distrito Federal para Brasília. Porém, o voto da maioria foi para Lacerda, numa margem muito pequena, em relação a seu principal concorrente: enquanto que o candidato udenista angariara 357.172 votos, Magalhães ficara com 334.007 votos.

Por indicação de engenheiros tarimbados, após ter tomado posse no Palácio Tiradentes, em dezembro de 1960, Lacerda convidaria Enaldo, o fundador e ex-diretor do Departamento de Esgotos Sanitários, para presidir a Sursan. A parceria dos dois, o novo governador e o engenheiro sanitarista alagoano, mudaria a face urbanística da cidade.

Desde sua criação, a Sursan foi uma autarquia extremamente ativa. Fundada ainda nos tempos do prefeito Negrão de Lima (1956-1958), teria a responsabilidade de executar o plano de realizações a ser custeado por um fundo especial de obras públicas. Seu primeiro presidente foi o engenheiro João Augusto Maia Penido. Em sua breve gestão, considerada exemplar, Penido teve como auxiliares os engenheiros Ivo Magalhães, no Departamento de Urbanização, e o próprio Enaldo, no Departamento de Esgotos Sanitários. A trinca formava uma ótima equipe, que realizaria obras essenciais na cidade, como túneis, viadutos, abertura de avenidas, canais ao longo dos rios e saneamento de esgotos. Entre algumas obras essenciais, podem ser destacadas as do início da construção da Avenida Perimetral, a abertura do túnel Barata Ribeiro-Raul Pompéia, o término da Estrada de Furnas e de uma variante da Estrada das Paineiras, o Viaduto de Madureira, denominado de Negrão de Lima, e a conclusão do Viaduto de Ramos.

Na área de água e esgotos, foi construída a Elevatória do Leblon, iniciada a ampliação da área de tratamento da Penha, abertas galerias ao longo das avenidas Delfim Moreira e Vieira Souto, e concluído o túnel/canal Engenho Novo-Macacos, entre outras realizações.

Com a criação do Estado da Guanabara – no mesmo dia em que foi fundada oficialmente a cidade de Brasília, ou seja, em 21 de abril de 1961 –, durante o governo provisório do embaixador José Rodrigues de Sette Câmara Filho, a Sursan não pararia de trabalhar. Mas o seu auge ainda estava por chegar na gestão de Lacerda, um político paradoxal. Pois apesar de ser polêmico e golpista – características que o levariam a ser alcunhado de Corvo –, sem dúvida, foi também um ótimo administrador. Culto, inteligente e pragmático, dotado de mente organizada, Lacerda criaria para o Rio um plano de metas que teria três eixos principais: ampliação do sistema escolar, abastecimento de água e ordenamento do espaço urbano do Estado.

Foi no governo de Lacerda – inventor dos prefeitinhos administrativos regionais, que viriam a ser reutilizados por César Maia e Eduardo Paes – que a Sursan adquiriria um novo status. Porque foi criada uma super Secretaria de Obras, englobando, além da antiga Sursan, o Departamento de Estradas de Rodagem (DER) e vários outros órgãos técnicos estaduais. Com isso, da Sursan, Enaldo Cravo Peixoto logo seria alçado para a direção da Secretaria de Obras, passando a administrar concomitantemente vários órgãos públicos. Sua tarefa não seria fácil, pois o novo secretário seria incumbido de executar um ambicioso programa de obras, que visava a transformar e a beneficiar a cidade em vários setores, provavelmente, já objetivando os festejos do IV Centenário, em 1965. Foi ocupando esta posição toda poderosa no Governo de Carlos Lacerda que Enaldo chamaria Ricardo para assessorá-lo. Mas deixemos que Ricardo nos conte o que aconteceu:

> No início dos anos 1961, Enaldo me convidou para assessorá-lo. "Preciso de gente de confiança a meu lado na Sursan", disse-me ele. Defender ideias, naquela ocasião, era uma coisa muito séria, e eu era ainda um universitário filiado à Reforma. Eu não queria comprometimento, mas acompanhando Enaldo em todas aquelas obras, fui me comprometendo de certa forma com a gestão estadual.

Em sua nova função, a partir de 1963, acompanhando o primo, Ricardo participou, indiretamente, de todas as obras realizadas por Lacerda e seu secretário de Obras no Rio de Janeiro:

> Eu ia com Enaldo para o Guandu praticamente toda semana; ia também visitar os túneis. Vi o Santa Bárbara ser concluído, o Rebouças ser aberto, o Aterro do Flamengo começando a ser construído. Acompanhei as obras de saneamento sanitário. Entre 1960 e 1965, o Rio, que era uma cidade extremamente poluída, ganhou muito mais esgotos do que nos sessenta anos anteriores. Toda uma rede de esgotos sanitários seria construída. Enaldo costumava dizer que a obra mais importante que fez durante o governo de Carlos Lacerda, a de saneamento básico do Estado da Guanabara, ficaria para

sempre "enterrada" na memória dos cariocas. E também foram construídos parques, muitos parques, como o parque Ary Barroso, na Penha. Assim como foi feita uma imensa obra de recapeamento de ruas, cheias de buracos por todo o Rio de Janeiro.

Não houve jeito. Com o passar do tempo, e das obras, Carlos Lacerda, pelo menos como administrador do Rio, foi conquistando o ex-eleitor de Sérgio Magalhães. Ricardo admite que começou a admirar o carismático orador, quando o então governador inaugurou o primeiro trecho da hoje destruída avenida Perimetral, que depois passaria a ser chamado de avenida Presidente Kubitschek:

> Chegou a ser para mim um espanto o discurso de Lacerda. Ele fora inaugurar aquele trecho da Perimetral bem debaixo do prédio onde nós trabalhávamos, na Erasmo Braga, 118. Ali ficava, no sexto andar, a Secretaria de Obras. Neste prédio também ficava, aliás, a rádio Roquette-Pinto. Ouvi o discurso, abismado. Sim, fiquei abismado com a beleza da forma, a eloquência das palavras, e sobretudo com o conteúdo. Lacerda parecia um arquiteto falando. A partir daí ele contrataria o grego Doxiadis para trabalhar junto a Enaldo, a fim de fazer um plano diretor para o Rio de Janeiro, isto é, um plano urbanístico que infelizmente nunca seria cumprido. Nesses tempos comecei a me interessar por arquitetura, urbanismo. E, engraçado, não escapei de passar a nutrir uma certa admiração intelectual por Lacerda. Mas só como administrador...

De todas as atividades vivenciadas no período em que foi assessor do primo na Secretaria de Obras, duas marcaram bastante a memória de Ricardo: a recuperação do Albamar e a criação do painel de Santa Bárbara pela pintora Djanira. Durante o governo Lacerda, por causa da construção da Perimetral e da abertura da avenida Alfredo Agache, o antigo

Mercado Municipal, na Praça XV, teve de ser destruído. Foi decidido, no entanto, que o restaurante Albamar, espécie de torreão do mercado, seria preservado, como uma única e simbólica lembrança de todo o complexo "lindo, francês, com venezianas", recorda Ricardo. Às expensas do governo estadual, foi contratado o arquiteto Francisco Bolonha para cuidar da restauração do prédio do Albamar, cujos donos estavam com uma imensa dívida trabalhista com os funcionários. Ricardo acompanhou essas obras, tendo feito uma pesquisa em arquivos em busca dos detalhes do traçado original do torreão. Enquanto os engenheiros estavam preocupados com aspectos técnicos da reconstrução, sua função, a pedido de Enaldo, era se preocupar com a estética, agindo como um consultor artístico.

> Além de ter me embrenhado em arquivos, procurando documentos originais sobre o desenho da construção, que entreguei a Bolonha, passei a visitar permanentemente os trabalhos de reforma. Encantou-me ver crescer novamente aquele prédio lindo, que antes estava tão corrompido em sua arquitetura original. Toda ela felizmente foi reposta, recriada, e o resultado final ficou maravilhoso, compensando parcialmente o triste, lamentável, desaparecimento do mercado. Mas o que mais me emocionou na ocasião diz respeito ao dado humano, pois Enaldo, com a assessoria do procurador Otto Lare Resende, promoveu um dos melhores momentos de solidariedade social dentro do Albamar.

O fato é que o estado resolveu assumir as dívidas trabalhistas, passando o controle do restaurante para seus empregados, cerca de 28 a 30, com quinze a vinte anos de dedicação no emprego. Foi feito um acordo com os funcionários, assinado em cartório, com os dois donos tendo passado o controle para os gerentes e garçons. Com isso, o Albamar pôde ser reinaugurado, totalmente reformado, se transformando, na ocasião, em uma atração do centro do Rio de Janeiro, "fazendo com que a fealdade e desolação daqueles estacionamentos horrorosos pudessem ser um pouco quebradas, devido à luz daquele prédio reformado em seu estilo original, lembrança de uma arquitetura rara, francesa".

Quanto ao Santa Bárbara, Ricardo teve a felicidade de acompanhar toda a criação do painel de Djanira. O nome do túnel que faz a ligação entre os bairros Catumbi e Laranjeiras foi escolhido por Enaldo devido a um desastre, durante a escavação, que matou vários operários. Santa Bárbara é a protetora de mineiros e escavadores em áreas subterrâneas, além de ser considerada a senhora dos raios, tempestades e trovões. Em homenagem aos mineiros mortos, a Secretaria de Obras decidiu solicitar a pintora Djanira que desenhasse um esboço com a figura da santa, que seria recriado num imenso mural de cerâmica, a ser colocado dentro do túnel, exatamente no local onde os operários haviam sido vitimados. Na realidade, ela chegaria a criar dois esboços, o primeiro, com muitas cores, que seria abandonado, tendo sido escolhido o segundo, bicromático, azul e branco. Ricardo nos conta em detalhes o que aconteceu:

> Novamente agi, a pedido de Enaldo, não como arquiteto, que eu não era, mas como uma pessoa ligada à arte, da mesma forma como havia acompanhado as obras de restauração do Albamar. Por encomenda da Secretaria de Obras, Djanira da Motta e Silva fez o desenho em tamanho reduzido. Ela mesma indicou o ceramista, um russo naturalizado brasileiro, pessoa muito elétrica e interessante, com forte sotaque, que fiquei encarregado de contatar e contratar. Adolpho Mandescher. Com base no esboço minucioso de Djanira, ele fez todos os ladrilhos, pecinhas de 20 por 20, para o grande mural de 110 metros quadrados. Eu ia praticamente três vezes por semana ao ateliê de Adolpho, situado em Laranjeiras. E depois cuidamos da transferência daqueles ladrilhos para o lugar que estava sendo preparado dentro do túnel, onde ocorrera o desabamento da rocha. O desmoronamento criara uma espécie de catedral no meio da rocha, bem na metade do túnel Laranjeiras.

Durante muitos anos, quem atravessou o Santa Bárbara, de carro ou transporte coletivo, teve o privilégio de ver este mural, em cerâmica branca e azul, considerado uma das obras-primas de Djanira. Hoje, a fim de ser mais bem preservado, porque estava correndo risco de deterioração dentro do túnel, ele se encontra no Museu de Belas Artes, onde pode ser apreciado em toda sua beleza e grandiosidade na chamada "pracinha Lili e Roberto Marinho", já que foi a Fundação Roberto Marinho que financiou a mudança.

Enquanto trabalhava com o primo, Ricardo se formaria advogado. Ao final do Governo Lacerda, já não era mais artífice especializado, porque fizera concurso em 1963, tendo sido nomeado assistente jurídico do Estado da Guanabara (cargo com o qual se aposentaria muitos anos mais tarde). Em 31 de março de 1964, deparou-se com uma situação extremamente difícil. Torcia por João Goulart, seus marinheiros e sargentos, mas ao mesmo tempo estava preocupado com o destino de Enaldo, a quem servira desde 1961. Longe de apoiar os golpistas militares, encontrava-se numa sinuca política:

> Naquela altura, eu estava bem desligado da política. Na realidade, nunca fiz política, nunca me engajei verdadeiramente, a não ser no apoio do voto ou por ter sido sócio de carteirinha da Reforma. Não era, porém, o que pudesse ser considerado um militante político. E mesmo assim vivia esta terrível dicotomia pessoal, meio dramática. Se Lacerda perdesse o poder, Enaldo também perderia. Mas, puxa, eu não podia compactuar com os golpistas.

Não podia e não compactuou. Tanto que um incidente levaria o recém-formado advogado aos Estados Unidos, numa espécie de semiexílio providencial. Lá, na Biblioteca do Congresso, meio por acaso, tomaria conhecimento da existência de algo que posteriormente marcaria sua vida para sempre e também a dos historiadores da música popular brasileira. Tratava-se de fitas gravadas com depoimentos de músicos e cantores americanos sobre suas obras, além de escritores e poetas recitando trechos de seus livros.

Mas, por que ir aos Estados Unidos? Apesar de não querer se envolver com política – até mesmo devido ao pedido expresso do primo Enaldo neste sentido, quando o convocara para ser seu assessor direto – ao ver vários amigos sendo presos após o golpe, Ricardo sairia do limbo no qual se encontrava, e abrigaria em seu apartamento em Laranjeiras o amigo Olney São Paulo, cineasta baiano. Com isso, começaria a ser perseguido pela ditadura, deixando Enaldo enlouquecido de preocupação:

> Ele pôs as mãos na cabeça e me disse: "Não avisei a você?". Respondi que não havia feito nada demais, mas não tivera outro jeito, tivera que acolher aquele amigo por uma semana em casa.

A decisão de Enaldo Cravo Peixoto foi a de tirar imediatamente o afilhado de cena e mandá-lo aos Estados Unidos para fazer um estágio no Banco Interamericano de Desenvolvimento (BID), em Washington. Em um dado momento, enquanto vivia nos Estados Unidos, seria chamado por Enaldo para se encontrar com ele, Lacerda e Raphael de Almeida Magalhães, em Nova York. Enquanto trabalhara na Secretaria de Obras, Ricardo tivera a oportunidade de conhecer Raphael, então vice-governador de Lacerda e, se não ficaram íntimos, ficaram muito amigos, a ponto de Ricardo um dia tê-lo levado a Boate Zumzum, em Copacabana, para conhecer Vinicius de Moraes. A partir daí, nasceria entre os dois – o jovem de vinte e poucos anos e o carismático vice, homem bonito, de presença arrebatadora – uma simpatia mútua.

Pois bem, lá estavam Enaldo, Raphael e Lacerda, nos Estados Unidos, anunciando que o governador do Estado da Guanabara pensava em lançar a candidatura de Enaldo para a sucessão, em 1965. Pela UDN, e contra a candidatura de Negrão de Lima. Ao saber que Ricardo estava estagiando no BID para se afastar de problemas políticos, Lacerda afirmaria que haveria de tomar o caso para si e que ninguém mais perseguiria o jovem protegido de Enaldo. Os três homens voltariam para o Rio, mas a candidatura do Secretário de Obras não decolaria, porque Lacerda acabaria optando por lançar para governador, em lugar de Enaldo – cujo carisma não estava estampado no rosto – Flexa Ribeiro. Outra opção seria lançar o próprio Raphael, mas, como marido de uma mulher desquitada – a bela Mitzi –, a hipótese foi rechaçada, já que a Igreja Católica não aceitava desquites e isso era alegado como fator negativo numa eventual campanha.

Na volta, Ricardo continuaria a trabalhar com Enaldo, mas numa nova função. Indicado por Lacerda para assumir a superintendência dos festejos do IV Centenário da Cidade do Rio de Janeiro, Enaldo levaria novamente o jovem primo para exercer, ao seu lado, várias atividades culturais, entre elas a de diretor social do primeiro Festival Internacional de Filme (FIF) realizado no Rio. Organizado por Moniz Vianna, crítico de cinema do *Correio da Manhã*, o evento foi um grande sucesso. Estiveram na cidade maravilhosa, naquela ocasião, várias celebridades internacionais, como Fritz Lang, Roman Polanksi, Vincent Minelli, Claudia Cardinale, Mel Ferrer, Mitzi Gaynor, Troy Donahue. O filme estrangeiro que levou a Gaivota de Ouro foi "Help", do diretor inglês Richard Lester, estrelado pelos Beatles. Quanto à Gaivota de Prata, foi ganha pelo filme "A falecida", de Leon Hirszman. Fernanda Montenegro, a protagonista, foi consagrada como melhor atriz.

Ricardo conta que este prêmio, a Gaivota, foi criado tendo como modelo aquelas gaivotas que eram empinadas na praia de Copacabana, ou seja, as gaivotas-pipas. Além de ter tido a oportunidade de conversar muito com Polanski, o diretor social também teve o grande prazer de dançar, numas das festas realizadas, no Copacabana Palace, durante o festival, com Claudia Cardinale, tendo ficado siderado:

Ela era linda, lindíssima. Uma das pessoas mais belas e coloridas que vi. Costumo dizer que era uma mulher em tecnicolor natural, de tão perfeita. Acho que só vi beleza igual em Martha Rocha, outra mulher que considero coloridíssima e que me passou a mesma sensação que tive ao conhecer Claudia Cardinale.

O momento foi de muitas emoções, porque houve até namoricos, como o que ocorreu com a estrela norte-americana Nancy Kovack, que acabaria num sério desentendimento. A jovem americana, então hospedada no Copacabana Palace, jogaria pela porta de seu apartamento um quadro de Gerson de Souza, na intenção de atingir Ricardo. Resultado: o ocasional namorado brasileiro ficaria para sempre com o dito quadro, presente solicitado por ele ao pintor Augusto Rodrigues, ao qual o diretor social do Festival Internacional de Cinema (FIC) fizera uma visita em companhia de Nancy, no Largo do Boticário.

Não era só Ricardo quem estava sempre ao lado de Enaldo, além dos também jovens assessores Luis Buarque de Hollanda e Raul Fernandes Sobrinho, acompanhando-o em suas várias funções públicas, Leonardo também costumava ser sempre convocado pelo primo influente. Exercendo papéis menos importantes, divertia-se muito, além de suscitar paixões. "Ricardo foi diretor do Festival de Cinema, durante o IV Centenário, mas eu também trabalhei no evento. Trabalhei e namorei muitas artistas, entre elas a Vanja Orico, que era linda". Vanja, imaginem só... exatamente a atriz do filme que os dois rapazes viram com o pai Max, antes que este morresse, em 1953.

Confidências do Ricardo

Charles Mingus, jazz e despesa surpreendente em Nova Iorque

Quando estava em Washington, em curto exílio no Banco Interamericano de Desenvolvimento (BID), ia a cada fim de semana para Nova Iorque. E me enfiava, naquela altura de inverno rigoroso, nos clubes de jazz, minha paixão de sempre. Além do Village Vanguard e do Blue Note, meu lugar preferido era o Five Spot. Ali, tocava naquele fevereiro gélido Charles Mingus. Fiquei encantado com o contrabaixo do grande músico (uma lenda na história do jazz dos anos 50 e 60), voltei duas noites mais. Na segunda, o portentoso Mingus, com quase cem quilos, acabou de tocar e veio a minha mesa: "por que você aplaude tanto quando eu toco alguma coisa da música brasileira? Você é brasileiro, não?". Começamos a conversar animadamente sobre Tom Jobim, João Gilberto e Sérgio Mendes. Para minha surpresa, ao sairmos na mesma hora do bar, Mingus me ofereceu carona até a porta do hotel, nas imediações. Nas duas noites seguintes, o mesmo ritual: o músico vinha a minha mesa logo depois da apresentação. Um detalhe inesperado logo ocorreria. Por trás de toda a simpatia do gigante do jazz, ele não mexia o bolso na hora da conta. Bebia meia garrafa de Bourbon. A cada conversa, meu prejuízo crescia. Mas cada dose ingerida pelo gênio representava um grande prazer pessoal. Porque o papo ia de Villa-Lobos à Bidu Sayão, de Tom a João Gilberto.

Vinicius, Pixinguinha e uma possível surra doméstica

Eu tinha marcado com Vinicius encontrar-me direto com ele no bar Villarino, lugar de nossa estima, logo depois de sair do MIS na Praça XV. De fato, estava por deixar o Museu, quando chega à minha sala o Pixinguinha, com quem já tinha tomado um whisky depois do almoço no bar Gouveia, onde ele tinha mesa cativa. Como não podia deixá-lo sozinho, sem mais nem menos lá no Museu, eu lhe disse: "Pixinga, venha comigo. Embora seja um pouco tarde, vamos ao bar Villarino porque o Vinicius está me aguardando por lá". O Mestre retrucou "Vinicius? Eu adoro o Vinicius, eu vou também, você se incomoda?" Respondi de pronto "não, imagine, estar com você é sempre muito bom". Fomos. Lá chegando, Vinicius já estava há coisa de uma hora, bebendo uma garrafa de whisky, eu imagino quase pela metade. Ou seja, o poeta já estava certamente calibrado. Foi uma festa quando Pixinguinha e eu chegamos. Acompanhados por Paulo Mendes Campos, muito amigo do Vina, todos começamos a beber e a celebrar o encontro. Ficamos ali, me parece, até às 19h30. O maestro, já mais loquaz que o costume, e de olhos razoavelmente vermelhos, anunciou, com seus gestos largos de braços, que sairia do bar. "Mas Pixinga, vamos tomar um último?", bradou Vinicius. "Não, porque vou apanhar da Betí, minha mulher. Eu prometi a ela que só bebia antes do almoço, no máximo até uma hora da tarde. E agora, vocês me trouxeram pro caminho da perdição. Não faço esse tipo de coisa há mais de 20 anos." Abraçou sua surrada pastinha de couro (certamente com partituras), e saiu trocando pés em busca de um táxi.

Canecão: o puro desperdício e o dever de ser reativado
Confesso que boa parte de nós — intelectuais — olhou com grande reserva o debate que se estabeleceu entre a Universidade Federal do Rio e o Canecão. Explico: o Canecão sempre foi a mais famosa (e necessária) casa de espetáculos do Brasil, que ocupou por 40 anos uma pequena parcela de enorme terreno da UFRJ em Botafogo. Ao longo desse tempo o Canecão implementou não apenas a revolução do show no Brasil, como escreveu em seu palco toda a história da música e até do teatro. Em resumo, passou a ser um "ponto de identidade do Rio." Os cariocas que amamos a cidade já vimos dezenas de cinemas e de teatros serem destruídos sem dó, nem piedade. Apenas pela sede da especulação imobiliária. Aliás, anos antes de ser fechado pela UFRJ,

um projeto duvidosíssimo quis destruir o Canecão, que acabou por ser tombado como bem cultural, um ponto de referência do Rio, até porque de farto reconhecimento nacional e internacional. O tombamento pelo Inepac estadual decorreu do fato de um abaixo-assinado que idealizei ter se tornado público, por receber assinaturas de gente do porte de Barbosa Lima, Chico Buarque, Oscar Niemeyer ou Bibi Ferreira, além de mais 50 outros personagens da classe artística. A questão foi que a UFRJ, alegando que o Canecão pagava pouco, retomou-o e abandonou o local à sua própria sorte. Seria justo se não se observassem duas definições básicas: a primeira é que um ponto de referência — tombado exatamente pela ação contínua de shows nacionais e internacionais — deve ser respeitado em qualquer parte do mundo civilizado. Seria o mesmo que se destruir o Moulin Rouge ou o Carnegie Hall, por firulas administrativas. E a segunda é que uma Universidade nunca deveria disputar com empresários de shows. Mas sim — se fosse o caso e pareceu ser — chamá-los à mesa de negociação e redefinir valores. E jamais desativar um ponto de referência que por 40 anos assegurou palco — e emprego — aos artistas do Brasil. Acresce o fato, entre outros favoráveis ao Canecão, que a casa contribuiu, em vários anos, para o Retiro dos Artistas, ajudando a não deixar naufragar a benemérita organização dos velhinhos desamparados.

Fachada do casarão colonial, grudado à rocha granítica do Morro da Urca, sede do Instituto Cravo Albin.

V
HOMEM DE RÁDIO E TV

Tempos de MEC e Globo

Voltemos agora a retomar uma possível cronologia para juntar os intensíssimos segmentos deste gato de sete vidas, um fazedor de coisas a nunca parar. A vertigem de acontecimentos continua a ter sequência elétrica depois do MIS, do INC, da Embrafilme, e de tantos festivais. Ao se afastar da Embrafilme e do INC, em 1971, entre outras coisas, por ter sido acusado de ser um dirigente libertário, subvertedor de regras, o governador do Rio de Janeiro já era Chagas Freitas e Ricardo se encontrava enfraquecido politicamente, sem contar mais com o imprescindível apoio de Álvaro Americano, Luiz Alberto Bahia e Humberto Braga. Em consequência, também deixaria a direção do MIS, em 1972. Chagas, através do seu filho Ivan, falecido logo depois, ainda chegou a convidá-lo para assumir a Secretaria de Turismo, com a indicação até mesmo já publicada em jornal, mas Ricardo havia resolvido deixar a área pública, por uns tempos. Na direção do Museu seria substituído por uma museóloga, Neusa Fernandes, aparente inimiga, que tentaria lhe criar problemas.

> Creio que meu prestígio como consolidador do MIS fosse um incômodo para ela. Ou talvez Neuza pudesse ter sido movida por aquelas acusações de cunho direitista, segundo as quais eu era um subversivo. Ela resolveu fazer um inquérito a respeito de minha gestão no museu. Não deu certo. O poeta

Waldemar Dias da Cunha, consultor da Receita do Estado da Guanabara, apurou absoluta limpeza em minha administração.

Ao todo, foram seis anos de intensa dedicação ao Museu da Imagem e do Som. Como ficou comprovado, a administração havia sido totalmente ética. E não apenas ética. Na realidade, fora memorável. Pois a instituição ficaria para sempre com a "cara" ou marca indelével deixada por seu primeiro diretor. Como conta Luiz Antônio de Almeida, coordenador das pesquisas do MIS na sede da Lapa, até hoje ligam para lá perguntando por Ricardo, com muitas pessoas acreditando que o musicólogo seja ainda o diretor da instituição. O fato é que o modelo deu certo, tão certo que os filhotes ou réplicas se espalharam pelo Brasil afora, com grandes acervos e arquivos sonoros, depoimentos para a posteridade, exposições, auditórios, cursos e oficinas.

Criado em 1970 e localizado na Avenida Europa, número 158, no Jardim Europa, o MIS de São Paulo, multimídia e extremamente ativo, admite em seu site que foi fundado sob a inspiração do "ideal fluminense". Durante sua criação, Ricardo foi a São Paulo, tendo passado toda a estrutura do MIS carioca para Rudá de Andrade (filho de Oswald de Andrade e Pagu, Patrícia Galvão) e Luiz Ernesto Kawall. Seu Centro de Memória e Informação conta atualmente com 200 mil itens, entre fotografias, filmes, vídeos, cartazes, discos de vinil e registros sonoros. Entre os depoimentos, destacam-se o de Tarsila do Amaral, Tom Jobim e os registros em áudio sobre a Companhia Cinematográfica Vera Cruz, Memória de Rádio e Memória Paulo Emílio Salles Gomes. E este foi apenas o primeiro a seguir o modelo carioca, pois outros surgiriam no país, totalizando uma rede, até agora, de quinze Museus. Além dos existentes no Rio e em São Paulo, encontram-se também Museus da Imagem e do Som nos seguintes estados: Alagoas, Amazonas, Ceará, Espírito Santo,

Goiás, Mato Grosso, Mato Grosso do Sul, Minas Gerais, Pará, Paraná, Pernambuco, Santa Catarina e Rio Grande do Sul.

Sem o MIS, o INC e a Embrafilme, o que fazer? Muito jovem ainda, cheio de sonhos e de criatividade, Ricardo Cravo Albin iniciou uma nova fase em sua vida. Foi dar aulas na Escola de Belas Artes da UFRJ sobre cultura contemporânea e começou a trabalhar na Rádio MEC, onde já estivera por breve período, nos anos 1960, com Murilo Miranda.

A passagem pela EBA foi curta. Entre os diversos convidados que chamou para falar sobre a cultura brasileira, Ricardo convidou, vindo do exílio, Paulo Alberto Monteiro de Barros, o Arthur da Távola, que não segurou a língua mordaz em sua palestra e fez duras críticas à ditadura. Consequentemente, o ex-diretor do MIS foi acusado de subversivo e afastado da Escola de Belas-Artes.

Já a Rádio MEC, desta vez, entraria em sua vida para ficar. Dela, Ricardo só se aposentaria quarenta anos depois, em 2010, ao completar os 70 anos. O seu primeiro programa *Gigantes da Música Popular Brasileira*, daria muitos frutos. "Creio que até me aposentar fiz quatro mil programas, recebendo e entrevistando pessoas, produzindo e apresentando o *Gigantes da Música Popular Brasileira*, e mais trinta outros títulos."

Outra atividade paralela seria a participação no Plano de Ação Cultural, berço da Funarte. Convidado por Manuel Diégues Júnior, lá Ricardo organizaria um curso sobre MPB, intitulado "De Chiquinha Gonzaga a Paulinho da Viola" (depois a Martinho da Vila), que ministraria pelo Brasil afora:

> Ao longo de oito anos, levei esse curso para cerca de milhares de pessoas, consolidando, definitivamente, minha paixão pela música popular brasileira. Em quatro palestras de duas horas cada, eu narrava um século de música brasileira para centenas de estudantes e pessoas interessadas na história dos criadores da MPB, em centros culturais de universidades e em fundações

localizadas em todos os estados do país. Com a posterior criação da Funarte, o programa contaria com o apoio desta fundação e também do Conselho Federal da Cultura. O curso seria tão bem-sucedido que depois seria levado para a Casa de Rui Barbosa, com um novo formato: 24 palestras, duas por mês.

Entre seus alunos, destaca-se o jornalista e escritor Joaquim Ferreira dos Santos, ex-editor da coluna Gente Boa, no jornal *O Globo*. Joaquim não sabe dizer exatamente qual foi a data do curso, lembrando-se apenas que o frequentou em meados dos anos 1970. O que tem certeza é que as aulas de Ricardo foram importantíssimas para poder montar na própria cabeça uma cronologia sobre a história da música popular brasileira e para entender melhor sua evolução. Garoto de subúrbio (Brás de Pina), sempre teve interesse por música popular, acostumado a ouvir a Rádio Nacional e a Rádio Mayrink Veiga. Naquela ocasião, conforme se recorda, a editora Abril havia publicado quarenta fascículos sobre a MPB, acompanhados por discos. Eram muito bem-feitos, escritos por pessoas que conheciam do riscado, como os pesquisadores e jornalistas Zuza Homem de Melo, Tárik de Souza e Tinhorão. Enfim, o conselho editorial da publicação "era o fino do fino". A partir daí, interessou-se por frequentar o curso de Ricardo na Casa de Rui Barbosa, a fim de se aprofundar nos artistas, cantores e compositores, dos movimentos rítmicos, desde o lundu, a modinha, o maxixe, o samba e o baião, até o samba canção, a bossa nova e os festivais. Joaquim conta:

> Com o curso do Ricardo, compreendi como um compositor passava seu bastão para o outro. Até então, eu tinha informações difusas na cabeça. Tudo estava muito caótico. Eu queria entender direito, por exemplo, onde se localizavam exatamente na evolução da MPB as canções de Dolores Duran ou de Antônio Maria. Ótimo pesquisador como é, Ricardo é também um grande professor. Organizado e com boa didática. Tinha uma maravilhosa coleção de discos,

que depois doaria para o Instituto Cultural Cravo Albin. Usava esta coleção para ilustrar as aulas com audição de música.

Biógrafo de Leila Diniz e Antonio Maria, que anos depois reencontraria o ex-professor nas lides jornalísticas do jornal *O Dia*, Joaquim continua:

> Ficamos ainda mais próximos. Frequentei a casa na Urca, nos anos 1990, quando ainda não era a sede do ICCA. Anfitrião impecável, Ricardo recebia sempre com muita generosidade. Não tenho dúvida de se tratar de uma pessoa importantíssima para a cultura brasileira, sobretudo como consolidador do MIS e como pesquisador de MPB.

A história de Ricardo na Rádio MEC não fica apenas no programa *Gigantes da Música Brasileira*. É bem mais rica e complexa. Pois, ainda no início dos anos 1970, o musicólogo e pesquisador seria incorporado pelo acadêmico e autor de *O coronel e o lobisomem*, José Cândido de Carvalho, então diretor da rádio, e pela educadora Maria Eugênia Stein à equipe de radialistas do Projeto Minerva, onde, ao lado de Clóvis Paiva e Paulo Tapajós, transmitiria programas sobre MPB que visavam a atingir um público de estudantes ginasianos. Programas estes que seriam transformados nos tais fascículos vendidos em bancas de jornais, já citados por Joaquim, e em discos que se tornariam clássicos, como a maioria dos LPs que foram produzidos por Ricardo Cravo Albin em sua rica existência dedicada à música brasileira, seus compositores e intérpretes.

Aqui, vale a pena reproduzir o depoimento de Maria Eugênia Stein, que, desde os tempos do Projeto Minerva, passaria a acompanhar o amigo Ricardo Cravo Albin em vários empreendimentos e projetos culturais. Pois nunca mais se separariam, seja na vida pessoal, seja na profissional, passando a serem parceiros em várias aventuras. Com a palavra, portanto, Maria Eugênia, relembrando o início desta amizade ou parceria, tão profícua:

Conheci Ricardo no Projeto Minerva. José Cândido de Carvalho era amigo de meu pai e, quando soube que eu tinha voltado a residir no Rio depois de cinco anos em Brasília, me convidou para dirigir o Minerva, projeto de educação transmitido através de 1.100 emissoras de rádio, em cadeia nacional, logo após o término da Hora do Brasil. Fiquei no Minerva de 1974 a 1976. Produzíamos e transmitíamos, com uma grande e competente equipe, as aulas do curso correspondente ao antigo ginásio, na época, através da Rádio MEC, para o Brasil inteiro, dando oportunidade a quem não tinha feito o curso regular em seu devido tempo. Tínhamos mais de 1.600 radiopostos pelo Brasil inteiro, em igrejas, escolas, bancos. Salas nas quais os alunos assistiam às aulas pelo rádio, acompanhados de um monitor da comunidade, que recebia treinamento especial.

Ricardo já estava na Rádio MEC. Ele é um dos radialistas mais antigos do Brasil. Ficou em atividade ininterrupta até se aposentar. Eu ouvi o programa dele, sobre os gigantes da música popular brasileira, e achei interessante. O Minerva precisava de audiência. Ricardo era uma pessoa esfuziante, animada, cheia de planos. Ao ver que repetíamos as aulas aos sábados e domingos, ele teve uma boa ideia. Propôs a produção de programas de variedades culturais, e aí surgiu o *Minerva em Ação Cultural*, que passamos a transmitir nos fins de semana. Ricardo entrou com a música popular brasileira.

Sim, sempre a MPB, o grande amor de Ricardo. Para o Minerva, ele criaria o *MPB-100 ao Vivo*, sobre um século de música popular brasileira. As gravações eram feitas em auditório da rádio. Os músicos chamados compareceriam aos magotes, entre eles Paulo Tapajós, Luiz Gonzaga, Lúcio Alves, Dóris Monteiro, Alaíde Costa, Marlene, Cauby Peixoto, Cartola, Jackson do Pandeiro, Paulinho da Viola e muitos outros. Desde os tempos do MIS, era assim: não havia quem recusasse um convite de Ricardo Cravo Albin. A censura corria solta, mas o estudioso de MPB e sua nova amiga, apesar

das restrições vigentes, conseguiram preservar certa dose de liberdade na programação do projeto, conforme relata ainda Maria Eugênia:

> Ricardo trazia os artistas, que as gravadoras nos cediam prazerosamente. Começamos a programar a faixa cultural, não só com o Ricardo. Também Clóvis Paiva, produzia uma série sobre folclore; Paulo Tapajós, dedicava-se à música antiga; o astrônomo Ronaldo de Freitas Mourão apresentava o céu do Brasil; Sérgio Cabral falava sobre matemática e futebol. Um agente do Dops ficava em nosso calcanhar dia e noite. Vistoriava as matrizes das aulas e da programação dos sábados e domingos. Autorizava ou não o programa a ser transmitido. Uma coisa terrível. A matriz era ainda em fita de rolo. Aquela fita ia ao ar durante a semana já devidamente vistoriada pelo Serviço de Segurança e Informação. Em qualquer cidade em que eu chegava, na coordenação das atividades do projeto, tinha um agente de segurança me esperando. Mesmo assim, no *Minerva em Ação Cultural*, resolvemos dar voz a quem não falava naqueles tempos difíceis. E Ricardo sempre me ajudando, inventando novos programas, levando música para o Brasil inteiro.

Chegou um momento em que o projeto Minerva resolveu lançar fascículos em bancas de jornal. A um custo muito reduzido, os fascículos eram editados pelas editoras Abril e Bloch. Um segundo passo foram os discos, os *long-plays* com encartes educativos. Ao analisarem os contratos com as gravadoras, Ricardo e Maria Eugênia verificaram que, mesmo artistas como Beth Carvalho, Paulinho da Viola e Luiz Gonzaga, poderiam ser editados praticamente de graça, porque os fonogramas dos programas foram cedidos ao projeto Minerva. O importante era achar uma gravadora nacional que se dispusesse a participar da edição dos discos, e esta gravadora foi a Tapecar, de Manoel Camero, o Manolo.

> Assim que ele analisou os contratos e entendeu que os fonogramas eram da Rádio MEC, Manolo disse: "Está topado. Vamos fazer os *long-plays* e

colocar também nas bancas de jornal, a preço popular". Lançamos então os primeiros oito discos no Museu de Arte Moderna, em 1975, com uma grande festa e a presença dos artistas e das gravadoras. Uma coleção preciosa, que nos traria problemas logo em seguida, pois, por causa da iniciativa José Cândido de Carvalho, diretor da rádio, seria chamado a Brasília pelo Ministro de Educação e Cultura, Ney Braga. Ele não autorizou o uso dos fonogramas pertencentes à Rádio MEC apenas pela Tapecar. A saída foi fazer uma redistribuição de conteúdos entre as gravadoras interessadas. Ricardo sempre presente em tudo, já que ele era o responsável pelo surgimento destes fonogramas tão valiosos.

Devido à doença de um filho, que passou a lhe exigir muita atenção e cuidados, Maria Eugênia deixou o projeto Minerva, em 1976, mas Ricardo continuou criando novidades, concebeu o programa *Gente da Música*, no qual contava a história de compositores populares, como Dorival Caymmi, Ary Barroso e Noel Rosa. Para ilustrar sua narrativa, usava discos de sua discoteca pessoal. Apesar do afastamento de Maria Eugênia, o convívio e a cumplicidade que ali surgiram alicerçou para todo o sempre a amizade entre o musicólogo e a professora.

Essa coisa toda do projeto Minerva aconteceu e Ricardo ficou muito meu amigo. Ele é sempre muito solidário e dá tudo de si às pessoas que ama. Várias vezes festejaríamos nossos aniversários juntos. Ele faz anos dia 20 de dezembro e eu no dia 22. E tivemos encontros sociais curiosos, parcerias, compartilhamentos. Através de Ricardo, conheci um bicheiro famoso, já falecido, ligado ao Carnaval que fazia uma festa inimaginável, um pré-carnavalesco chamado O Berro do Paulistinha, um surpreendente desfile de travestis fantasiados ricamente, com passarela e tudo, uma antecipação da Marques de Sapucaí. O mundo do Carnaval, aliás, me seria apresentado por Ricardo. Quando chegava perto do Carnaval, fazíamos "a ronda dos barracões", como era conhecido na época. Assim que tudo ficava pronto, os carnavalescos convidavam para visitar os barracões, ver as fantasias, os carros alegóricos. Como pessoas de confiança das Escolas de Samba, subíamos morros, como a Mangueira e o Salgueiro, encantados com a preparação desta festa notável que é o carnaval carioca. Ficamos amigos de Ana Augusta Rodrigues, a mãe da carnavalesca Maria Augusta. Folclorista, nascida em Campos, era uma senhora lindíssima, alta, magra, aristocrática. Pamplona, Fernando Pinto, Joãozinho Trinta... toda essa gente nós conhecemos na ativa, produzindo os desfiles de Carnaval.

Além de trabalhar na Rádio MEC e dar aulas, produzir shows e discos, vício bom que adquirira quando dirigira o MIS, a partir de 1975, Ricardo se desdobraria ainda mais, com a entrada em sua trajetória profissional da TV Globo. Indicado por Augusto César Vanucci, foi contratado por José Bonifácio Sobrinho de Oliveira, o Boni, diretor de programação da rede, para se incorporar aos homens que ajudavam a conceber e redigir a linha de shows da Globo, ao lado de outros "cobras", como Paulo Coelho, Ruy Castro, Paulo Afonso Grisolli, Ronaldo Bôscoli, Lafayette Galvão e Carlos Eduardo Novaes:

> Fiz os shows, principalmente, a partir de 1975. Aprendi muito com a televisão. Foi muito bom trabalhar com o Vanucci. Quanto ao Boni, foi sempre impecável comigo. Comecei com um programa chamado *Brasil Especial*, sobre a vida dos compositores de música popular. O primeiro foi sobre Ary Barroso. Escrevi vários programas dos quais, confesso, me orgulho bastante, entre eles um muito bonito sobre Assis Valente.

Na TV, o trabalho era basicamente de texto. Ricardo criava o programa, escrevia os textos, escolhia as músicas e os entrevistados. Tudo era discutido numa mesa de produção e, ao final, Augusto César Vanucci cuidava das gravações, que costumavam ser feitas no teatro da TV na Lagoa Rodrigues de Freitas. Foram inúmeros os artistas entrevistados, dando depoimentos ou testemunhos, entre eles Maysa, Nelson Gonçalves, Emilinha, Marlene, Elis Regina... Sobre Orlando Silva, Ricardo diz ter acontecido uma história gozada. Muitas vezes a voz de Orlando ficava ruim na gravação e, com isso, Ricardo solicitava a Vanucci que a cortasse, para não prejudicar o mítico cantor. Ricardo convidaria Orlando para participar dos programas umas dez vezes, mas somente cinco vezes, no máximo, sua participação seria aproveitada. As outras tiveram que ser cortadas. Mas – o importante – o Orlando recebia um dinheirinho... Ele nunca soube quem era seu piedoso censor.

No meio do caminho poderia aparecer uma ideia brilhante, como várias vezes realmente viria a acontecer:

> Disse ao Vanucci, por exemplo, que seria muito interessante juntar num programa dois mitos da era do rádio, já que eu sempre fora louco por este período e costumava falar sobre suas estrelas em meu curso sobre MPB. Pensei em juntar Cauby Peixoto e Ângela Maria. E assim nasceu a dupla Cauby e Ângela, que Augusto César Vanucci dirigiu e fez imenso sucesso, na telinha e fora dela. Até hoje eles fazem shows junto.

Depois do *Brasil Especial*, sobre a vida e obra dos compositores, a pedido de Ricardo, Vanucci e Boni criariam o programa *Alerta Geral*, sob o comando de Alcione, a maravilhosa Marrom. Durou dois anos, assim como também se prolongou por dois anos, 1978 e 1979, aquele que contou como estrela máxima Bibi Ferreira. Tratava-se de um programa de variedades, apresentado pela grande atriz, que se chamava *Bibi ao Vivo*. Tanto Alcione como Bibi se tornariam grandes amigas de Ricardo. Anos mais tarde, ao cantar Noel Rosa, a atriz já célebre, mais do que tarimbada, convidaria o amigo para uma audição privilegiada e lhe solicitaria conselhos. Mas é claro que a homenagem ao Poeta da Vila, como tudo o que ela fazia, estava próxima da perfeição.

Sempre preocupado com a memória e a posteridade, estivesse onde estivesse, Ricardo achou que fosse importante no mundo das imagens ter um Banco de Memória na TV Globo, um acervo de depoimentos que pudesse ser usado futuramente por pesquisadores. Assim que mencionou o assunto a Boni, este lhe pediu que levasse a ideia ao doutor Roberto Marinho. Foi marcada então uma entrevista com o presidente das Organizações Globo:

> Tratou-me com a *finesse* dos grandes cavalheiros. Doutor Roberto era um dos homens mais finos e bem-educados que conheci. Ele deu-me toda a razão. Imediatamente apoiou a ideia. "Memórias podem valer no futuro muito dinheiro, além de serem culturalmente muito úteis. Pode fazer".

Com este aval imbatível, é criado o Banco de Memória da TV Globo. Feliz, Ricardo teve a oportunidade de gravar o depoimento das irmãs Batista Linda e Dircinha, de Procópio Ferreira, de Ziembinski, Mario Lago, Grande Otelo, entre várias outras personalidades da MPB e do mundo cultural brasileiro. Muito do material obtido seria utilizado posteriormente por ocasião da morte desses grandes artistas brasileiros. E foi uma sementinha que veio para ficar, porque o Banco de Memória está na origem do Globo Memória.

A carta branca dada pela direção da TV às invenções de Ricardo gerou, ainda, mais um fruto, que também se eternizou. Amante da música popular e das escolas de samba, o ex-diretor do MIS propôs a Boni que "abrisse a TV para o carnaval". Isso aconteceria entre 1976 e 1977. Até então, a Globo procurava manter a sua programação normal, oferecendo ao público apenas os melhores momentos do carnaval. Havia até um slogan utilizado nas transmissões: "Globo, programação normal e o melhor do carnaval". Enquanto isso, a Manchete subia nos índices de audiência, por oferecer uma cobertura mais completa da festa de Momo. Ricardo, jurado de escola de samba, insistiu então com o amigo que investisse mais no carnaval. E ganhou a batalha. Pois Boni se convenceu de que valeria a pena fazer a transmissão dos desfiles das escolas de samba do Grupo Especial. Foi o começo do que viria a se tornar uma tradição, iniciada com a transmissão do desfile das escolas do Grupo I, com comentários de Ricardo Cravo Albin e Haroldo Costa, entre outros.

Aqui vale a pena lembrar que, devido a esta relação apaixonada com o carnaval carioca, escolas e carnavalescos, aos quais sempre deu apoio, tanto no MIS como na TV Globo, muitos anos mais tarde, ou seja, no carnaval de 2005, Ricardo foi homenageado pela tradicional escola de samba Paraíso do Tuiuti, a "azul e amarela" de São Cristóvão, oriunda de uma fusão, ocorrida em 1954, das escolas Paraíso das Baianas, fundada em 1940, com a Unidos do Tuiuti, nascida em 1933. Inspirado na vida e na obra do musicólogo, pesquisador de MPB e crítico, o carnavalesco Rodrigo Siqueira desenvolveu o samba-enredo "Cravo de Ouro, eu também sou da lira, não quero negar". Na ocasião, Rodrigo explicou a razão da homenagem ao já mais do que consagrado promotor cultural: "Ele levou o nosso cinema para Cannes e criou os prêmios Golfinho e Coruja de Ouro para incentivar os artistas brasileiros. Devemos muito a ele. Ricardo está adorando a ideia de ser enredo de escola de samba e tem me ajudado muito. Sem dúvida, ele é uma pessoa especial."

Leonardo Albin conta uma historinha curiosa sobre esta passagem de Ricardo pelo sambódromo:

> Quando Ricardo foi homenageado pela Paraíso do Tuiuti, em 2005, toda a família foi para avenida, acompanhando o carro no qual ele estava. Eu, Glorinha, minhas filhas, meus netos, amigos, ficamos vendo o Ricardo lá em cima do carro, todo agitado, e pensamos o quanto ele estava animado e feliz.

Era impressionante realmente como ele se mexia lá em cima, naquela altura de seis a sete metros. Quando desceu, soubemos que estava levando choques toda vez que tentava se segurar nos mastros que lhe dariam firmeza... Choques, imagine só. Por causa da chuva. Achávamos que estava comovido, alegre, e na realidade estava era ficando desesperado lá em cima, louco para o desfile chegar ao fim.

Mas, voltemos a TV Globo e ao relacionamento entre Ricardo e Boni, na virada dos anos 1970 para os 1980, quando o Brasil atravessava o momento político que ficou conhecido como "abertura", e felizmente outros choques, bem mais perniciosos e letais, começavam a ficar para trás, apesar de que jamais devam ser esquecidos...

A aventura quixotesca contra a censura

COM O ESTREITAMENTO DA AMIZADE e o aumento da confiança na capacidade de trabalho do pesquisador e redator de shows, em 1979, Boni delegaria uma nova função de bastante responsabilidade ao eficiente e agitado criador de programas para a rádio e TV: indicou-o para substituir Otto Lara Resende no Conselho Superior de Censura, como representante da Associação Brasileira de Emissoras de Rádio e TV (Abert). Durante toda uma década, Ricardo lutou contra a censura em Brasília, fazendo pareceres cheios de argúcia, envoltos por uma ironia velada e que sempre acabariam por liberar letras de música, peças de teatro, filmes, novelas, programas de TV.

Em seu livro *Driblando a censura*, editado pela Gryphus, em 2002, Ricardo explica que o Conselho Superior de Censura fora criado em 1968, mas só entraria em vigor onze anos depois, por decreto baixado pelo sagaz ministro da Justiça Petrônio Portella, em 13 de setembro de 1979, regulamentando o artigo 15 da Lei 5.536, que ficara numa espécie de limbo com o surgimento de um instrumento de arbítrio bem mais forte, o AI-5. A entrada em funcionamento do CSC visava a coibir a ação obscurantista da Divisão de Censura de Diversões Públicas (DCDP), através da qual, desde 1973, agentes da Polícia Federal controlavam todas as atividades artísticas no país, fazendo com que muitos compositores, dramaturgos, cineastas e escritores optassem pelo exílio.

Para surpresa de Ricardo, o convite de Boni para ser o representante da Abert no órgão recém-criado viria de supetão, permitindo que tivesse uma vivência inesquecível, ao participar, no crepúsculo da ditadura, ao lado de Pompeu de Souza (ABI), Daniel Rocha (SBAT), Geraldo Sobral Rocha (Associação Brasileira dos Críticos de Cinema) e Suzana de Moraes (também da Associação de Críticos de Cinema, em outro período), da bancada anticensura e liberal do Conselho, a que intelectuais, atores e artistas recorriam para salvarem suas criações. Eis o que ele nos conta, em seu livro, com sua verve habitual:

> Certo dia de tórrido verão carioca, lá pelo fim de novembro de 1979, o Vanucci, que foi uma terna e inesquecível figura, diretor de alguns dos melhores programas criados pela televisão no Brasil, chegou esbaforido à sala onde eu reconferia com Ruy Castro e Paulo Coelho textos do último programa de Bibi Ferreira para a Globo, e me disse que o Boni precisava falar urgentemente comigo. E ainda se deu ao desplante de piscar maliciosamente o olho, dando a entender que não sabia de nada, mas que desconfiava ser um convite para, literalmente, participar da censura. Me benzi estrepitosamente e resmunguei umas imprecações em bom português, aduzindo que se isso fosse verdade, eu lá nem colocaria os pés. Vanucci não sabia mesmo do que se tratava, mas o Boni deixara escapar que precisava de um autor da casa que gozasse de boa reputação e que fosse portador de diploma universitário, preferencialmente de Direito, para integrar uma comissão que funcionaria junto à censura em Brasília. Essa era uma das razões da indicação de meu nome.

Ricardo não iria à sala do diretor de programação da TV Globo nem no primeiro dia, nem no segundo, nem no terceiro, tentando se fazer de morto. Mas não teve como escapar do convite, que seria feito por um telefonema dado por Boni na noite deste terceiro dia:

O convite que te faço, em nome do Doutor Roberto Marinho, não é fácil e pode ser mal compreendido. Mas é fundamental para a defesa da liberdade de expressão. Foi o Otto Lara Resende o primeiro a ser indicado, mas ele acabou por recusar alegando problemas de saúde. Trata-se da representação da sociedade civil para lutar contra a cretinice dessa censura que nos tumultua e nos castra. Você vai lutar, nas barbas do inimigo, dentro do conselho instituído pelo ministro da Justiça, e que já está funcionando há dois meses, na sala do Petrônio Portella.

Em seguida, veio um almoço na Vênus Platinada com Otto, que lhe informou que estava velho, doente, cansado, ocupado com um livro que estava a escrever, além de que não gostava de andar de avião, não tendo condições, portanto, de se deslocar de casa a cada vinte dias num voo para Brasília. A capacidade de sedução de Otto, amigo desde os tempos na Procuradoria do Estado da Guanabara, onde Ricardo trabalhara recém-formado, e o poder de fogo da persuasão de Boni eram bem fortes, mas, mesmo assim, o convidado ainda pediria alguns dias para pensar. Tomaria a decisão após falar por telefone com Pompeu de Souza, que lhe fez uma convocação irrecusável:

Já chega ter perdido o Otto. Você aceite imediatamente. E nem admito mais uma recusa. Venha, que eu garanto que estamos iniciando uma luta que vai ficar na história.

E estavam mesmo. Duas semanas depois, Ricardo desembarcou em Brasília, para participar da terceira reunião mensal do Conselho, estreando numa batalha que duraria quase dez anos e durante a qual veria e ajudaria a promover, "movido à paixão", a pulverização da censura. Em paralelo, teria a satisfação de encontrar na presidência do órgão um homem de bom senso, culto, elegante e de linha liberalizante, chamado Octaviano Nogueira. Assessor parlamentar de Petrônio Portella, Nogueira era diretor do Departamento da Imprensa Nacional. Além de Pompeu de Souza, Daniel da Silva Rocha, Geraldo Sobral Rocha e Suzana de Moraes, com os quais Ricardo, como já foi mencionado, se alinharia, também compunham o Conselho Federal de Censura as seguintes pessoas: João Emílio Falcão, representante da Associação Brasileira dos Produtores Cinematográficos; Pedro Paulo Wandeck de Leoni Ramos, representante do Ministério das Comunicações; Arabella Chiarelli, representante da Fundação Nacional do Bem-Estar do Menor (Funabem); Orlando Miranda, em nome do Serviço Nacional do Teatro, do MEC; Alcino Teixeira de Mello, enviado pela Embrafilme; Guy de Castro Brandão, do Itamaraty; Lafayette de Azevedo Pondé, do Conselho Federal de Educação; e Adonias Filho, do Conselho Federal de Cultura.

Logo na quarta reunião, houve um embate na plenária do Conselho que quase fez com que a bancada anticensura se demitisse coletivamente. O motivo da celeuma foram projetos de lei que seriam apresentados pelos deputados Marcello Cerqueira (PMDB-RJ) e Álvaro Valle (PSD-RJ) à Câmara de Deputados. Valle propunha a criação de Conselhos Comunitários de Censura, destinados ao papel de revisores das decisões tomadas por censores em estações ou redes de televisão e penalidades graves, apoiadas pela Lei de Segurança, aos responsáveis por abusos. Já Marcello Cerqueira propunha a extinção da censura política, mas a manutenção da censura de costumes.

Com várias emendas, como a inclusão de mais entidades representativas, em vez da exclusão das já existentes, Pompeu de Souza apoiou o substitutivo de Cerqueira, que, após uma sucessão de debates, sairia vencedor na votação da plenária, conseguindo metade mais um dos votos. Correram rumores de que o novo ministro da Justiça Abi Ackel, sucessor de Petrônio Portella, não aceitaria o resultado, pois apoiava o substitutivo de Valle:

> Foi o suficiente para Pompeu de Souza e eu ocuparmos a tribuna para anunciar que, se isso ocorresse, nós nos demitiríamos do órgão e bateríamos às portas do tribunal para assegurar uma votação tomada legalmente pela maioria de seus membros. Uma bravata, já se vê, mas que foi surpreendentemente absorvida pelo ministro dias depois. De qualquer modo, a reação, a primeira em caráter incisivo, serviu para testar a força de nossa bancada anticensura.

Novos choques ocorreriam, com Abi Ackel e outros ministros, mas o saldo final da ação dos valentes mosqueteiros seria muito bom. Juntos, acolheriam no Conselho recursos de muitos artistas brasileiros, fazendo com que suas obras escapassem praticamente ilesas das tentativas de mutilação realizadas pelos arbitrários e canhestros funcionários da Divisão de Censura das Diversões Públicas, a DCDP. Num primeiro momento, Ricardo focaria sobretudo os cortes que estavam sendo realizados em novelas de TV, especialmente as da Globo. Na ocasião, as novelas mais censuradas eram *Água viva*, de Gilberto Braga, e *Chega mais*, de Carlos Eduardo Novaes. Palavras como "grilada" ou "puxa-saco", já incorporadas à língua coloquial, eram tesouradas pelos agentes policiais, que as consideravam chulas ou pornográficas. Provando se tratar de preconceitos descabidos, verdadeiras asneiras censórias, Ricardo conseguira dar mais paz aos autores de novelas. Mas, seu trabalho liberatório iria bem além...

Não cabe aqui, é claro, contar todas as histórias ou esmiuçar todos os pareceres que Ricardo publicou no seu livro *Driblando a censura*. O assunto, que é triste, mas, às vezes, tão implausível que chega a ser risível, mereceria uma leitura acurada, ou seja, uma ida à própria fonte, o livro. Vale, no entanto, deixar registrado que Ricardo seria o "campeão heroico" de Abelardo Barbosa, o Chacrinha, tendo-o auxiliado a se livrar do cutelo da censura, em 1980 e 1981, quando agentes da Polícia Federal cismaram com o linguajar que empregava em seus programas da rede Bandeirantes e com a parca indumentária das "chacretes". As moças se viam obrigadas a trocar de roupa por quatro vezes, durante a apresentação, até satisfazerem a noção de moral dos censores, que também implicavam com os closes mais fechados dos câmeras nas curvas das vedetes dos programas *Buzina* e *Discoteca do Chacrinha*.

Ricardo chegaria a escrever para o Velho Guerreiro, secretamente, a carta que este leria diante dos membros do Conselho Superior Cultura, narrando a perseguição de que estava sendo alvo, que, além de deixar-lhe com os nervos estilhaçados, vinha atrapalhando o andamento dos programas. No dia 1º de julho de 1980, por exemplo, meia hora antes da entrada ao ar de seu programa, Chacrinha pedira a uma senhora não identificada que se retirasse dos corredores da TV, destinado apenas aos artistas. Tratava-se de uma censora, descobriria logo em seguida, que fora pessoalmente verificar como as chacretes se encontravam vestidas. Por se sentir desrespeitada, a senhora convocou a Polícia de São Paulo para prender o rebelde apresentador. Com isso, ao fim do programa, ao se retirar para seu camarim, Chacrinha encontrou um delegado, dez agentes federais e o chefe da censura, que lhe deu ordem de prisão. A seguir, fichado, fotografado como criminoso comum, teria de pagar fiança de 10 mil cruzeiros, para poder sair da prisão. Concluiria o Velho Guerreiro, usando as palavras que haviam sido escritas por Ricardo.

> Em resumo, sofri como artista e como homem de bem a maior humilhação de minha vida. E por quê? Pelo simples fato de que uma censora federal não se identificou. É isso um fato abusivo, intolerável e injustificável em qualquer sociedade que se considere minimamente civilizada. Ao dirigir-me

> a este egrégio Conselho, na qualidade de artista brasileiro seriamente lesado em seus direitos elementares pelos fatos acima citados, quero solicitar às Vossas Senhorias providências no sentido de que a censura se exercite ao menos de modo igualitário para todos, a fim de que o bem-estar geral se promova na televisão deste país. E também se evite, de uma vez por todas, a municipalização da Censura, a partir do momento em que ela é federal e deve ser una e indivisível em seus critérios. A municipalização provoca esbirros, censuras ainda mais provincianas e incultas.

Até a publicação de *Driblando a censura*, a ajuda literária de Ricardo a Chacrinha ficaria em segredo. Até porque, do ponto de vista do autor da carta lida no CSC, a questão da autoria do pleito não importava em nada. Importava, isso sim, assegurar que Abelardo Barbosa conseguisse trabalhar em paz. Novamente ele seria atacado pela censura, novamente recorreria a Ricardo e novamente o representante da Abert o defenderia, em março de 1981, por meio de um pronunciamento junto ao Conselho. Naquela oportunidade, foi feita uma recomendação expressa ao diretor da Divisão Federal de Censura, presente no plenário, para que entrasse em contato com a polícia de São Paulo, pedindo esclarecimentos sobre a discriminação da qual o animador vinha sendo vítima. Sendo importante assegurar ao Velho Guerreiro paz e compreensão em seu trabalho, "indispensável à alegria e ao lazer de amplos segmentos da massa brasileira. E que deve ser preservado, em nome de um mínimo de liberdade de expressão".

Liberdade de expressão, criação e pensamento, aliás, seria o mote constante de Ricardo, em seus pareceres. Enquanto trabalhou junto ao Conselho, ajudou a liberar até mesmo músicas que não eram de seu gosto, como foi o caso do "Rock das aranhas", de Raul Seixas. Do seu ponto de vista, caberia ao ouvinte tomar a decisão de ouvir ou não uma música, por pior que fosse. Seu texto a respeito do "Rock das aranhas" é tão surpreendente, que merece ser transcrito, pelo menos o final, pois nos ajuda a dimensionar o quão democrática, aberta e livre de preconceitos era e é a cabeça do homem que o redigiu:

> Nem me detenho em reanalisar a letra da música, quer pela indigência de sua estrutura, quer, sobretudo, pelo seu sentido inequívoco, inexorável e renitentemente pornográfico, mas também não fujo à tentação, como crítico, de declarar meu espanto ante a tão baixa qualidade da peça assinada por Raul Seixas, um compositor que já fez tantas coisas de qualidade. Por sinal, no próprio processo em que o Serviço de Censura interditou o "Rock das aranhas" há seis outras composições do próprio Raul, em que seu talento fica perfeitamente reconhecido e reabilitado, o talento desse irreverente e quase sempre filosófico e instigante poeta-compositor baiano que é Raul Seixas.
>
> Por isso, por ser Raul Seixas quem é, torna-se difícil aceitá-lo em apelação tão abjeta e lastimável. Enfim, tamanha indigência Raul jamais se deveria permitir. Como, no entanto, ele se permitiu, vamos respeitar-lhe o direito, a liberdade de fazer até lixo deste nível. No entanto, preservemos igualmente o direito de quem quiser ouvi-lo. Portanto, sou pela liberação da música "Rock das aranhas".

E desta forma terminava um episódio marcado por telefonemas, depois da meia-noite, entre os dois, tendo Raul aprovado, por antecedência, o parecer.

Enfim, Ricardo considerava que a criação artística deveria ser livre como um pássaro, cabendo ao ouvinte decidir a música que queria ouvir. E como nunca podemos saber exatamente o que vai se passar na cabeça do "outro", os fãs de Raul aceitariam plenamente o "Rock das aranhas", que é ouvido até hoje. Foi Ricardo também quem liberou uma música de Rita Lee que acabaria por ser tornar uma espécie de hino feminista, "As duas faces de Eva", marcada pelo famoso refrão "Por isso não provoque, é cor de rosa choque". A parte da letra que diz "mulher é um bicho esquisito, todo mês sangra" fora considerada um atentado à moral pelos censores, por se referir direta ou indiretamente à menstruação. Ao que Ricardo retrucaria, em seu parecer:

> A música, de autoria de Rita Lee, aborda, segundo o trio de censores que a vetou, "uma palavra colocada de maneira dúbia, que poderá também se referir ao ciclo menstrual da mulher e que suscitará indagações precoces sobre o assunto". Não creio, contudo, que haja qualquer desvio ético-moral em relação a uma palavra, mesmo empregada de maneira dúbia. Mesmo que possa ela referir-se ao ciclo menstrual da mulher. Tudo é cada vez mais relativo nos tempos desmistificadores em que vivemos, especialmente em relação a tabus antigos sobre a sexualidade. Hoje em dia, a propaganda veicula em massa produtos íntimos para a mulher, e a criança recebe não só essas cargas de informação, como também lições específicas sobre o assunto.

Por isso, eis o que ele proporia: "Sobre Rita Lee, cada vez mais uma artista consagrada, um ídolo em ascensão nacional e internacional, já disse muito em sucessivos pareceres. Resta-me propor agora a liberação de 'As duas faces de Eva'". O que, felizmente, aconteceu, em junho de 1981, para todas as mulheres que amam esta música provocativa, irônica, bem feminina.

A lista dos autores da MPB auxiliados por Ricardo, ao derrubar argumentos falsamente morais e políticos, foi extensa: além de Raul Seixas e da própria Rita Lee, podem também ser citados Chico Julião e Taiguara, Kleiton e Kledir, Juca Chaves, Chico Buarque, Toquinho, Joyce, Ivan Lins e Vitor Martins, Gonzaguinha, Alceu Valença, Aldir Blanc, Djavan, Capinam e Carlos Pita, Paulo César Pinheiro e João Nogueira. E não só as grandes estrelas da MPB eram por ele defendidas, pois também ajudou a liberar muitas músicas de compositores populares, como foi o caso de Cláudio Nucci, Dominguinhos, Roberta Miranda, Sílvio Brito e Carvalhinho, Lincoln Olivetti em parceria com Robson Jorge, não importando o teor de suas composições. Podiam ser explicitamente sexuais, como foi o caso desta última dupla, Lincoln e Robson, criadores de duas músicas populares, chamadas "A massagista" e "Exótica erótica". No caso de "A massagista", a letra dizia o seguinte: "Ah, enfim chegou a sua vez/ Relaxe total/ Eu sou a massagista/ Vou te fazer com carinho/ Assim bem de mansinho/ Provocar carícias excitantes/ E brincando/ Te encher de cócegas/ Quero ser correspondente/ E quem sabe? Te fazer feliz/ Quero te fazer enlouquecer/ Ver você delirando de prazer". Adepto do prazer e mais ainda da justiça, Ricardo a liberou sem pestanejar, assim como "Exótica erótica", tendo comentado que tinham um ritmo acelerado, de discoteca, o que as destituíam do "conteúdo mais intencional e cavilosamente erótico".

Em relação a Taiguara e a Francisco Julião, a tesoura da censura foi ainda mais radical. Em virtude de suas conhecidas posições comunistas, Taiguara teve não apenas uma ou algumas músicas censuradas de um LP, mas todo o disco. Assim como Francisco Julião não teve censurados apenas alguns de seus poemas, mas sim todos os apresentados para um possível LP.

Em resumo, a censura abateria a ambos, não pela obra, mas por eles próprios.

Quanto a filmes, seguindo o bom senso na classificação por faixa etária, o representante da Abert ajudaria a arrancar das garras da censura obras brasileiras e estrangeiras, entre elas *Zabriskie Point*, de Antonioni; *Eu, Christiane F. – 13 anos, drogada e prostituída*, de Ulrich Edel; *Pra frente, Brasil*, de Roberto Farias; e *Pátriamada*, de Tisuka Yamasaki. Ou seja, através de recursos ao Conselho Superior de Censura, a porta até então rigidamente fechada estava sendo arrombada... até mesmo filmes pornográficos seriam liberados. Por decisão do CSC, *O império dos sentidos*, de Nagira Oshima, pode ser exibido em salas especiais (cineclubes), como filme de arte. No caso de *Emanuelle*, de Just Jaekin, que estava proibido no Brasil desde 1974, Ricardo teve participação direta na liberação, tendo escrito um histórico parecer, em 1980, que acabava da seguinte forma:

> Em resumo: considerando ser o filme em questão um modelo internacional de liberação de costumes proposto há seis anos e que foi visto em quase todo o mundo; considerando que o Brasil é suficientemente maduro e democrático para não pretender se confinar em estreitas fronteiras ético-morais, fronteiras essas que cada vez mais são objeto de estudos e meditações sobre sua legitimidade e até oportunidade. Somos de parecer, atendendo expressamente ao objetivo do recurso do senhor diretor-geral da DFP, que o filme deva ser considerado em estado de ser liberado para maiores de 18 anos. Finalmente, chamamos a atenção para as atribuições deste Conselho, ou seja, um Conselho que julga apenas em grau de recurso. Deixa-se claro que o recurso do senhor diretor-geral da DPF sobre a interdição da obra é o que está sendo julgado. Mas, os detalhes de cortes, pela legislação ainda em vigor, ficam por conta da Divisão da Censura, em primeira instância.

Em anexo, incluiu um breve histórico sobre a exibição do filme na França, que fora elaborado por Paulo Paranaguá, correspondente do *Jornal do Brasil* em Paris, e que informava o seguinte:

> O filme *Emanuelle* está há trezentas semanas em cartaz na França e continua atraindo público aos cinemas. Bateu todos os recordes de bilheteria no país, durante a década de 1970, e calcula-se que já tenha sido visto por mais de sete milhões de pessoas (seis milhões dos quais nos seis primeiros meses de exibição). Em Paris, está em cartaz num pequeno cinema do Champs Elysées, numa cópia com legendas em inglês; só mesmo os turistas de países com censura ainda não o viram.

E foi assim que as Muralhas de Jericó finalmente cairiam por terra. A interdição que já vigorava por seis anos acabou, e os brasileiros puderam ver *Emanuelle*, três anos após a atriz Sylvia Kristel ter sido recebida em Brasília, com muitas louvações sobre sua beleza feitas pelos encantados presidentes da Câmara de Deputados, Marco Maciel, e do Senado, Petrônio Portella. A polêmica fita erótica, hoje lendária, foi liberada com um só corte, devido a um mal-entendido da censura. Ricardo, em seu parecer, mencionara uma cena em que uma nativa nua fazia "um esdrúxulo contorcionismo genitálico empregando um cigarro acesso". A menção não era exatamente uma indicação de censura, mas a cena seria eliminada.

Seu amigo Luiz Carlos Lacerda, já tão agradecido pelo auxílio dado no MIS à elaboração de seu filme *Conversa de botequim* e pela cumplicidade com os cineastas na passagem pela Embrafilme, também tem uma boa recordação do amigo no que diz respeito a sua participação no Conselho Superior de Censura, que merece ser citada aqui.

> Quando fiz *Leila Diniz*, estrelado pela Louise Cardoso e pelo Diogo Villela, que fazia o meu papel, Ricardo novamente me auxiliou muito, tendo conseguido, no Conselho Superior de Censura, que a classificação, inicialmente de 18 anos, caísse para 12 anos. Rodado em 1986, o filme foi lançado em 1988. Se ficasse com esta idade mínima, por causa das drogas e dos palavrões, tão típicos de Leila, meu objetivo, que era atingir as novas gerações, fazendo com que conhecessem a musa da Banda de Ipanema, iria por água abaixo. Ricardo, que tinha muita força no Conselho, conseguiu que a censura fosse reduzida para 12 anos e que a fita fosse exibida sem corte algum. Foi uma maravilha. O sucesso foi enorme. E é claro que a responsabilidade deste sucesso foi toda do meu querido amigo.

Já no tocante aos filmes pornográficos propriamente ditos, os que tinham como "protagonistas" os órgãos genitais femininos e masculinos, a posição final do presidente do Conselho Superior de Censura,

Octaviano Nogueira, e de seus representantes mais liberais – entre eles Ricardo, é claro – foi a de que a melhor solução seria a exibição em salas restritas, a serem criadas em todas as capitais e cidades brasileiras com população superior a 1 milhão de habitantes. Quem quisesse ver filme de má qualidade para se excitar poderia ver à vontade, mas sem o direito de se dirigir às salas tradicionais.

O crítico, escritor e jornalista, que sempre se posicionava ferrenhamente contra as limitações impostas à divulgação das obras artísticas, ou nem tanto, também ajudaria a liberar peças de teatro, novelas, minisséries, programas especiais e filmes brasileiros exibidos na televisão. E todo este trabalho, que lhe exigiu tantas viagens e pareceres, teria um efeito bem real: a Constituição promulgada por Ulysses Guimarães com a suspensão direta e redação final do jurista Bernardo Cabral, no Congresso Nacional, em 5 de outubro de 1988, decretou o fim da censura. Provisoriamente, o Conselho Superior de Censura seria substituído pelo Conselho de Liberdade de Criação e Expressão, integrado por 21 membros da sociedade civil, entre os quais ainda se encontrava Ricardo Cravo Albin, como representante da Abert. Este novo conselho seria dissolvido com a eleição de Fernando Collor, em 1990.

Ao final de sua atuação anticensura, Ricardo decidiria deixar a TV Globo. Muito bem pago e sempre tratado com respeito e consideração, guardaria boas lembranças dos quinze anos em que trabalhou na Vênus Platinada. Entre elas, o fato de ter sido indicado por Roberto Irineu Marinho para representar a Globo num festival de filmes publicitários em Veneza. Aproveitaria a ocasião para levar a mãe à Europa. Foi assim que dona Zuleica teve a alegria de poder visitar Paris, Londres e Lisboa. A viagem ficaria para sempre na memória dos dois como um acontecimento inesquecível, eternizada em fotos coloridas, cheias de luz, que revelam a mútua cumplicidade e o intenso companheirismo existente. O fato mais marcante da viagem foi o encontro com o Papa João Paulo II, na Praça de São Pedro. Na primeira fila, como um favor especial obtido pelo cardeal d. Eugenio Sales – os dois chegaram a falar com o Papa e foram carinhosamente abençoados. Dona Zuleica chorou copiosamente.

Assim como são boas as lembranças do período em que esteve vinculado à TV Globo, por todos os seus serviços, o ex-funcionário diligente e criativo deixou, por sua vez, uma marca memorável nos que com ele trabalharam. Boni demonstra, até hoje, uma grande estima pelo ex-redator de shows da emissora e reconhecimento pelos pareceres, no Conselho Superior de Censura, agudamente inteligentes e antipreconceituosos. Quando chamou o musicólogo para trabalhar na linha de shows, Boni já acompanhava há tempos o seu trabalho de pesquisador. Foi por se encontrar insatisfeito com a falta de consistência dos músicos que se apresentavam na TV que ele resolveu, explicaria recentemente, ao ser entrevistado para este livro, contratá-lo para assessorar Augusto César Vanucci. Não se arrependeu, muito pelo contrário: "Na minha opinião, o resultado foi brilhante, pois além de elevar a qualidade dos músicos e intérpretes, Ricardo trouxe uma contribuição criativa que marcou época nos musicais da Globo. Tomaram um novo impulso a partir de 1975."

Sobre a indicação de Ricardo para ser o representante da Abert no Conselho Superior de Censura, Boni afirmaria o seguinte:

> Com a desistência de Otto, fiquei pensando em quem colocar no Conselho. Naquele momento havia uma pressão muito grande em cima de novelas, musicais e programas humorísticos. Lembrei-me que Ricardo era advogado e, como ele sempre foi sincero, transparente e pessoa de minha inteira confiança, intimei-o a aceitar o cargo. Superou as minhas expectativas. Ele passou a ser tão respeitado que o liberei para cuidar também de compositores e autores que não estavam ligados diretamente a Globo. Firme, incansável, assumiu o cargo, aceitando-o como uma missão a ser cumprida a qualquer

custo. Eu diria que Ricardo Cravo Albin, com sua luta brava e consistente, antecipou em muitos anos o final da censura prévia. Acho que a linha de frente em uma guerra não é apenas composta de gente armada. Ricardo, com sua inteligência e combate direto, sempre esteve na linha de frente.

Por isso, sua opinião a respeito do ex-colega de trabalho, a posteriori, é absolutamente positiva, merecendo destaque especial a atuação no Conselho Superior de Censura:

> Objetivo, claro, criativo e, especialmente, batalhador incansável, Ricardo Cravo Albin deu uma contribuição extraordinária à cultura brasileira, como musicólogo, crítico e pesquisador. Mas vale destacar que, fora de sua especialidade, foi incomensurável o trabalho que fez abrindo brechas e vencendo a censura, dentro da linha de ação que estabelecemos em comum acordo.

Boni ainda lembra-se bem de Ricardo ter proposto a criação do Banco de Memória, que daria origem ao Globo Memória: "Ele propôs a João Carlos Magaldi, com meu apoio total". E observa que, estivesse onde estivesse, ou seja, em qualquer equipe da qual participasse, como foi o caso da cobertura de carnaval, o redator e pesquisador de MPB sempre "acrescentava alguma coisa a mais, completava as ideias, estimulava o novo".

O Projeto de Memória, sugerido pelo musicólogo, era um dos seus sonhos mais atraentes, porque transferia para a Globo os mecanismos de gravação de depoimentos para a posteridade que ele iniciara no Museu da Imagem e do Som. Só que, agora, com a equipe técnica de gravação da emissora podendo se deslocar para a residência de cada depoente, ele colheria o testemunho do convidado em seu próprio habitat.

As histórias são muitas. Linda e Dircinha Batista, por exemplo, registraram a história de suas vidas no apartamento da rua Barata Ribeiro, onde pouquíssimas pessoas tinham acesso. O que ele encontrou, ao adentrar a sala de visitas, foi apenas Linda Batista vestida de *soirée*, com um turbante na cabeça:

— Linda, cadê a Dircinha?

Ao que ela respondeu com um grito estridente de comando:

— Dircinha, venha imediatamente para a sala!

Dircinha respondeu aos berros que em nenhuma hipótese ela gravaria.

Ricardo aproximou-se da porta do quarto onde a irmã mais moça das Batista se trancara e tentou acalmá-la com um argumento decisivo:

— Dircinha, minha amiga, eu tenho aqui um cheque em branco para lhe entregar, caso você concorde em fazer o depoimento.

A resposta veio aos brados e cortante:

— Eu te adoro, mas você enfie o cheque naquele lugar!

A intimidade com as duas grandes intérpretes vinha de longa data. Linda, com alguma frequência, ligava entre uma e duas da manhã, só para jogar conversa fora e, já bastante alta, falar mal da ingratidão das autoridades e de alguns colegas. Muitas vezes alteava a voz e dizia do outro lado da linha:

— Dircinha Batista é a única cantora do Brasil que sabe cantar. Venha aqui, Dircinha, e cante agora mesmo pro Ricardo e mostre o que você é!

Dircinha negava, mas a insistência da irmã era tão remitente que ela acabava por ceder. E cantava, sempre, uma mesma canção: "Nunca", de Lupicínio Rodrigues.

Ricardo jura que essa dramática audição privada foi uma das experiências mais lindas que ele viveu. Outras, o emocionaram profundamente, como Grande Otelo, Ziembinski e, sobretudo, Procópio Ferreira, que prestou seu depoimento no leito de morte, em sua casa, num subúrbio longínquo da cidade.

Mesmo tendo ficado atarefado de 1979 a 1990 com as idas rotineiras a Brasília, Ricardo não abandonaria os programas na Rádio MEC e o curso de MPB, além de se envolver com outras atividades. Convidado por Heloisa Buarque de Hollanda, entre 1983 e 1984, retornaria ao Museu da Imagem do Som, como presidente da Associação de Amigos (AMIS) da instituição que ajudara a consolidar nos anos 1960. Segundo narra a icônica professora, editora e crítica literária, a volta de Ricardo foi triunfal:

> Fico feliz de ter participado de um momento tão emocionante na vida de Ricardo. Eu não poderia trabalhar no MIS sem ele, é claro, por isso o convoquei imediatamente para ser o presidente da Associação de Amigos do Museu, assim que a criei. Nunca vou me esquecer... seus olhos brilhavam ao entrar lá de novo... a sensação que tive foi a de que Ulisses estava de volta à Ítaca. Ou seja, Ricardo estava em casa novamente, após a sofrida saída do museu nos anos 1970.

Amiga de Ricardo há muitos anos – foi por intermédio dele que conheceria o primeiro marido, Luiz Buarque de Hollanda –, nos dois anos em que presidiu o MIS, Heloisa fez questão de ouvir seus conselhos. Uma das primeiras grandes conquistas de sua gestão, rememora, foi quando trouxe para o Rio, a pedido de dona Lúcia Rocha, o arquivo de Glauber que estava sendo destruído na Bahia. Apesar dos muitos pedidos de socorro, ninguém queria ajudar à mãe do cineasta de obras-primas como *Deus e o diabo na terra do sol* e *Terra em transe*, nem mesmo o todo-poderoso Antônio Carlos Magalhães. Com o auxílio de Darcy Ribeiro, então secretário de Cultura do Rio, e de Ricardo, ela conseguiria salvar todo o acervo do genial cineasta baiano, abrigando-o no MIS: "Foi lindo", comemora Heloisa.

Ricardo voltaria novamente ao MIS para participar da Associação dos Amigos, chamado por outra amiga dileta, a educadora e promotora cultural Maria Eugênia Stein, mas falaremos deste novo retorno mais adiante, já que ocorreria no início dos anos 1990.

A casa de Maricá

EM CONTRAPARTIDA à visceral dedicação ao trabalho, o *workaholic* produtor, ao se aproximar dos 40 anos, se daria o direito de ter algumas horas de lazer e distensão num lugar de sonhos, rodeado por terra, céu, lagoa e mar. Estimulado por Maysa Matarazzo, na segunda metade da década de 1970, ele construiria uma casa com piscina entre Maricá e Ponta Negra, que ficaria lendária entre amigos e parentes, tanto foram os bons encontros lá ocorridos, assim como as festas e as confraternizações.

A sobrinha Ana Paula, por exemplo, tem ótimas recordações da casa de praia do tio Ricardo, já que presenciaria na confortável construção, coberta por um declinante telhado colonial, alegres momentos de convivência entre o padrinho e o pai Leonardo. Pelo que tudo indica, em Maricá, as diferenças de personalidade dos irmãos Albin seriam postas provisoriamente de lado sob o olhar benevolente e iluminado da mãe, frequentadora permanente.

Maria da Conceição Fernandes Cova, secretária-executiva do Instituto Cultural Cravo Albin há mais de dez anos, é guardiã do arquivo pessoal da Casa de Maricá, com várias imagens daqueles tempos harmoniosos, que mostram os dois irmãos em calções de praia, com os rostos dourados e sorridentes, aquecidos pela calidez do sol e pela felicidade de Glorinha, das crianças e de dona Zuleica.

A obra se iniciaria em 1975 e se estenderia até 1977. O projeto foi do arquiteto Alfredo Britto. A residência tinha dois andares, um sótão e um belo jardim com piscina. Nela, Ricardo receberia seus vizinhos, a própria Maysa, Darcy Ribeiro e Claudia Zarvos, João Saldanha, Antônio Callado e Ana Arruda, além de muitos outros amigos, atraídos tanto pela beleza do lugar quanto pela acolhida amável dos anfitriões. As doces lembranças só seriam obscurecidas, ainda no tempo da construção da casa, pela tragédia ocorrida em 22 de janeiro de 1977, data do falecimento de Maysa Matarazzo. A cantora morreria num acidente de automóvel, na Ponte Rio-Niterói, exatamente no dia em que, fazendo um favor para o amigo, estava levando o pagamento da diária dos operários que se ocupavam da finalização da construção.

> Naquele dia, eu tinha um compromisso inadiável. Tive que levar o famoso arquiteto alemão Erwin Knodel a Paraty. Pedi, então, a Maysa que levasse o dinheiro para pagar o mestre de obras e os operários da construção. Nos termos de hoje, acho que ela estava levando cerca de 2 a 3 mil reais. Ela bateu na ponte e morreu. O dinheiro misteriosamente sumiria do carro. Foi uma tristeza imensa. Maysa é que me levara para Maricá. Juntos, havíamos lutado pela preservação das lagoas da região, assunto sobre o qual eu falaria muitos anos depois numa reunião da Eco-92.

Maysa partiu, deixando milhares de fãs órfãos de sua voz dolorida, mas a luta ecológica continuaria. Ricardo chegaria a ser ameaçado de morte.

> A especulação imobiliária queria esvaziar as lagoas e ocupar as terras. Os especuladores eram empresários angolanos e moçambicanos fugidos das revoluções nacionalistas. Nossa briga ecológica gerou uma ação popular, da qual participaram Antonio Callado, João Saldanha e Darcy. Chegamos a ir à matriz de Maricá, Nossa Senhora do Amparo, orar pelo sucesso de nosso bom combate. Até Saldanha, que era comunista, rezou. E a cantora Carmem Costa

entoou benditos e ladainhas na Missa Ecológica. Um grande brasileiro, o juiz federal Homero Luz, deu ganho de causa à ação em prol da preservação da natureza. Foram ao todo três anos de luta, 1977, 1978 e 1979, com ameaças de morte. Uma vez seguiram meu carro. Senti que era uma emboscada e dei ré no automóvel. Estava chegando a Maricá, tinha dado um pulo a Ponta Negra para fazer compras. Um carro atravessou o meu. O que me salvou foi a marcha a ré.

Fora a perda de Maysa e as brigas contra a especulação imobiliária, Maricá seria sinônimo de prazer e beleza. Ao fazer 40 anos, em 20 de dezembro de 1980, foi lá que o então representante da Abert no Conselho Superior de Censura comemoraria o aniversário. Sua mãe, na ocasião, agradeceu a Deus e registrou, melosa, no Livro do bebê:

> Meus Deus, como tenho que agradecer sempre a vossa imensa bondade e proteção sobre meus filhos queridos! Neste dia, Ricardo está completando os seus 40 anos, dia maravilhoso! Festejamos com um ótimo almoço na nossa linda casa em Maricá, Ponta Negra. Feita com todo o esforço e coragem de Ricardo, a casa é muito confortável, a vista deslumbrante, a frente para a lagoa e o fundo para o mar. Com os parentes e amigos, cantamos parabéns, todos muito satisfeitos e felizes.

Na mente de Maria Eugênia Stein, que muitas vezes se hospedou em Maricá, a casa ficou como um lugar de sonho. Era mesmo linda, ela diz, explicando que, na realidade, quem fazia as honras de anfitriã era dona Zuleica:

> Casa impecável. Comida de primeira. Dona Zuleica tinha a maior paciência ao receber os amigos do filho, os mais variados possíveis: músicos, artistas plásticos, uma "fauna artística" maravilhosa. Para todos nós, Maricá se tornou um ponto de encontro. Lá encontrávamos Darcy, Callado. Em plena ditadura,

as pessoas tinham um lugar no qual podiam conversar livremente. Muitos tinham um comportamento ainda meio hippie, trazendo para os anos 1970 o sonho dos anos 1960. Ocorriam festas à fantasia, Noites do Havaí...

Ana Arruda também tem boas memórias sobre "a casa lindinha, construída pelo arquiteto Alfredo Britto". Lá, ela também participaria de muitos encontros felizes, ao lado de Antônio Callado. A presença de dona Zuleica era marcante:

> Eu chegava a ter inveja da mãe de Ricardo, ao vê-la nadar na piscina. Eu nunca soube nadar. Ele nos oferecia refeições requintadas, com saladas enfeitadas de flores. Em vários dos almoços tínhamos a companhia de Maria Lúcia Godoy, que cantava para nós.

Ficaram na memória de Ana Arruda, como noites encantadas, os réveillons oferecidos pelo anfitrião sempre impecável:

> Num desses réveillons fomos para o mar e Ricardo pediu que o garçom nos levasse uma bandeja com taças de champanhe na praia absolutamente deserta. Não pode haver nada mais sofisticado, poder tomar uma taça de champanhe, brindando o ano-novo, em frente ao mar...

O mar sempre tão selvagem de Maricá.

A casa de Darcy ficava pertinho, na praia do Cordeirinho, assim como a de Ana e Callado. Num outro réveillon, mesmo estando na função de governador do Rio de Janeiro, porque Brizola se ausentara do Rio, Darcy se mandou para Maricá com Claudinha Zarvos, sua mulher, na ocasião, bem jovenzinha. Ana observa que

> Darcy tirou o calção e entrou no mar. Claudinha ficou preocupada, com receio de que as velas tênues, mas muitas pregadas na areia por Ricardo, iluminassem Darcy sem calção. O que felizmente não aconteceu. Mas,

minutos antes, minutos antes, após tomar várias taças de espumante, quando acederam as velas na areia, Darcy entrou em transe mediúnico. Ricardo ficou sem saber se foi o espumante ou se os orixás baixaram em Darcy. Dias felizes aqueles. Ricardo recebia todos nós com cuidados requintados. Assim como o faz atualmente em sua casa na Urca. Em qualquer lugar que esteja, é sempre um generoso anfitrião. Gosta de receber.

Conversas políticas eram poucas. A hora era de relaxamento. Mesmo assim, de vez em quando, podiam haver divergências, mas eram poucas, como quando Maria Eugênia participou ativamente da campanha de Moreira Franco para governador, enquanto o grupo todo estava ao lado de Darcy que apoiava Brizola. Mas o mal estar foi passageiro, diz Ana, já que Maria Eugenia era também amiga de Darcy, de longa data, desde os tempos da Universidade de Brasília. Estava no Aeroporto do Galeão, apenas com mais três pessoas, quando Darcy, doente, voltava do exílio. Os momentos em Maricá eram assim, de convivência pacífica, com as divergências políticas ficando de lado.

Uma das pessoas que também se lembra bem dos bons momentos, em Maricá, é o cineasta Bigode, que, na época, estava casado com Tessy Callado, filha de Antônio Callado. "Ah, Maricá. Bons tempos aqueles. Foram domingos memoráveis, contando ainda com a presença de dona Zuleica. Ricardo, Calado, Darcy... Comidas ótimas. Música brasileira aos borbotões". Sim, a música se fazia presente, e não apenas na voz de Maria Lúcia Godoy. Pois, como se recorda Gaby, a irmã de Maria Eugênia, casada com Eliomar Coelho, o sótão da casa de Maricá era apinhado de discos: "Se não todo o acervo, creio que grande parte da coleção de discos de Ricardo estava lá".

Em fins da década de 1980, no entanto, Ricardo teria que vender a bela casa de praia, por um bom motivo: outro sonho imobiliário, bem mais ambicioso e que foi o hoje incensado Instituto Cravo Albin. Não deixaria, no entanto, de visitar a cidade da Região dos Lagos, com frequência, envolvendo-se em projetos culturais. Preocupava-se, entre outras coisas, com a preservação das casas de Oscar Niemeyer e de Maysa e com a divulgação do trabalho dos artistas locais, já que, além de música, como bem lembra Ana Arruda Callado, amiga de tanto tempo, nem sabe dizer exatamente quando conheceu Ricardo – acho que foi através da irmã, que trabalhava na Sursan com o Enaldo – o musicólogo sempre se interessou também por arte, pintura, arquitetura. Em resumo, por todas as formas de cultura.

Apaixonado por um sobrado na Urca

Não seria fácil abrir mão da casa construída por Alfredo Britto, em Maricá, que tanto prazer lhe dera. A ele, à família e aos amigos. Não seria fácil, mas seria necessário. Trabalhando num escritório como produtor cultural nas dependências do antigo Cassino da Urca, ex-sede da TV Tupi, Ricardo apaixonara-se pelo topo de um prédio, que ficava praticamente em frente, no início da rua São Sebastião. Tratava-se da residência de Júlio Senna, grande decorador, que reformou várias casas coloniais da época áurea do café, na região do Paraíba do Sul. Quando ele morreu e Ricardo soube que a cobertura e seus anexos – na realidade, um complexo residencial de três andares, no topo do edifício que incluía o quinto andar e o belíssimo largo da Mãe do Bispo – poderia estar à venda, praticamente enlouqueceu tomado pelo desejo de comprá-la.

> Eu não cheguei a conhecer Júlio Senna. Conhecia-o apenas de nome, porque não saía das colunas sociais de Ibrahim, Jacinto de Thormes e Carlos Swann. Dava festas incríveis. Lily de Carvalho, que era muito sua amiga, também dava festas lá, tendo pedido várias vezes a casa emprestada a Júlio Senna antes de se casar com Roberto Marinho. Quando ele morreu, em 1987, e eu soube que o topo do prédio estava à venda, fiquei ouriçadíssimo... Passei dois anos correndo atrás do dinheiro.

A obsessão faria com que se tornasse o proprietário do magnífico complexo, com vista para a Baía de Guanabara. Da varanda da cobertura, o olho se perde na beleza das águas, cobertas por barcos, lanchas e iates. Ao longe, avista-se a ponte Rio-Niterói.

Até então, Ricardo morava na rua Visconde de Caravelas, com a mãe. Ficara em Botafogo, ao longo de vinte anos. Ao manter o escritório no Cassino da Urca, uma pequena salinha cuja janela dava para o mar, apaixonara-se pelo bairro, no qual o Rio de Janeiro nascera, e começara a ver apartamentos, casas, mas nada lhe agradava. Quando pode finalmente visitar a residência que fora de Júlio Senna, sentiu um verdadeiro *coup de foudre*. A paixão foi instantânea:

> Não acreditei no que vi. A sensação era de irrealidade, tanta a beleza. Trouxe todo mundo para ver, familiares, pessoas queridas, meu irmão, minha mãe. Diziam-me que a casa estava em estado de miséria. Que necessitaria de reformas. Não me importei. Estavam à venda o quarto andar e o quinto, e o largo da Mãe do Bispo. Para mim, todo o conjunto era uma sedução só. Mesmo semidestruído, achei tudo fascinante. Sai atrás do dinheiro, para fazer uma oferta ao irmão – inventariante, a Homero Senna. Que felizmente decidiu vender para mim. Meu desejo chegava a dar coceira, tamanha a ardência. Fui insistente. Sou sempre assim, insistente. Quando quero uma coisa fico obcecado.

Era muito dinheiro para a época. Uma soma muito elevada. E, para obtê-la, o jeito foi vender Maricá, mobiliada, para um belga, a cobertura duplex da Visconde de Caravelas e ainda pedir à mãe, sempre complacente, o adiantamento da herança. Como conta o irmão Leonardo, a mãe considerou que a compra daquela casa poderia vir a ser futuramente a ruína do filho. Leonardo, homem prático, também foi contra a aquisição, tendo comentado, quando a viu, que não adquiria o conjunto arquitetônico, em péssimo estado, nem que lhe dessem de graça. Mas, para dona Zuleica, um desejo de Ricardo era uma ordem. Não seria ela o empecilho à concretização daquele sonho tresloucado. Muito pelo contrário:

> Minha mãe atendeu aos meus ais. Ela tinha bens que vendeu ainda em vida para me ajudar. Um apartamento. Foi um grande sacrifício, porque coloquei todo o dinheiro que tinha nesta casa na Urca, que comprei em 1989 e só inaugurei em fins de 90, no revéillon da entrada de 1991, com a reforma terminada. O dinheiro de minha indenização na TV Globo veio bem a calhar, porque me ajudou a arcar com a obra. Preocupei-me, durante a reforma, que foi feita por um arquiteto paulista, em manter o glamour colonial de Júlio Senna e em preservar a natureza. Não admito que cortem sequer um galho de mangueira. Há mangueiras aqui centenárias, algumas com duzentos anos.

Depois de tudo o que viria a acontecer com a casa, ele acha que a razão de ter ficado tão obcecado ou visceralmente apaixonado, naquele final da década de 1990, quando estava perto de fazer 50 anos, já deveria ter relação com a futura criação do Instituto Cultural Cravo Albin, numa espécie de premonição ou *insight*. Daí ter sido um caso fulminante de amor à primeira vista. Só que, quando entrou em desespero para comprar a casa e finalmente teve condições de adquiri-la, estava muito longe de pensar no ICCA... Sabia apenas que precisava fazer de tudo para conseguir a casa de Júlio Senna, como viria a conseguir, com o apoio sempre integral de dona Zuleica.

Que infelizmente não estaria mais presente entre os vivos para participar da festa de inauguração. A matriarca dos Albin faleceria, em setembro de 1990. Não registraria, por conseguinte, no Livro do bebê, os festejos de 50 anos de seu filho mais velho. Seria o próprio Ricardo que, desta vez, faria uma anotação no livro, a última, em 29 de fevereiro de 1991, dando-lhe um fecho. Eis o que escreveu, quando a emoção da perda da mãe, permanente em sua memória, já se incorporara em seu coração como saudade eterna, permitindo que finalmente redigisse uma despedida:

> Este livro – fruto do amor de Zuleica Cravo Albin – encerra-se aqui, com sua morte, que corre há exatos seis meses. Minha querida mãe partiu no dia 29 de setembro de 1990, uma semana depois de passar seus 87 anos luminosos num CTI (do Hospital Santa Lúcia), felizmente inconsciente. Morreu – depois de um mês de doença (AVC) – com a mesma delicadeza com que viveu, deixando em seu rastro uma esteira de fé na vida, alegria, bom humor, carinho e, por fim, beleza. Aliás, ninguém tão bela e fidalga no trato, tão naturalmente elegante e sedutora, tão deliciosamente ingênua e pura. Felizmente, essas não são as impressões de um filho coruja. Todos que a conheceram sempre experimentaram a sensação do encontro com um ser humano muito especial e muito estimável. Nós – que ainda vivemos depois dela, podemos proclamar: "Obrigado por você ter vivido tanto e tão bem" (Ricardo Cravo Albin, 29 de fevereiro de 1991).

Com certeza, foi ainda muito condoído com a perda da mãe, que Ricardo abriu as portas de seu casarão para comemorar a passagem de ano e o fim da reforma, na virada do ano 1990 para 1991, ao lado de alguns amigos. Sonho é sonho e a festividade teve um caráter beneficente, com o qual dona Zuleica, se ainda estivesse viva, em toda a força de generosidade, teria concordado. E, novamente, dado seu apoio, participado, como sempre participava de tudo o que o filho concebia, inventava. A PM que patrulhava a Urca estava pensando em melhorar o policiamento local e precisava de um fusca. A artista plástica Anna Letycia, amiga de Ricardo, também moradora do bucólico bairro, desenhou o convite, cuja venda financiaria a compra do Volkswagen para a comunidade. Cem pessoas o compraram, com a finalidade de participar do réveillon na maravilhosa casa e ao mesmo tempo possibilitar a aquisição do fusquinha para a PM. Entre os participantes, estavam Affonso Romano de Sant'Anna e Marina Colasanti, entre outros artistas e escritores. A partir daí, ocorreriam, na nova residência de Ricardo, uma sucessão de comemorações, como a grande festa que celebraria os 80 anos de Herivelto Martins, mais um morador da Urca, em fevereiro de 1992. Uma data redonda de um dos gênios da MPB foi a chave de ouro para antecipar o que depois seria o Instituto.

Amparado por Hermínio Bello de Carvalho, seu velho amigo do Conselho do Museu da Imagem e do Som e, ainda, por empresários paulistas, patrocinadores da Mangueira, foi organizado um jantar para cem pessoas comemorando a data, mas também apontando, por baixo do pano, a necessidade de a Estação Primeira homenagear Herivelto, que tinha escrito vários sambas, ao longo da vida, em louvor à Escola de Cartola.

> Herivelto trouxe de volta o seu Trio de Ouro, gente da Mangueira, Beth Carvalho, Grande Othelo, Raul Sampaio, Braguinha, Mario Lago... Foi um grande sucesso. De certa forma, esta festa antecedeu os saraus que faço até hoje. Foi a primeira festa que dei com música de raiz. Samba. Mas a casa ainda era minha, não era uma fundação cultural. Na realidade, este lugar é tão mágico que imediatamente se tornou um ponto imperdível do Rio. Todo mundo queria conhecer o lugar, visitá-lo. A pedidos, eu fazia reuniões para os amigos. Comemorava aqui os aniversários. Os consulados me solicitavam que abrisse as portas para visitantes estrangeiros. A lista é sem fim. De cabeça, posso citar que recebi aqui o príncipe Rainier de Mônaco com o filho Albert, o escritor Alain Robbe-Grillet, que queria porque queria ficar aqui, os diretores do Jeu de Paume, os Gorbachov, a atriz francesa Isabelle Huppert. Meu Deus, era toda semana, ou quase, uma visita.

Nos primeiros tempos, os dos anos 1990, as recepções eram bancadas pelo próprio Ricardo ou financiadas pelas instituições que lhe pediam a residência emprestada, a torto e a direito, devido à beleza e magia que ainda se espalham pela cobertura, a varanda, as salas e o largo encravado na floresta carioca. Embaixadas, consulados, prefeitura, estado...

> Affonso Romano, por exemplo, quando era presidente da Biblioteca Nacional, me pediu a casa para dar uma recepção, internacional, com chefes de Estado convidados. Era a minha casa, mas eu abria as portas, sobretudo quando solicitado para fazer algo pela cultura brasileira, já antecipando a vocação futura de instituto.

Vocação essa que também já se prenunciava pelo arquivo que o proprietário trouxera para a mágica casa. Um arquivo pessoal que foi sendo formado ao longo da existência de musicólogo, pesquisador e colecionador de Música Popular Brasileira:

> Sempre fui um colecionador. Dos 30 anos aos 60 anos fiquei reunindo LPs, discos... Mas, do Museu da Imagem e do Som eu não trouxe nada para minha casa. Muito pelo contrário, doei ao MIS trinta pastas de recortes que eu tinha em casa. Hoje, me arrependo de não ter tirado cópia dos depoimentos para a posteridade que gravei, porque muitos acabaram sendo destruídos ou avariados pelas más condições de armazenamento. Não tirei cópia e me arrependo, essa é a verdade. Mas o fato é que nunca pensei em absorver coisas para mim mesmo. Só quando resolvi transformar essa casa em instituto cultural, aí sim, preocupei-me em obter novas coleções, pedir doações, melhorar o arquivo.

Um grande, generoso passo, transformar a bela residência da Urca em Instituto Cultural Cravo Albin. Para alguns amigos pessoais, como é o caso do embaixador Jerônimo Moscardo, um passo suicida, porque de dono de uma das mais belas casas do Rio, Ricardo passou a ser o presidente de uma fundação cultural dispendiosa. Ou seja, o filho mimado de dona Zuleica tornou-se um dependente de verbas oficiais e patrocínios, com preocupações financeiras que lhe tiram o sono e a paz, já que o ICCA absorve todo o dinheiro que angaria, pessoalmente ou institucionalmente. É caro manter uma instituição cultural privada, mesmo tendo o apoio preferencial da Faperj com bolsas de estudos, e, muito esporadicamente, do BNDES, da UniRio e da UFRJ. É caro fazer saraus, apoiar cantores, cantoras, compositores, cuidar de um arquivo que aumenta a cada dia, já que Ricardo, para grande preocupação de seus funcionários, não recusa nada. Todos acervos são bem-vindos.

Só que essa é outra história, dentro do cabedal imenso de histórias e peripécias que compõem a vida do biografado Ricardo Cravo Albin. O leitor vai ter um pouquinho de paciência, antes de chegar a 1996, ano em que Ricardo começa a pensar na criação do *Dicionário Cravo Albin da Música Popular Brasileira*, que resultaria, por sua vez, na fundação do ICCA, em 2001.

Confidências do Ricardo

James Stewart encanta Niomar no MAM

Eu já falei dos passeios com Esther Williams no Rio de Janeiro. Ela queria conhecer o Rio e eu a levei, inclusive para dançar samba. Mas desses astros que conheci, o Glenn Ford foi o mais antipático. Muito simpático (de fato, encantador) foi James Stewart. Eu o admirava desde sempre. O James Stewart, além de muito agradável, era inteligente e culto. Ele me pediu pra que eu o levasse (tinha pouco tempo), entre o Pão de Açúcar e o Museu de Arte Moderna. Não titubeou ao escolher em fração de poucos segundos "eu deixo o Pão de Açúcar pra lá, que é um lugar apenas turístico, e vou pro lugar menos turístico, que é de fato o que me interessa, o Museu de Arte Moderna". Impressionadíssimo pela escolha, levei-o ao Museu onde ele visitou uma a uma as exposições. Ficando, sobretudo, encantado, com os artistas contemporâneos, não só brasileiros como os do mundo inteiro. Ao meio da visita não resisti e pedi a um dos museólogos que fosse ao gabinete da Niomar Moniz Sodré, e a avisasse da presença de James Stewart. Num abrir de olhos, chegava a fundadora do MAM, portando, já devidamente embrulhada, uma caixa de onde tirou uma pequena escultura de Lygia Clark. O astro desembrulhou de imediato, e exclamou "I loved it", sapecando-lhe um beijo nas bochechas. Quase que de joelhos, porque ele media cerca de 1 metro e noventa. E Niomar apenas 1 metro e meio.

Clube de Jazz e Bossa e o enfarte do Jacob do Bandolim

No Clube de Jazz e Bossa que eu apresentava e do qual era o diretor executivo, sendo Jorginho Guinle o Presidente, fizemos uma grande homenagem ao Jacob do Bandolim no Teatro Casa Grande. Ao encerrar seu concerto e tocar maravilhosamente bem, ele recebeu o título de Comendador da Ordem da Bossa, o nosso galardão maior. Isso entre 1966, 1967, por aí. O Jacob emocionou-se a tal ponto com a ovação que foi ao microfone e disse: "eu não esperava esse tipo de manifestação tão calorosa. Vocês, meninos da bossa nova, e eu já velho, tocando o velho choro". Nisso a voz se embargou e ele, tibum! Caiu ao chão. Foi um corre-corre. Imediatamente a Adília, mulher de Jacob, exclamou com voz chorosa quase gritada "ele está sofrendo um ataque cardíaco, vamos chamar de imediato a assistência". Naquele dia havia alguma manifestação nas ruas do Leblon que fazia do trânsito um pandemônio. E não dava para esperar a ambulância. Ajudados por uns quatro rapazes, nós colocamos o Jacob no meu velho Wolksvagem. O homenzarrão esparramou-se no banco traseiro. Dirigi, esbaforido, até ao Miguel Couto no Leblon. Ali constatou-se que ele de fato sofrera um infarto. Curou-se. Mas morreria oito meses depois, também de infarto, em sua casa de Jacarepaguá. Levei o corpo para o MIS, onde foi velado no andar superior. Passei a noite inteira lá, consolando Adília e a filha Helena, além de receber todos os melhores músicos no Brasil em grande romaria pela noite-madrugada. Duas da manhã, chega o filho Sérgio Bittencourt. Que, já muito alterado, sofreu uma pavorosa crise nervosa. Aos prantos e aos gritos, bradava que não queria ver o pai. Consolei-o praticamente a madrugada inteira. Só pela manhã, depois de muitos calmantes, Sérgio, o autor de "Modinha" e "Naquela Mesa", conseguiu subir para prestar uma última homenagem ao pai morto. O pranto foi substituído à beira do caixão por uivos. Lancinantes, doloridos e longos.

Museu do Carnaval
Darcy Ribeiro me convidou para trabalhar com ele por três vezes. A primeira foi para supervisionar todos os museus do Rio (1984), a segunda para ser coordenador de eventos populares do Estado do Rio (1986) e a terceira, finalmente, para criar o arquivo sonoro do Memorial da América Latina (São Paulo, 1988), para o qual elaborei o Museu das Músicas Populares do Brasil. O Museu do Carnaval foi outro projeto que imaginei chamado Museu do Car-

naval nas Ruas e do qual resultaram duas monumentais exposições de fragmentos das escolas de samba (1985 e 1986) no mezanino da estação Carioca do Metrô. Lembro-me de que Darcy, ao abrir a exposição de 1986, me abraçou emocionado e discursou: "Esses fragmentos das escolas de samba que aqui estão expostos com essa monumentalidade representam mais para mim que o Museu do Louvre, porque isso é prova provada da solidariedade do povo carioca. Essas são as veias abertas da força criativa não de um mas de todos".

Ricardo com o amigo
de quatro décadas,
Roberto Menescal.

VI
UM JORNALISTA DE ALMA CARIOCA

Livros, livros a mancheia

Sim, o leitor terá de esperar um pouco pela continuidade desta história – a da transformação da casa da Urca em Instituto Cultural Cravo Albin – porque, antes, abordaremos outro aspecto das atividades de Ricardo: a escrita, o jornalismo, os livros. Pois nem sempre, como creio já ter mencionado aqui, um relato biográfico pode seguir à risca a cronologia. Há tempos que correm em simultaneidade. Tempos paralelos. As vidas humanas são difusas e complexas, sobretudo quando o protagonista atua em vários campos. É o caso em questão.

Ao começar sua caminhada profissional, praticamente em nenhum momento de sua existência Ricardo deixou de escrever, estando sempre envolvido com jornal e outros produtos editoriais, além de ter redigido do próprio punho vários livros – quinze, no total – tendo empregado a primeira pessoa em alguns relatos autobiográficos. Vamos, portanto, abrir aqui um parêntese, para depois seguir com a linha do tempo, chegando ao momento-clímax na vida do homem que veio para o Rio de Janeiro, aos 12 anos, para ingressar no Pedro II, e que a partir daí se tornaria um cidadão carioca, senão da gema e de origem, de alma e espírito. Além de por lei, detentor que é de todos os títulos de Cidadão Carioca e Fluminense. E ainda o raro Cidadão Honorário do Estado da Guanabara.

Se havia, desde criança, dentro do coração de Ricardo, o amor pelo cinema e pela música, como se fossem uma predestinação, havia também o culto ou veneração pelas palavras. A consciência de que o homem precisa cultivar as letras para se expressar bem. Com isso, em sua vida adulta, o Verbo sempre se faria presente. Ou seja, Ricardo sempre esteve ou está escrevendo alguma coisa: um artigo para jornal ou revista, um livro, o texto de um show, uma conferência, prefácios mil de livros, exposições de artistas plásticos ou CDs. Como se escrever fosse mais uma de suas compulsões. Atividade da qual necessita para se sentir um ser inteiro, capaz, criativo. E é fato inegável que Ricardo Cravo Albin escreve bem, como se falasse. Além de tudo, pelo que faz também costuma ser chamado de jornalista, predicado ou epíteto que recebe com satisfação e certo orgulho, pois admira a profissão dos que lutam com os signos, procurando a palavra certa ou *mot juste* ao criar um texto.

Difícil achar horas vagas em seu cotidiano atribulado para escrever durante o dia, por isso costuma escrever sempre à noite, quando finalmente tem algum sossego, afastando-se de suas extenuantes atividades matutinas. Gosta de escrever a mão, com a caneta. "Tenho prazer sensual em pegar a caneta. Prazer parecido com o que sinto ao pegar um LP. Em falar nisso, gosto dos antigos LPs, não dos disquinhos, os CDs". A fidelidade à caneta e ao papel não o impede, porém, de utilizar o computador, passando os textos para a telinha. Ou seja, não é daqueles autores presos aos rituais do passado que não abriram mão de sua antiga máquina de escrever, recusando-se a entrar na era cibernética de telas, telões e mensagens trocadas em velocidade próxima a da luz. Correspondendo-se com uma gama imensa de pessoas, o fundador do Instituto Cultural recebe 150 mensagens eletrônicas por dia. "Um terço dos e-mails são *spams*, que deleto. O restante, faço questão de responder."

Se nunca foi jornalista profissional, de redação, fechamento, "cozinha", sempre buscou, em paralelo às demais atividades, marcar presença em algum órgão de imprensa, escrevendo colunas. A primeira experiência que teria como jornalista seria no *Shopping News* aos 17 anos. Já a primeira coluna foi sobre música popular no *Diário de Notícias*. A partir daí, não mais pararia. Escreveu para *O Dia* (jornal para o qual colabora até hoje) e para *O Globo*. Apesar de que o jornal que mais amou, sem saber direito qual a razão, foi o *Correio da Manhã*, de sua amiga Niomar Muniz Sodré Bittencourt, viúva de Paulo Bittencourt (fundado por Edmundo Bittencourt, pai de Paulo, *O Correio* foi publicado de 1901 a 1974). As paixões são assim mesmo, inexplicáveis, envoltas por mistério. Ricardo comenta aqui um pouco este seu sentimento de amor "às pretinhas":

> Adoro jornal, adoro jornalista, adoro jornalismo. Sou muito corporativista e me sinto como se fosse um. Tive muitas conversas a respeito da profissão com Antônio Callado, em Maricá. Falávamos sobre jornalismo e redações. Ele insistia muito na importância do baixio da redação, os pequenos trabalhos jornalísticos ou de impressão que são pouco gloriosos ou considerados secundários, por aparecerem menos. Aquilo chegava a me embriagar. Ana Arruda também participava dessas conversas. O *Correio da Manhã* exercia sobre mim um verdadeiro fascínio. Tudo o que eu queria era ter trabalhado no *Correio da Manhã*.

Por que razão? Talvez por ser uma espécie de mito cultural para o homem que tanto se dedicou e se dedica à cultura:

> Eu tinha fascínio por aquela turma toda: Callado, Niomar, Carpeaux, Carlos Drummond de Andrade. Para mim, eram mitos da cultura. Não sei bem dizer o porquê... meu negócio era o *Correio da Manhã*. Não trabalhei lá, mas fiquei muito amigo de Niomar, que passou fins de semana comigo em Maricá. Quando ela morreu, eu fui o primeiro a chegar ao velório, que abriu às 7 horas

da manhã (Niomar Muniz Sodré Bittencourt, proprietária do *Correio da Manhã* após a morte do marido, morreu em 31 de outubro de 2003, com 87 anos).

Se não foi homem de redação, como colunista, no entanto, Ricardo pôde realizar plenamente sua paixão, sobretudo quando escreveu crônicas sobre o Rio de Janeiro, de 1994 a 1999, no jornal *O Globo*, que reuniria no livro *Um olhar sobre o Rio, crônicas indignadas e amorosas*, publicado pela editora Globo, em fins de 1999. Na apresentação desta obra carioquíssima, toda ela dedicada à cidade de São Sebastião do Rio de Janeiro, ele advertiria ao leitor que não esperasse dessas crônicas "uma réstia sequer do brilho literário de cronistas maiores como Rubem Braga ou João do Rio". No máximo, "elas poderiam ser aceitas como um desabafo, indignado sim, mas amoroso, de um jornalista que se dá ao luxo de viver em transe de amor pela cidade que adotou para sorver e morrer".

Modéstia pura, pois Ricardo entende do riscado. Nos anos 1990, já tinha afinado muito a pena, tantos foram os artigos, colunas e livros que já tinha escrito. Como escritor, sua bibliografia é bem vasta, tendo sido iniciada, em 1973, com a publicação da monografia *O canto da Bahia*. O segundo livro surgiria em 1976, a partir da detalhada pesquisa feita para dar as aulas na Rádio MEC sobre MPB, sendo intitulado *De Chiquinha Gonzaga a Paulinho da Viola*. De lá para cá, sempre estaria redigindo, lançando ou reeditando. O curso sobre a história da MPB, seus principais compositores e intérpretes, ainda iria gerar mais dois frutos: *MPB, a história de um século*, edição trilíngue, que foi publicada pela Funarte, em 1997, e ganhou nova edição, revista, em 2012, com acréscimo da versão em francês, prefácios de João Máximo e Paulo Coelho, e *O livro de ouro da MPB*, pela Ediouro, em 2003. Trata-se de um trabalho minucioso, do qual Ricardo tem muito orgulho, até pelos seus mais de 30 mil exemplares vendidos. "É um dos meus preferidos", diz ele.

Na realidade, tanto *MPB, a história de um século*, quanto *O livro de ouro da MPB* são obras primordiais para quem quiser conhecer melhor os homens e mulheres que criaram e interpretaram os sons e os ritmos do Brasil em nosso país. Escritos com clareza e simplicidade, os dois livros, de fácil leitura, iniciam-se no Brasil Colônia, quando surgiram o lundu, a modinha e o maxixe, origem do choro e do samba, até chegar aos tempos atuais. Vale a pena lê-los. O assunto tratado é o mesmo, mas, as edições não se superpõem, tendo caráter complementar.

MPB, a história de um século é um livro visual, em português, espanhol, francês e inglês, com porte de livro de arte. Após uma breve introdução, Ricardo narra a história cronológica da música popular brasileira em quinze capítulos ilustrados por quatrocentas magníficas fotos de compositores e cantores. Já em *O livro de ouro da MPB* o forte é o texto, a pesquisa, apesar de a publicação da Ediouro – volume de 16,5 centímetros por 24, ou seja, um pouco maior do que um livro padrão ou in-quarto – também apresentar pequenas ilustrações, que aumentam o interesse do leitor pelas informações fornecidas pelo escritor.

Aprendemos muito com Ricardo ao folhearmos as páginas destas duas obras. Entre outras coisas, porque escreve com amor e afeto, já que tem paixão pela música brasileira e pelos artistas que a criaram. Na introdução de *O livro do ouro*, por exemplo, ele afirma o seguinte:

> As páginas deste livro são fruto de minha paixão de vida inteira pela música popular brasileira. Assim, em muitos trechos o pesquisador e o historiador deram lugar ao admirador, ao fã, àquele que é e foi envolvido sempre pelo encantamento das muitas musicalidades de nosso povo. Sinto que o de mais útil que este livro pode oferecer àqueles interessados em conhecer um pouco mais desta expressão fundamental de nossa cultura e espírito é um encadeamento das diversas fases, gêneros musicais e achados. Ou até releituras e redescobertas que situam em largas pinceladas seu contexto

social e histórico, bem como os personagens que tornaram robustos seus momentos decisivos: os compositores e intérpretes que representam marcos e referências de nosso riquíssimo cancioneiro, a alma do povo deste país.

E ainda observa: "Portanto, este livro não pretende, é claro, esgotar análises críticas nem contemplar todos os nomes que conquistaram um lugar na história do canto do povo miscigênico. O objetivo principal é oferecer um roteiro panorâmico e cronológico, impregnado de muita afetividade".

Não poderíamos – nem cabe aqui – reproduzir o conteúdo desses dois livros, ou mesmo a lista imensa de pessoas alvo do olhar amoroso de Ricardo, voltado para as raízes da MPB e para o seu rico desenvolvimento, parte integrante de um processo contínuo de busca de identidade nacional. Pelos sumários, no entanto, é possível se ter uma boa ideia do universo por ele abarcado, desde que o poeta baiano Gregório de Matos, o Boca do Inferno, compôs os primeiros lundus, dança dengosa e urbana, que chegou a ser reprimida nos tempos de D. João VI, por ser uma manifestação popular inicialmente considerada marginal e perigosa, como nos revelou o escritor Manuel Antônio de Almeida em *Memórias de um sargento de milícias*. A partir da ordenação dos capítulos, seja a do primeiro livro, que ultrapassa as quatrocentas páginas, seja a do segundo, que chega às 365, dá para se perceber o trabalho hercúleo do pesquisador, levantando nomes, biografias, movimentos, viradas e mudanças no cenário musical brasileiro. Com ele, passamos a conhecer todos os grandes criadores e intérpretes de nossa MPB, para cuja riqueza, como acentua inúmeras vezes Ricardo, sem dúvida alguma, em muito contribuiu a diversidade de nosso povo. E, também, a capacidade intuitiva de unir e agregar os ritmos, batidas e batuques os mais variados, herdados de índios, negros e portugueses, e de outras bandas, já que sem o jazz americano não aconteceria a bossa nova abaixo do Equador.

Na nossa roda de samba histórica, há, portanto, um imenso encadeamento ou jogo de influências, com um compositor ou cantor abrindo o espaço na ciranda para permitir a entrada daquele que veio a seguir. E assim fomos indo, fomos indo, passando por Domingos Caldas Barbosa, Xisto Bahia, Joaquim Callado, Ernesto Nazareth, Chiquinha Gonzaga (a preferida e grande paixão do autor), Anacleto de Medeiros, Patápio Silva, João da Baiana, Donga, Pixinguinha, Heitor dos Prazeres, Gonzagão, Dolores Duran, Carmen Miranda, Ary Barroso, Lamartine, Lupicínio, até chegarmos a João Gilberto, Chico Buarque, Gil, Caetano, Edu Lobo, Milton Nascimento, só para citar alguns poucos nomes do firmamento apinhado de estrelas. Esse trabalho insano de investigação histórica da música popular brasileira, que começou quando Ricardo dava seu curso na Rádio MEC, seria a semente de uma árvore bem maior e mais ambiciosa: o *Dicionário Cravo Albin da MPB*, que começou a ser concebido em 1996 e já contém mais de 13 mil verbetes, sendo até hoje, e sempre, alimentado e realimentado pelos pesquisadores do Instituto Cultural Cravo Albin, sob a batuta do mestre Ricardo. Essa, na realidade, é a grande obra sobre MPB, livro de referência extremamente útil, tanto no papel como no site on-line do Instituto Cultural Cravo Albin. Mas trata-se de outra longa história, a do gigantesco dicionário, que merece maior detalhamento e que, por isso, será contada mais adiante, por estar interligada, como já foi assinalado, à criação do ICCA. Visitemos, por enquanto, os demais livros editados pelo jornalista e pesquisador.

Impossível não gostar de *Um olhar sobre o Rio – Crônicas indignadas e amorosas – Anos 90*, livro que traz na capa, criada por Pinky Wainer, um Pão de Açúcar desenhado por Glauco Rodrigues. Como já afirmamos, trata-se de uma coletânea de crônicas publicadas no jornal *O Globo*, entre 1994 e 1999, lançada pela Editora Globo logo depois, para alegrar o novo século. Saindo em defesa do Rio, contando sua história e de seus personagens, apontando suas mazelas, Ricardo atua como um bravo Lancelot que luta o bom combate pela cidade que escolheu para morar e pela qual é apaixonado.

Um olhar sobre o Rio, portanto, é um livro de militante, historiador, amante da cidade, e também de quem não tem medo de denunciar o que está errado, correndo riscos ao entrar em confronto com as autoridades competentes, na maioria das vezes desatentas e incompetentes. Ou como disse Ruy Castro, em seu prefácio:

> Ricardo Cravo Albin usa o Rio não apenas como sua cidade, seu bairro, sua casa. Usa-o também como sua roupa e sua pele. Por isso, cuida dele com um capricho de quem está cuidando de si mesmo. Como não tem cargo na administração, vale-se da ferramenta ao seu alcance: as palavras. Mas não se contenta com meias-palavras. Brande palavras inteiras, à altura das agressões que a cidade tem sofrido na mão de administradores bocós, insensíveis ou, como costuma ser o caso, apenas corruptos. Neste livro, o olhar que ele lança sobre o Rio é de amor, mas traduzido em santa indignação.

Na entrada do novo século, eram vários os alvos da ira ricardiana, expostos corajosamente como uma carne viva do Rio. Usemos ainda as palavras de Ruy Castro:

> Nada escapa a esse olhar: os mafuás de Copabacana, os réveillons no pior estilo Miami, a leviandade com que se mudam os nomes de ruas em demagógicas homenagens, a poluição visual dos cartazes e placas em inglês chinfrim, a grama dos canteiros centrais, a poluição da baía, a conservação dos prédios históricos, a preservação das encostas. Se a remoção de uma única pedra portuguesa o incomoda, imagine o que Ricardo não terá sofrido ao ver o Aeroporto Santos Dumont em chamas.

Os tempos são outros. Desde a publicação deste livro, já se passaram mais de doze anos. Alguns problemas, no entanto, são os mesmos, como o uso da praia de Copacabana para fins comerciais, esportistas e até mesmo para o grande encontro da juventude católica, que tanto comoveu a cidade; alguns desacertos já foram consertados ou remendados, mas o importante é que este livro sempre poderá ser lido, pois nele se aprenderá muito a respeito do Rio de Janeiro e da má-fé dos políticos. Afinal de contas, se a tecnologia avança, e se o Rio entrou no olho do furacão da Copa e da Olimpíadas, tendo finalmente granjeado alguma atenção por parte de autoridades municipais, estaduais e federais, o homem não muda, infelizmente. E as cidades, mesmo aquelas que são icônicas, continuam a sofrer com cobiças e maus-tratos, além de serem destruídas cotidianamente pela desordem urbanística e pelo crescimento desorganizado e avassalador.

Há vícios e virtudes. Ricardo fala criticamente sobre a bagunça em Copacabana, sobre flores e odores do Rio, agonia e êxtase do carnaval, a permanente tragédia da baía de Guanabara, o horrendo transporte coletivo, a cruel violência, mas também traça comentários favoráveis sobre as casas de cultura cariocas, seus museus e atrativos e sobre seus lendários personagens históricos, contando *causos* deliciosos sobre Darcy Ribeiro, Glauber Rocha, seu amigo de juventude, Pixinguinha, Caymmi, Niemeyer, Tom Jobim, Djanira e seu maravilhoso painel em homenagem a Santa Bárbara.

Entre algumas revelações de sua ação está a luta junto ao Congresso Nacional para dar o nome de Antônio Carlos Jobim ao Aeroporto do Galeão. Ricardo usou de uma artimanha que deu resultado: instituiu um comitê composto por grandes nomes e encaminhou um documento ao Congresso, em defesa de Jobim, como necessário titular do Aeroporto.

A lista foi encabeçada por Barbosa Lima Sobrinho a que se seguiram Oscar Niemeyer, Bibi Ferreira, Chico Buarque, João Ubaldo Ribeiro entre outros notáveis.

As sessões, tanto da Câmara, presidida por Michel Temer, quanto do Senado, por Antônio Carlos Magalhães, foram assistidas por Ricardo, que fez cinco viagens à Brasília, por sua conta e risco.

A campanha pública seguinte, em que Ricardo meteu o bedelho, foi o tombamento do Canecão que, já àquela altura, estava por fechar as portas. O Canecão foi tombado, não pelas características arquitetônicas e históricas de seu prédio, mas sim pelo ponto de referência e afeto, dentro da Cidade, como primeira grande casa de espetáculos na memória da música popular brasileira e do teatro para grandes plateias.

Além disso, cada texto é acompanhado de uma "Nota de Agora", que o atualiza e explica, aumentando a capacidade de entendimento para quem o leia nos dias atuais. Enfim, mais um título para ficar. E não apenas nas estantes, mas nas mãos dos leitores.

Também é uma obra que sem dúvida vai furar o bloqueio do tempo aquela na qual Ricardo narra sua experiência no Conselho Superior de Censura, de 1979 a 1988, ou seja, praticamente ao longo de dez anos. Editado pela Gryphus, em 2002, *Driblando a censura,* já mencionado anteriormente, é um documento histórico, que continuará a ser útil para pesquisadores e historiadores do futuro tomarem conhecimento dos tempos penumbrosos do passado, sobretudo aqueles que não têm ideia de que houve uma época triste no país em que a censura estraçalhava a criatividade dos artistas brasileiros, não deixando pedra sobre pedra.

Mesmo com a anistia já decretada, em 1978, e muitos exilados tendo podido retornar ao país, Ricardo mostra, ao publicar seus pareceres, como a vida dos compositores e letristas, criadores de programas de TV, peças de teatro, minisséries e filmes continuava sendo muito difícil, constituindo verdadeira arte de andar na corda bamba, até que viesse a ser decretado pela Constituição de 1988 o fim da censura. Cada parecer, na verdade, contém em si uma história. Ricardo sempre optou pela liberação da música, da peça, do programa, do filme. Não importando o seu teor. Mesmo quando uma música tinha linguagem chula, ele a liberava. O assunto por ele tratado é sério, seríssimo, mas muitas vezes dá vontade de rir, lendo os pareceres e os argumentos apresentados por Ricardo em prol do fim da censura, pelo ridículo das posições. Sua posição a favor da liberdade de expressão era total, absoluta e incontestável, em muito auxiliada pelas aulas na Faculdade de Direito de professores proverbiais como um San Tiago Dantas ou Hermes Lima.

Ao prefácio de Afonso Arinos, seguiram-se textos testemunhais de Boni, Zuenir Ventura, Wladimir de Carvalho, e Millôr Fernandes que escreveu:

> Cravo Albin estava lá. Fez o que deveria fazer e, além disso, como lhe é próprio, documentou. Este livro não é conversa tipo: "Eu fiz isso", "Ele disse aquilo". É documento. Sobre um período negro-azul escuro, nos dias bem claros da luta pela liberdade de expressão em nosso país. Em que, quando choviam decretos-lei, leis sem decreto. AI cincos, ordens do dia, mil restrições aparentemente impossíveis de enfrentar, Albin dizia olhando o sol radioso da cidade esplêndida: "Tá maus. Mas combatemos à sombra".

Millôr havia cunhado uma frase antológica quando Ricardo lhe telefonou, vinte anos antes, para comunicar que estava lutando contra a censura dentro do Conselho Superior recém-criado: "Se é de censura, não pode ser Superior".

E as obras significativas não param por aí, muito pelo contrário. Em *Museu da Imagem e do Som – Rastros de memória*, editado pela Sextante, em 2000, Ricardo optou pela narrativa na primeira pessoa, o que torna a leitura do livro bem amigável, já que o tom de recordação aproxima o leitor dos fatos vivenciados pelo autor. Recheado de belas fotos coloridas, o volume é aberto por apresentações de Marília Trindade Barbosa da

Silva, então diretora do museu carioca, e de Marcos Santilli, na época diretor do MIS de São Paulo, havendo também dois breves relatos sobre o jeito de ser da instituição, "seus reflexos e ecos", e sobre o prédio na Praça XV, construído originalmente, em 1922, para ser o pavilhão do Distrito Federal na exposição do Centenário da Independência. A partir daí, entra-se na história propriamente dita ou nos rastros de memória, sempre na voz de Ricardo. De forma objetiva, mas também emocionada, ele nos fala sobre a saga de resistência cultural, as principais personagens da história do museu e da MPB, a formação do acervo e sobre a tomada dos primeiros depoimentos para a posteridade. Com isso, aos poucos, virando-se as páginas ricamente ilustradas, vai se desenhando à nossa frente o que é o MIS e o que ele contém, ou seja, passamos a ter um retrato de corpo inteiro do museu, sua alma, seu espírito, seus rostos, vozes, acervos, objetos. Já se passaram mais de dez anos da data de edição desta publicação, mas, como costuma ocorrer com as obras que têm a chancela de Ricardo, continua viva, oportuna e útil, já que guarda dentro de si um sopro mágico de combatividade e criatividade, em prol dos artistas brasileiros e da preservação de nossa cultura.

MIS por um triz, a campanha

Aproveitando a deixa aberta por esta obra que traz à tona a memória do MIS, aqui vale inserir outro parênteses, já que o museu da Praça XV foi e sempre será um filho querido de Ricardo Cravo Albin. Foram várias as lutas. Algumas ficariam para sempre na lembrança de pesquisadores. Em 1981, por exemplo, houve um incêndio terrível, que levou muitas pessoas, após ouvir a notícia pelo rádio, a correr para o antigo pavilhão a fim de ajudar na salvação de seu valioso acervo. Caso de Luiz Antônio de Almeida, o biógrafo de Ernesto Nazareth, que começou a frequentar o MIS quando tinha 17 anos e que, na ocasião, participaria de uma corrente de resgatadores de discos, objetos, recortes de jornais, jogados na rua, em frente ao prédio em chamas, passando as preciosidades das mãos de um para o outro, já que "pior que o fogo foi a água que saiu dos banheiros sem cessar, molhando tudo".

Ricardo soube do incêndio em Brasília, onde estava em plena ação, na luta contra a censura.

Tomou o primeiro avião e ao chegar ao Rio de Janeiro disparou para o museu. Viu o que ocorrera, horrorizou-se e quis entrar por dentro dos escombros. A então diretora, uma museóloga sem maior expressão, tentou impedir a entrada de Ricardo Cravo Albin, sem sucesso.

Para dissabor do então "considerado invasor", a diretora chamou a polícia, que estava, de longe, olhando o prédio ser destruído.

Esse fato consolidou a nítida impressão de Ricardo, que alguns dos seus substitutos lhe faziam restrições, pelo simples fato de ele estar indissoluvelmente vinculado à criação e consolidação pública do MIS, para sempre.

Há poucos anos, Ricardo foi ao camarim de Maria Bethânia, depois da apresentação de um de seus shows e a cantora perguntou, afetuosamente, "e como vai a sua administração no Museu da Imagem e do Som?". Ao que ele respondeu, às gargalhadas, que não era mais diretor do MIS há trinta anos!

Nem o fogo nem a água, no entanto, foram realmente o pior. Pois, de todas as lutas em prol da sobrevivência do museu, provavelmente, a mais importante foi a travada por Maria Eugênia Stein e Ricardo Cravo Albin, em 1991, ano em que o MIS correria o risco de desaparecer por completo, assim como acontecera em seus primórdios, quando o banqueiro Carlos Alberto Vieira pensou em destiná-lo para um lugar de lazer dos funcionários do BEG. Tempos heroicos, os de 1991, tempos da bem-sucedida campanha "MIS por um triz", citada por Ricardo no livro, quando narra a história da sede que fora construída em 1922. Na ocasião, Maria Eugênia era diretora da instituição e convocara Ricardo para presidir novamente a Associação de Amigos do MIS, a AMIS, como já acontecera em 1983, durante a gestão de Heloisa Buarque de Hollanda. Juntos, os dois evitariam a destruição do prédio e a distribuição do acervo entre várias instituições culturais.

Eis o que Ricardo nos conta em *MIS – Rastros de Memória*, ao relembrar as obras de reforma pelas quais o antigo pavilhão passara, visando à sua modernização:

> A mais recente e a mais espetacular, desde sua inauguração, foi a que se concluiu em 1º de março de 1991. Essa obra, aliás, foi, de algum modo, provocada remotamente pelas notícias de que o prédio seria destruído para que

ali se instalasse uma estação do metrô, que o governo de então, Moreira Franco, imaginava estender até Niterói. Eu, que presidia a Associação dos Amigos do MIS, iniciei, indignado, uma ação popular no fórum do Rio para salvar o prédio. A ação, estribada numa campanha pública que se chamou "MIS por um triz", foi patrocinada pelo advogado Sérgio Tostes e mobilizou todos os segmentos culturais da cidade. O juiz nos deu ganho de causa.

E Ricardo segue com suas recordações sobre este momento crucial da história do MIS:

> O governo do estado, no dia seguinte, perpetrou um *beau geste* tão político quanto diplomático: decretou o tombamento do museu – já por sinal solicitado meses antes pela diretora Maria Eugênia Stein – e determinou ao Metrô a mudança do local da estação, que jamais seria construída. Ou seja, o MIS poderia ter tido o tristíssimo destino da derrubada – para nada, absurdamente nada – do Palácio Monroe, cuja ocupação, de resto, havia eu pedido sem sucesso através de reiterados ofícios (1968/1969) ao Estado Maior das Forças Armadas, que finalmente o entregou à prefeitura do Rio para ser destruído. Sem dó nem piedade.

Este incidente, que afortunadamente teve conclusão feliz, encontra-se bem nítido ainda na memória de Maria Eugênia Stein. Convidada pelo recém-eleito governador Moreira Franco para presidir a Funarj, Maria Eugênia, supreendentemente, pediria para ser diretora do MIS, que já se encontrava em decadência. Deixemos que ela nos conte o episódio:

> Eu tinha feito a campanha pelo Moreira. Fazia reuniões do comitê cultural na minha casa, na Lagoa, devido à minha amizade com Maria Claudia Bonfim e com Celina Moreira Franco. O comitê fez um trabalho bonito durante a campanha. Tive a oportunidade de conhecer e admirar mais o Moreira. Achei que era uma pessoa capaz e bem intencionada. Quando eleito, ele pediu a

Celina para me chamar e me disse que queria que eu presidisse a Funarj. Só que eu já estava com o MIS na cabeça. Tinha visto o museu em situação extremamente precária e queria fazer alguma coisa. Então, propus ao governador: "Agradeço muito a confiança, mas gostaria de ser designada para a direção do Museu da Imagem e do Som". O governador, perplexo, acatou o meu pedido. Liguei para o Ricardo e avisei: "Vai se preparando que vamos assumir o MIS". Na ocasião, trabalhava já há quase cinco anos na TV Manchete, como coordenadora geral do Departamento de Educação e Projetos Especiais da Rede, que eu havia criado e implantado, à convite do Professor Arnaldo Niskier, então diretor geral de Educação das Organizações Bloch. Foi uma decisão difícil porque a Manchete exigia dedicação exclusiva e não concordou com a minha nomeação, pelo governador do Estado, para dirigir o Museu da Imagem e do Som. A História sempre conta as suas estórias e, algum tempo depois, para desespero e grande tristeza de muitos, a TV Manchete foi extinta.

Resultado, Maria Eugênia ficaria todos os anos do governo Moreira Franco à frente do museu, tendo a seu lado o amigo Ricardo Cravo Albin, que, a seu pedido, voltaria a presidir a AMIS:

> Eu disse que ele ia assumir a Presidência da AMIS e que não queria nem conversa. A Associação estava meio desativada, ninguém mais sabia quem era do conselho. Ele deveria retomar a presidência da AMIS para organizá-la e apoiar a recuperação do museu. Porque eu precisava da sociedade civil para dar conta do recado. E precisava do Ricardo, da capacidade dele de organização. O museu nascera porque ele o criara. Um museu único, não havia nada similar. Fizemos uma dupla invencível. O museu ia ser demolido, iam guardar o acervo no Riocentro...

Por sorte, o arquiteto que estava envolvido com o projeto que acarretaria a demolição do prédio-sede era outro amigo muito querido de Maria

Eugênia, Jaime Zettel. Assim que a encontrou no MIS, Zettel, com "um rolo de plantas debaixo do braço", lamentou que a amiga tivesse assumido a direção da instituição, tendo explicado que o museu ia deixar de existir. Abriu uma das plantas em cima da mesa e mostrou que ali seria a base de manobra dos carros da linha 2 do metrô, que trafegariam por uma estação subterrânea até Niterói. Ou seja, o museu, "que na realidade estava lutando para sobreviver", ia sumir por completo do mapa da cidade, pois esse era o plano do Metrô, na época.

Maria Eugênia, então, pediu que o arquiteto conseguisse um encontro dela com o presidente do Metrô, diante da grave perspectiva. Imediatamente procurou acelerar a recuperação de uma casa em Botafogo, já destinada a receber o acervo de Glauber Rocha, que estava no MIS, aos cuidados de Lúcia Rocha, sua mãe, no subsolo do prédio. Mas, e o resto do acervo? O que fazer, por exemplo, com as imagens das obras de Di Cavalcanti, cujos direitos, por herança do artista, pertenciam a Dalila Luciana: milhares de slides, fotografias, desenhos, que também se encontravam no porão do MIS? E com as mais de 400 mil partituras da Rádio Nacional, os discos de acetato, os negativos do Malta, os 22 mil negativos estereoscópicos de Guilherme Santos, a maior coleção em contratipagem do Brasil, os depoimentos para a posteridade? Deixar que fossem para o Riocentro? O Metrô prometia que o acervo da instituição seria analisado cuidadosamente por museólogas e distribuído, com critério, para outras instituições, mas quem poderia assegurar? Foi fundamental, nesse início e ao longo de toda a administração de Maria Eugênia, conta ela, o apoio da diretora do Serviço Estadual de Museus, da Secretaria de Cultura, museóloga Magaly Cabral, que participou intensamente dos difíceis momentos de toda essa história, não só pelas suas atribuições funcionais, como também por viver, entre quatro paredes, os acordes da MPB, enquanto casada com o especialista na área, o Sérgio Cabral.

E aí é que surge a ideia salvadora de se fazer a campanha "MIS por um triz". Primeiro, Ricardo e Maria Eugênia fortaleceram a AMIS, convocando todos os intelectuais que os pudessem ajudar. Cerca de sessenta a setenta pessoas do meio cultural carioca se aliaram aos combatentes. E, depois, passaram à ação.

> Começamos a Campanha "MIS por um triz". Íamos a tudo quanto era teatro, espetáculos de música, e distribuíamos o manifesto na boca do palco, muito bem escrito pelo Ricardo. Paralelamente, comecei a lutar o bom combate com o Metrô. A toda hora saía matéria em jornal: a professora que briga com o Metrô. Os trabalhadores da obra chegavam no entorno do prédio para fazer a prospecção. Com a violenta trepidação das máquinas, nós fazíamos tudo para impedir, já que estavam botando em risco o patrimônio cultural. Eu brigando com o Metrô... e o Marcelo Siqueira, presidente da Companhia, tentando arranjar uma outra sede para o museu. Quando viu que não ia conseguir demolir o prédio, sem encontrar uma solução, preocupou-se em conseguir um espaço adequado para abrigar o Museu garantindo que pagaria a transferência do acervo.

Maria Eugênia continua com sua epopeia:

> E aí mudou um pouco a figura da história... o Metrô, procurando um casarão que pudesse ser a nova sede, e não conseguindo encontrar, no prazo previsto. Antônio Carlos Magalhães era o Ministro das Comunicações... sabe como é baiano... Ricardo nasceu na Bahia... ACM resolveu dar algum recurso para o Museu começar a reconstrução do prédio... Foi todo de branco à sede do MIS, fazendo questão de entregar pessoalmente o cheque. Era o primeiro dinheiro que o Governo do Estado recebia, com esta finalidade. Cerca de R$ 30 mil para, pelo menos, começar a obra.

Em paralelo, a nova diretora do MIS pediu a Jayme Zettel que orientasse o memorial do tombamento, o que ele achou bastante difícil, pois não sabia, na situação em que o prédio estava, o que tombar. O Pavilhão do Distrito Federal, na Exposição comemorativa do Centenário da Independência do Brasil, em 1922, já estava todo descaracterizado, não tinha mais a volumetria original, a estuqueria ameaçava rachar a qualquer momento. Ao mesmo tempo, a diretora e o corpo técnico do museu preocupavam-se em buscar uma solução para outro problema, um prédio, também em estado bastante precário, que funcionava em anexo ao museu e abrigara, desde o início, o Arquivo Almirante. Prédio de triste memória, porque, em tempos idos fora sede da Polícia Federal-DOPS e nele haviam sido presos e torturados militantes, que resistiram à ditadura de 1964. Um primeiro passo foi transferir o Arquivo Almirante, provisoriamente, para a sede do MIS, ou seja, o prédio principal. Depois veio a necessária solução, narra ainda Maria Eugênia:

> O secretário de Estado de Administração era uma figura notável, amigo de todos nós, Marcos Alencar. Conversei com ele sobre o assunto. Para piorar a situação, além da ameaça constante de desabamento, em volta do prédio, à noite, havia prostituição, venda de drogas, com risco para os funcionários do museu. O secretário, considerando a gravidade da questão, prometeu: "Pode ficar tranquila. Vamos fazer alguma coisa. Um dia desses eu te aviso". Num final de tarde, ele me ligou e perguntou: "Quer assistir a uma operação de limpeza que vamos fazer no local onde fica o anexo do MIS?" Uma equipe de obras da Secretaria montou a tal operação, sem riscos, e explodiu o prédio. Caiu inteiro no chão. O prédio onde ficava o Arquivo Almirante. E, assim, passamos a ter condições de pensar na possibilidade de uma expansão futura do museu, naquela área, o que realmente aconteceu. O arquiteto Glauco Campelo planejou uma nova sede para o MIS, projeto arquitetônico belíssimo, que assimilava a construção anterior, por sua referência histórica. Soubemos depois que o arquiteto Alfredo Britto já havia apresentado, em outra ocasião, um projeto bastante arrojado, com a mesma finalidade.

O memorial de tombamento foi feito e encaminhado aos órgãos de patrimônio. Junto com os técnicos do museu, Maria Eugênia levantou toda a memória da exposição de 1922. E, com isso, conseguiu iniciar o processo junto a Comissão de Tombamento da Secretaria Estadual de Cultura, através do Inepac, Instituto Estadual de Patrimônio Cultural. Como funcionária do Estado, ela não podia encaminhar a documentação. Logo, foi Ricardo quem entrou com o pedido de tombamento, como presidente da AMIS. A Comissão de Tombamento pediu uma paridade. A paridade levantada foi com relação ao Petit Trianon, outro pavilhão remanescente da exposição de 1922, sede da Academia Brasileira de Letras, já restaurado. O memorial ficou pronto, o processo foi andando, faltaria apenas a assinatura do governador Moreira Franco, para tudo dar certo. O governador, no entanto, continuava aguardando, pois o prédio estava totalmente descaracterizado e havia falta de recursos orçamentários, para restaurá-lo. Mas aí ocorreu o milagre. Milagre, sorte, acaso ou apenas oportunidade, nunca se sabe. Segundo Maria Eugênia Stein, apenas mais uma história que vale a pena ser contada:

> É verdade, o prédio estava algo descaracterizado e não havia dinheiro. Olha como a história é curiosa. Estou numa festa, e quem encontro? O Manuel Camero, dono da gravadora Tapecar, que tinha produzido os discos de MPB do projeto Minerva. Ele brinca comigo: "Vão ficar lutando pelo MIS, você e o Ricardo?". Respondo que o museu, criado justamente pelo Ricardo Cravo Albin, atual Presidente da AMIS, atravessava enormes dificuldades para sobreviver. Manolo faz uma proposta. "Sou o presidente da Associação Brasileira de Produtores de Discos (ABPD) que congrega todas as gravadoras do Rio e de São Paulo. O disco atualmente não paga ICMS, com apoio do Governo do Estado, para ampliar as oportunidades do artista nacional. Não só no Rio, mas também em São Paulo. Vou propor à ABPD doar o dinheiro que vocês precisam para salvar o MIS, afinal, é um patrimônio da música

popular brasileira. Um acervo de grande interesse, inclusive, para as gravadoras". Maria Eugênia e Ricardo foram ao Palácio Laranjeiras falar com Moreira. Este confirmou que as gravadoras não pagavam ICMS já em administrações anteriores, para garantir benefícios ao artista nacional e à indústria fonográfica e solicitou um tempo para conhecer melhor a situação. Milagrosamente, tudo deu certo. Mantida a isenção do ICMS, Manolo conseguiu recursos para viabilizar toda a operação. Foi então criado, junto ao Banerj, uma Sociedade sem fins lucrativos, o Banerj Cultural, que passou a apoiar o desenvolvimento de projetos culturais no Estado do Rio de Janeiro, podendo receber e aplicar doações, inclusive para o MIS.

E, assim, o Museu da Imagem e do Som foi salvo pela segunda vez. Veio o tombamento e, de presente, a reforma, a recuperação total do prédio-sede, o tratamento dos acervos e a inauguração do novo MIS. Finalmente, o Museu foi transformado em Fundação, com unanimidade da ALERJ, graças ao empenho da secretária de Cultura Aspásia Camargo e da deputada Jandira Fegali.

Mas continuemos com os livros de Ricardo, abandonando os rastros de memória do Museu, que está para ganhar, em breve, uma sede nova na avenida Atlântica e, provavelmente, viverá no futuro novas aventuras...

Mais livros, catálogos e uma revista

COM A CRIAÇÃO DO INSTITUTO CULTURAL CRAVO ALBIN, em 2001 – história que em seguida contaremos com mais detalhes, pois na vida de Ricardo o que não faltam são histórias – os livros continuaram a proliferar. Coordenados por Ricardo, ou participando com prefácios, textos e ensaios de seu punho, todos têm sua marca, seu carinho e grande amor pela edição de livros. Em 2006, por exemplo, a empresa Andrea Jakobson Estúdio Editorial Ltda lançaria a biografia *Maria Muniz, a Sherazade do rádio*, com o apoio do ICCA. O prefácio foi de Ricardo e a extensa pesquisa de Mayra Jucá foi escrita pelos dois. Aliás, Maria, já saindo da Rádio MEC, recebeu Ricardo em 1970 com fidalguia quando ele chegou à emissora fundada por Roquette-Pinto, que ambos veneravam.

Marcando os festejos do centenário desta mulher pioneira, visionária e corajosa, que deu uma contribuição valiosa à história do rádio brasileiro, a obra visou a resgatar sua trajetória, tirando do limbo sua biografia riquíssima em peripécias e conquistas. Nascida em 1905, em Espírito do Santo do Pinhal, interior de São Paulo, Maria Muniz, já mãe de dois filhos, após ter abandonado o marido, a carreira de professora primária e se lançado aventureiramente na selva urbana paulista, produziria cerca de quarenta programas radiofônicos e se dedicou, sobretudo, a criar produtos voltados para o público feminino. Descobridora de talentos como Heloísa Mafalda e Zezé Macedo, ela também participaria da implantação da TV Tupi carioca, e criaria o primeiro jornal feminino na televisão, abrindo caminho para um estilo explorado por apresentadoras do porte de Ana Maria Braga, Marta Suplicy ou Hebe Camargo. Infelizmente, são raros os registros da luminosa passagem de Maria pelo rádio e pela televisão, o que se deve em parte à sua saída de cena, em 1973, quando se aposentou. Uma lacuna que o livro coordenado por Ricardo tenta compensar, resgatando os feitos desta radialista extremamente popular nas décadas de 1940 e 1950, época em que o rádio se impôs nos lares brasileiros como o único e onipresente meio de comunicação de massa, grande difusor de cultura popular e erudita.

Como relembram os autores da biografia, no primeiro capítulo do livro, intitulado "Espoletíssima e pioneira", ao longo da Segunda Guerra Mundial, tanto na Europa como nos Estados Unidos, a reclusão familiar e doméstica imposta à mulher pulverizou-se. Pois,

> quando os maridos e noivos retornaram da guerra, encontraram as suas prometidas e esposas gerindo a casa e muitas vezes os negócios. Em vários setores da vida social e cultural a mulher ganhou uma nova situação, uma evidência particularizada, que já não mais a diluía no calor da instituição familiar.

Neste novo quadro socioeconômico, o rádio teria um papel relevante, pois já localizara o seu público-alvo preferencial, naqueles dias de marketing instintivo e desbravador: a mulher, é claro. Ou, como comentam os biógrafos de Maria Muniz:

> Quase todos os anúncios da programação eram voltados para a mulher – fossem artigos de uso pessoal ou doméstico. Falava-se então de uma mulher que, idealmente, sem descuidar da casa, começava a conquistar um espaço no mercado de trabalho, uma mulher que, sem perder seus

atributos femininos, se impusesse e disputasse lugar no mercado de trabalho: a mulher moderna. Uma absoluta novidade no Brasil, um país que abrigou uma sociedade machista, centrada no pátrio poder masculino. E ridiculamente preconceituoso.

O fazer do rádio se renovava. Os programas radiofônicos estavam na ordem do dia até para os intelectuais, escritores e atores, além do grande público brasileiro. Personificação desta mulher moderna, Maria Muniz, antenada, perceptiva, foi a principal responsável por tal modificação no rádio, tornando-se uma especialista em programas que se dirigiam à mulher, lembrando-lhes, em esquetes e peças de radioteatro, que a hora era a de fazer escolhas fundamentais, já que era chegado o momento de deixar de confiar apenas no homem e passar a confiar também em si mesma.

Mais um livro essencial, portanto. Como afirmou Hermínio Bello de Carvalho,

> a biografia de Maria Muniz desvendará o caminho de uma corajosa mulher que, desafiando as convenções, deixou um rastro luminoso dentro do rádio brasileiro – e que chega aos cem anos como um paradigma para todos aqueles que ainda tentem fazer uma rádio cultural e educativa no Brasil.

Apoiar a mulher, fazendo com que saia do limbo, relembrando sua história ou estimulando-a a enfrentar um palco, caso seja intérprete, musicista ou compositora, é mais uma das facetas – e não a menos importante – da personalidade de Ricardo Cravo Albin. Talvez em agradecimento ao estímulo que na vida adulta recebeu da mãe, sua amiga e fã, parceira na concretização de sonhos impossíveis. Pois, além de ter resgatado das sombras do esquecimento a radialista Maria Muniz, que ele conheceu muito bem na Rádio MEC, quando começara em 1972-73 (e ela saía), outra prova do imenso carinho que o musicólogo nutre pela criatividade feminina é o livro *MPB Mulher*, publicado pelo ICCA. Contendo 150 fotos de autoria de Mário Luiz Thompson, o livro, que traz um CD encartado, tem como objetivo dar destaque à sensibilidade das mulheres compositoras e poetas da canção popular de nosso país. Ou seja, trata-se de uma homenagem às divas da música brasileira, cuja grande precursora e madrinha foi a valente Chiquinha Gonzaga, que ainda no século XIX abandonou o marido (assim como o faria Maria Muniz no século XX), mas não abandonou o seu piano.

Também nos catálogos temáticos criados pelo ICCA, a partir de preciosidades contidas em seu acervo, há espaço para a mulher. Ao todo são seis: *Mulheres compositoras na MPB/ Tons e sons do Rio de Janeiro/ Clube de Jazz e Bossa/ Novos caminhos do choro/ Telenovela, o imaginário sonoro do Brasil/* e *No palco, os festivais*. A respeito do catálogo *Tons e sons do Rio de Janeiro*, vale ressaltar que, posteriormente, seria transformado num livro, *Tons e sons do Rio de Janeiro de São Sebastião*, produzido pelo Instituto, que traz um CD da *Sinfonia do Rio de Janeiro de São Sebastião*, composta por Francis Hime, com letras de Paulo César Pinheiro e Geraldinho Carneiro, e contém ilustrações de músicos, artistas plásticos e gráficos, girando em torno de seis temas cariocas. Este livro, em edição de luxo, com capa de Glauco Rodrigues, ganharia em 2007 uma versão em inglês, *Tones and Sounds of Rio de Janeiro of Saint Sebastian*, encomendada pelo Ministério de Relações Exteriores, seu Departamento Cultural, e pela Fundação Alexandre Gusmão. Ao invés de CD, traria como encarte um DVD com a gravação ao vivo da *Sinfonia do Rio de Janeiro*, quando foi apresentada no Teatro Municipal, em 30 de novembro de 2000, dentro dos festejos dos 500 anos do Descobrimento do Brasil.

Aliás, o DVD foi considerado pelo jornalista Ruy Castro como o melhor e mais brilhante registro do Rio, ligado à sua música popular.

O livro, em inglês, com o DVD, foi lançado por Ricardo na Embaixada do Brasil em Washington, a convite do então embaixador Antonio Patriota e, imediatamente depois, distribuído para todas as Embaixadas do Brasil.

Na ocasião, o Departamento Cultural do Ministério considerou a publicação como a primeira em inglês sobre MPB, acompanhada por DVD inédito, feito pela Biscoito Fino. Dividida em cinco movimentos, lundu, modinha, choro, samba e bossa nova ou canção brasileira, além de magistralmente executada por Hime, Orquestra Sinfônica do Teatro e seu Coral, a composição brasileiríssima teve como intérpretes Zé Renato, Lenine, Leila Pinheiro, Olívia Hime e Sérgio Santos. E de quem foi a ideia da Sinfonia? De Ricardo, é claro, o fazedor de milagres. A Sinfonia, cuja ideia, realização e todo o roteiro Ricardo acalentou por anos, foi finalmente proposta por ele ao governador Anthony Garotinho para celebrar os 500 anos do Brasil, ao lado de outros projetos para a data. Resultado, o único que ficou como presença do Rio nos 500 anos foi a *Sinfonia de São Sebastião do Rio de Janeiro*, exibida por Francis e Ricardo até em Paris, nos auditórios da UNESCO.

Não poderia deixar de ser mencionada aqui, entre as artes e proezas editoriais do irrequieto carioca honorário, a revista *Carioquice*. Após passar por repórteres, editores, e revisores, seu texto ainda recebe uma rigorosa revisão final de Ricardo, com o experiente jornalista entrando mais uma vez em ação para que "sua cria" chegue às mãos dos leitores a mais perfeita e bela possível.

Criada, em 2004, além de seu diretor, ou seja, o próprio Ricardo, encontram-se em seu expediente a diretora assistente Maria Eugênia Stein e o editor responsável Luiz César Faro. A fotografia, sempre de grande qualidade, esteve a cargo de Marcelo Carnaval, que a cada número produz originalíssimos ensaios fotográficos de fragmentos cariocas.

A primeira capa homenageou o compositor Martinho da Vila, compadre de Ricardo. A segunda, editada em 2005, ano França-Brasil, destacou os feitos culturais e beneficentes de Lily Marinho, a Miss Paris que aportou no Rio, em 1938, em busca de seu noivo brasileiro, o jornalista Horácio de Carvalho, na época diretor do lendário *Diário Carioca*. Em seguida, passaram pela capa da *Carioquice*, que sempre procura consagrar personalidades icônicas da cultura carioca, caixa de repercussão de toda a vida cultural brasileira, os seguintes nomes: Zico, Francis Hime, Pitanguy, Elza Soares, Ancelmo Góis, Ziraldo, Marlene, Bibi Ferreira, Geraldinho Carneiro, Beth Carvalho, João Bosco, Nelson Pereira dos Santos, Niemeyer, Ed Motta, Millôr Fernandes, Marcos Valle, João Moreira Salles, Ivan Lins, Joyce, Stepan Nercessian, Edu Lobo, Egberto Gismonti, D. Ivone Lara, D. João de Orleans e Bragança, Antônio Cícero, Sergio Ricardo, André Midani, Nélida Piñon, Ana Botafogo, Luis Melodia, Luiz Carlos de Lacerda Freitas (o Bigode), Joaquim Ferreira dos Santos, Barbara Heliodora, Maria Bethânia, Cássio Loredano e os muitos que estiveram e ainda estarão chegando. Também, na capa da *Carioquice*, duas figurinhas muito simpáticas: o SIG de Jaguar e o Zé Carioca, criado, em 1942, pelos artistas gráficos dos estúdios Walt Disney. De acordo com Jaguar, é impressionante a capacidade de resistência da *Carioquice*, que já se encontra em seu décimo ano. Dificilmente publicações alternativas atingem tal longevidade.

Por último – mas não menos importante, muito pelo contrário – também não pode deixar de ficar registrado o livro que organizou para marcar os festejos da promoção de Vinicius de Moraes a embaixador, por ocasião dos 30 anos de sua morte. Editado, em 2010, pelo ICCA em parceria com a Finep, a Faperj e o Ministério de Relações Exteriores, o belo volume, ricamente ilustrado, traz encartados em sua contracapa um DVD e um CD que presenteiam o leitor com um documentário intitulado o *Embaixador do Brasil* e uma coletânea de suas músicas. Amigo de Vinicius desde os tempos em que iniciou sua carreira de radialista na Rádio MEC, Ricardo escreveu o prefácio e uma pequena biografia, intitulada *Vinicius, embaixador do Brasil, o arauto de sua música*. No prefácio, ele destaca o fato de que em agosto de 2010 – devido, sobretudo, às gestões realizadas pelo embaixador Jerônimo Moscardo, à frente da Fundação Alexandre Gusmão – Vinicius fora postumamente reincorporado ao Itamaraty, com o Ministério de Relações Exteriores tendo finalmente corrigido a insânia cometida durante o governo militar.

Através deste levantamento, já é possível verificar o quanto Ricardo gosta de escrever e editar livros, revistas, catálogos. Sua atividade jornalística, por outro lado, não cessa, pois continua a escrever semanalmente uma crônica para o jornal *O Dia*, em que remarca efemérides, faz o elogio de personalidades do mundo cultural brasileiro, e reclama e comenta fatos do cotidiano carioca. Sem falar na *Carioquice*, para a qual sempre escreve a coluna de abertura, denominada "Esquina do Ricardo". No antepenúltimo número, o de janeiro, fevereiro e março de 2013, que traz na capa um "Close no Bigode" (o cineasta Luiz Carlos Lacerda de Freitas), o cronista e diretor da revista ressaltou em sua "Esquina" a importância do ensino da história da MPB às crianças. Acalentado pelo fundador do ICCA ao longo de muitos anos, o sonho de levar a riqueza da música popular brasileira, seus ritmos, compositores e intérpretes a crianças e adolescentes, em 2010, pode finalmente ser concretizado. O projeto, adotado pela rede escolar do Rio de Janeiro, oferece aos estudantes um kit com CDs, DVDs, cartazes e também – não poderiam faltar, obviamente – livrinhos. Ao todo são seis, abordando os seguintes temas: a formação da MPB, o choro, o samba, a bossa nova, os festivais e a música sertaneja.

Escritor prolífico, há mais livros do punho de Ricardo Cravo Albin, grandiosos ou pequeninos, como o já citado *Dicionário Cravo Albin da*

Música Popular Brasileira e o ensaio escrito após uma visita à Índia, na qual o morador da Urca teve a rara oportunidade de poder se encontrar com Madre Tereza de Calcutá e com o Dalai Lama, em seu exílio no Tibet, na cidade mítica Dharamsala.

Quanto a Madre Tereza, o encontro foi na sua modesta casa, na balbúrdia da inacreditável cidade de Calcutá. Madre Tereza tomou as mãos do visitante e disse o quanto precisava de ajuda para os seus pobres.

Ricardo ficou mudo pela emoção e tirou dos dois bolsos dezenas de notas de rúpias desvalorizadas, todas as que tinha. E, depois, ainda reclamou com o pequeno grupo de brasileiros que o acompanhava: "Meu deus, eu dei muito pouco. Que pena! Não tenho mais, aqui, para dar. Dêem tudo o que tiverem!". E engoliu em seco, enxugando uma teimosa lágrima.

Agora, voltemos à biografia propriamente dita, que havíamos abandonado quando o musicólogo inaugurou sua casa na Avenida São Sebastião, número 2, edifício Estrela do Mar, ao sopé do Pão de Açúcar. Sim, é mais do que hora de voltarmos ao prédio na que é considerada uma das primeiras ruas da cidade. Criado o Instituto Cultural Cravo Albin, vamos nos debruçar sobre os bastidores do *Dicionário Cravo Albin da MPB*, obra on-line em permanente construção, que viria a ser transposta para o papel, com o auxílio dos lexicógrafos do Instituto Antônio Houaiss.

Confidências do Ricardo

Despedida de Victoria de Los Angeles, com Villa-Lobos, no Liceo de Barcelona

A convite do Governo Espanhol e do Embaixador José Viegas, estava fazendo uma série de palestras na Espanha sobre a música brasileira. Quando cheguei a Barcelona, vi no Liceo, o famoso Teatro Lírico de Barcelona, o anúncio da despedida de Victoria de Los Angeles, a grande soprano que eu admirava profundamente. Ela se despedia naquela noite. É claro que eu comprei o ingresso (muito caro), fiquei na terceira fila, e ela fez um recital absolutamente maravilhoso. Deu um bis, o palco todo cheio de rosas brancas e vermelhas que o público jogava pra ela. No segundo bis, Victoria de Los Angeles cantou a "Melodia Sentimental" de Villa-Lobos. Do começo ao final, eu fiquei emocionadíssimo. É claro que o público a ovacionava, mas eu estava aos gritos: "Villa Lobos, Brasil, Villa Lobos!". A Diva olhou pra mim, aproximou-se o mais que pode, e disse: "Villa-Lobos é o maior compositor do mundo, parabéns ao Brasil". E aí deu mais um bis, cantando uma outra área da Floresta Amazônica de Villa-Lobos. Especialmente olhando pra mim. O que me levou as lágrimas.

A Morte e a morte de Grande Otelo

Grande Otelo e Herivelto Martins almoçaram comigo na Urca, às vésperas da viagem do Otelo a um festival de cinema na Europa. Frente à varanda do Instituto ficam as ruínas do antigo palco do Cassino da Urca. Antes do almoço, comentei com ambos "olha, aqui em baixo está toda a mais provocante memória da música. Pra toda gente que vê o Cassino cá de cima, este palco que ali está é um cenário assombrado. As almas dos artistas mais renomados estão plasmadas às ruínas que vocês estão vendo. E brinquei "toda sexta-feira sou capaz de ver os vultos de Linda Batista, Carlos Ramirez, Carmem Miranda, Bing Crosby, Grande Otelo...". Otelo resmungou "epa! eu não tô nessa, tô muito vivo, graças a Deus. E vou ficar cada vez mais vivo. Deixa que eles fiquem mortos, eu não". Embarcou pra Paris dois dias depois, como convidado de um Festival de

Cinema. No aeroporto de Paris, ao saltar do avião, teve um infarto cardíaco fulminante, e morreu. Morreu no próprio aeroporto. Eu fiquei a recordar comigo, muito chocado, aquilo que ele havia dito três dias antes, tilintando de vida. Uma premonição indesejada? Herivelto me telefonou logo depois de ler a notícia no jornal. Ele era sabidamente espírita e dono de um terreiro de umbanda no subúrbio. Com voz sofrida, me disse "estava marcado, eu cheguei a ter um calafrio quando você o citou entre os mortos do Cassino, no nosso almoço".

Madre Teresa, o espanto e as medalhinhas
Estive com Madre Teresa em seu modesto convento em Calcutá, uma das cidades mais sinistras que já vi em toda minha vida. Essa viagem à Índia, em fevereiro de 1996, rendeu-me um primeiro livro de crônicas, onde falo tanto de Madre Teresa e do Dalai Lama, quanto de Calcutá (Índia — Roteiro Bem e Mal-Humorado). Agora me dou conta, tantos anos depois, de que o discurso da Madre Teresa teve um saber de revelação de que nem me apercebi à época. Não que fosse nada excepcional, não que as imagens utilizadas fossem literalmente sedutoras, nada disso. A fala da freira, emitida por uma voz já debilitada, tinha uma força que emanava de seu interior. É algo que não se explica muito bem, mas — perdoem-me o lugar comum — se sente com o coração. Ao menos foi o que eu intuí do inexplicável carisma daquele ser tão pequeno, tão frágil e tão magnético. Santa? Madre Teresa foi feita santa em 2016, em cerimônia pública na Praça de São Pedro, no Vaticano, totalmente lotado.

Faltou dizer que Madre Teresa distribuiu algumas medalhinhas — bem modestas, daquelas feitas com o metal mais barato que existe — que eu guardei no bolso e distribuí para minha família ao chegar da Índia. Conservei uma única, que coloquei entre os santos barrocos herdados de minha mãe. Certo dia uma pessoa, supostamente dotada de poderes paranormais, visitou-me e dirigiu-se diretamente aos meus santos. Para meu espanto, olhou tão-somente para a medalhinha, tomou-a à mão e disse: "Mas que força extraordinária tem essa medalhinha. Quero saber de onde veio e quem lhe deu".

Detalhe do varandão da cobertura do ICCA na Urca.

VII DOIS GIGANTES, O ICCA E O *DICA*

Vivendo a paixão pela MPB

DESDE O INÍCIO DO NOVO MILÊNIO, a energia fazedora de Ricardo, sua mente e coração, encontram-se voltados principalmente para pôr em funcionamento e levar adiante duas ambiciosas realizações: o Instituto Cultural Cravo Albin (ICCA) e o *Dicionário Cravo Albin da Música Popular Brasileira* (chamado carinhosamente de *DICA* por seus colaboradores). Ao contrário do que se poderia imaginar, não foi o ICCA, o instituto, que deu origem ao *DICA*. O movimento foi inverso. Primeiro surgiu o dicionário e posteriormente seria criado o instituto.

Sem fantasia, imaginação, não há realização de desejos, e o que não falta ao Ricardo é a habilidade para esboçar projetos e transformar o que foi sonhado em produto, concretude, realidade. Quando se trata de música, ele é um motor em ação. Vive para a música criada pelo povo brasileiro, como se corressem em suas veias antigas harmonias, gingas, batuques, sons.

Após contar e recontar a história da MPB, esmiuçando suas raízes e resumindo as biografias de seus principais personagens em programas de rádio, aulas e textos, o musicólogo e pesquisador teve a ideia de fazer um dicionário que se transformasse em ferramenta de trabalho para todos os interessados nos ritmos produzidos em nosso país, desde os tempos coloniais. À ideia seguiu-se imediatamente a elaboração de um projeto, cujo planejamento foi iniciado, em 1995, na Pontifícia Universidade Católica (PUC). No Departamento de Letras, sob a coordenação da professora Rosa Marina de Brito Meyer, seria criado um programa de gerenciamento ou sistema operacional. Enfim, um banco de dados, com tecnologia Windows. Ricardo, na ocasião, criou a estrutura do dicionário intitulado *Dicionário Cravo Albin da Música Popular Brasileira*, por exigência do reitor Jesus Hortal e do editor Carlos Leal. Dicionário sem nome, de acordo com Hortal, tende a morrer, enquanto os que são batizados com o nome de seu criador atravessam os tempos. Só que não houve dinheiro o suficiente para a realização do trabalho de pesquisa, remunerar os pesquisadores. Com isso, o projeto não teve seguimento e ficou apenas armazenado na cabeça do seu criador. Só voltaria a ser tocado em 1999, apadrinhado pelo Ministério da Cultura, dentro da Biblioteca Nacional. Conta Ricardo:

> Sou muito grato a Joatan Berbel, o assessor de Francisco Weffort, então Ministro da Cultura, que apoiou o dicionário, abrigou o projeto na Biblioteca Nacional. Passamos o ano de 1999 inteiro, e o de 2000 também, fazendo a base inicial do dicionário composta por cerca de 3.500 verbetes. Trabalhávamos sem cessar, eu e pesquisadores pagos pela Biblioteca e pelo Ministério.

Foram muitos os colaboradores que ficariam no meio do caminho da pesquisa. Já outros se tornariam permanentes, dedicando-se até hoje à redação de verbetes. Caso de Euclides Amaral, que se interessou pelos trabalhos de Ricardo Cravo Albin ainda rapazinho, quando o ouvia no rádio, fazendo programas para o Projeto Minerva; de Heloísa Tapajós, pesquisadora de MPB e produtora de shows, e de Geralda Magella, que seria auxiliada em seu trabalho, desde o início, pelo marido Paulo Luna e depois pelo filho Francisco.

Eis o que Euclides afirma sobre esses primeiros tempos do *DICA*:

> Em outubro de 1999, começamos o trabalho, eu, Geralda, Helô, Arthur de Oliveira, Carlos Esteves, Bruno e Taís. Entrei fazendo a pesquisa sobre samba, choro, hip-hop, rock. Geralda redigia os verbetes sobre clássicos da MPB, como Orlando Silva e Francisco Alves. Helô se dedicava à MPB atual, sem entrar na área do choro. Carlos Esteves entrou e saiu. Muita gente, aliás, entrou para o grupo e logo em seguida o abandonou. Até 2001, o trabalho era meio incipiente. Havia os que eram do meio, tinham trânsito entre os compositores e cantores de MPB, e os que não pertenciam ao *métier*... estes, em sua maioria, ao sentirem dificuldades, acabavam desistindo.

O ano de 2001 seria um ano marco, pois até então não havia o auxílio da internet. Os pesquisadores tinham que achar as informações em livros, discos e, por meio das entrevistas que faziam com os músicos, os cantores, as cantoras e os compositores que virariam verbetes. Afirma ainda Amaral, explicando que a estrutura de cada verbete até hoje é praticamente a mesma:

> A pesquisa era física. O trabalho era heroico. A disposição dos campos foi feita pelos programadores da PUC. Eles montaram o software com o banco de dados. Enfim, foram os programadores de informática que deram a cara inicial do dicionário. Flávio Damm e Júlio Diniz, juntamente com Ricardo, criaram um manual de redação contendo as normas básicas de composição dos verbetes.

O ano de 2001, portanto, foi o ano da revolução cibernética. O computador, que começava a se tornar onipresente em escritórios, empresas e nos lares dos brasileiros, transformou-se em instrumento auxiliar de levantamento de dados para o dicionário. Euclides Amaral comprou o dele com o auxílio de Ricardo. Outro fato que merece ser destacado, como alavancagem essencial para o projeto, foi a ajuda dada pela Fundação de Amparo à Pesquisa do Estado do Rio de Janeiro, a Faperj, ao conceder bolsas aos pesquisadores. Em consequência da entrada em cena dos *personal computers* e da internet, em 2002, a Brasil Telecom possibilitaria a visualização do *Dicionário Cravo Albin da Música Popular Brasileira* no portal iBest, transformando-o num documento de referência on-line. Com isso, houve uma explosão de informações e de acesso de internautas, que não mais pararia de crescer, já que a obra era atualizada a cada semana. Ao realizarem seus levantamentos, os pesquisadores também passaram a levar em consideração observações feitas pelos visitantes do site. Se no belo volume físico do Dicionário, editado em conjunto pelos Institutos Antônio Houaiss e Cravo Albin (aliás, a única temática fora da língua portuguesa da família de Dicionários Houaiss) existem 7.500 verbetes, na página do DICA dentro do site, agora considerado instrumento gigantesco na internet, já passam de 14 mil.

E o ano de 2001, o da virada virtual, foi relevante também por outra razão. Em 24 de janeiro, Ricardo Cravo Albin decidiria transformar seu complexo imobiliário na Urca, propriedade que se estende por três mil metros quadrados, em sede do Instituto Cultural Cravo Albin para Pesquisa e Fomento das Fontes de Música Brasileira, tendo criado, com este objetivo, uma sociedade civil sem fins lucrativo. Sua finalidade principal é a de "promover e incentivar atividades de caráter cultural no campo de pesquisa, reflexão e promoção das fontes que alimentam a cultura e, em especial, a música brasileira, visando à divulgação, defesa e conversação de nosso patrimônio histórico e artístico". A nova instituição cultural contou com o respaldo de dez personalidades cariocas, os sócios-fundadores: Affonso Arinos de Mello Franco, Amaro Enes Viana, Martinho da Vila, Maria Beltrão, Maria Eugênia Stein, Octávio Mello de Alvarenga, Marcílio Marques Moreira, Leonardo Cravo Albin, Marcos Faver e Rosiska Darcy de Oliveira.

A doação da casa adquirida com tanta dificuldade em 1989 para o instituto foi o fecho de uma história de resistência que começara em 1998, em paralelo aos esforços empreendidos para a confecção do dicionário. Que história foi essa? Tudo começou quando Ricardo recebeu uma proposta de compra de sua propriedade para que nela fosse construído um apart-hotel. Proposta essa que o dono daquele pedacinho de paraíso na Urca considerou um verdadeiro ato de agressão por parte de especuladores imobiliários:

> Foi assim que ocorreu. Tive a ideia de criar o instituto quando houve aquela história do apart-hotel, quando Luiz Paulo Conde estava à frente da prefeitura (Conde foi prefeito, de 1997 a 2000). Havia um grande surto de especulação imobiliária no Rio. Achei e ainda acho que a cidade não pode perder seus pontos de referência. Sou radical em relação a isso. O Rio já perdeu muitos pontos de referência por má administração, incompetência. Não cabe aqui dizer o nome das pessoas que me fizeram a proposta, porque depois passaram a ser de alguma estima minha, inclusive na Associação Comercial, na qual presido, já por doze anos, o Conselho de Cultura.

Se Ricardo não diz nomes, diz a cifra. Os proponentes queriam adquirir tudo, a cobertura, os apartamentos e o largo da Mãe do Bispo, com sua bela piscina e casa colonial, por 3,5 milhões de dólares, tendo sido lhe prometido ainda, como um pequeno bônus, um pequeno apartamento em Paris. Ele observaria a seus cobiçosos proponentes que não poderiam comprar a área e nela construir um hotel, por se tratar de área não edificante, ao pé do Pão de Açúcar, protegida pelo Patrimônio Histórico. Ao que lhe teriam respondido: "Nós podemos muito mais do que você pode imaginar. Aceite a nossa proposta que se dará muito bem". Só que Ricardo resistiu ao canto da sereia. E a fim de se precaver contra novos ataques especulativos, resolveu criar o instituto com o qual já sonhava há tempos para ter melhores condições de preservar seu acervo pessoal de discos e de documentos sobre a história da MPB.

Reuni meus herdeiros e disse a eles que ia doar todos os meus bens, porque, finalmente, eu ia fazer o instituto com o qual tanto sonhara para guardar minhas coleções. Exatamente no momento em que recebi a proposta milionária, eu estava negociando a venda de minha coleção de discos para a Biblioteca Nacional. Interrompi as negociações com o presidente da Sociedade de Amigos da Biblioteca (Sabin), Paulo Fernando Marcondes Ferraz, porque optei pela criação do instituto. Isso foi em 1998. Sim, em 1998 é que ocorreu esta oferta milionária para que eu torrasse todo este lugar maravilhoso, porque queriam fazer aqui um apart-hotel. Era exatamente o tipo de coisa contra a qual eu havia me insurgido em meus artigos escritos em *O Globo*. Convenci os meus herdeiros a ir ao cartório. De início meu irmão Leonardo resistiu à minha ideia, mas acabou por ceder a meu desejo. Quanto às minhas sobrinhas, elas me apoiaram de imediato. Inaugurei oficialmente o instituto em abril de 2001.

O ministro da Cultura, Francisco Weffort, que já havia apoiado o dicionário, abrigando-o na Biblioteca Nacional, também apoiaria a transformação da casa da Urca em Instituto Cultural Cravo Albin, tendo vindo de Brasília para participar da inauguração. O jornal *O Globo* deu matéria na primeira página no domingo. E, logo, Ricardo também receberia a visita do novo prefeito, César Maia, que foi ao ICCA agradecer a doação à cidade daquela joia arquitetônica situada à rua São Sebastião, bem pertinho do Cassino da Urca. "Foi um gesto generoso o de César Maia, já que algumas vezes eu o atacara em meus artigos", comenta Ricardo.

Coincidentemente ou não, o criador do ICCA receberia várias consagrações públicas, em 2001. Além de ter sido honrado com a Medalha do Mérito Pedro Ernesto da Câmara Municipal do Rio, e com a medalha da Inconfidência, concedida pelo governo estadual de Minas Gerais, a convite de Marcílio Marques Moreira assumiria a presidência do Conselho Empresarial de Cultura da Associação Comercial do Rio de Janeiro, atividade que exerce até hoje. Depois ficou envolvido com as comemorações do bicentenário de Irineu Evangelista de Souza, o visconde de Mauá, nascido em dezembro de 1813. Mauá é o patrono da ACRJ, também chamada de Casa de Mauá. O presidente JK também mereceu uma enorme celebração pelo Conselho de Cultura. Ricardo sempre foi amigo de Marcia e Maristella Kubitschek.

E foi assim que nasceu o ICCA, cujo principal produto é o dicionário. Duas criações de um sonhador irremediável. Se o *Dicionário Cravo Albin da MPB* não tem fim, devido às suas atualizações, o ICCA, que completou 15 anos em 2016, também não para de inventar novos produtos culturais, sendo tão efervescente e múltiplo quanto o seu fundador.

ICCA, um universo em expansão

Em 2011, quando o ICCA completou dez anos, a revista *Carioquice* comemorou o aniversário com uma reportagem de autoria de Kelly Nascimento. Na ocasião, Maria Eugênia Stein, sócia-fundadora e parceira de Ricardo Cravo Albin em várias empreitadas culturais, diria, ao ser entrevistada por Kelly:

> A criação do instituto coroou a história do próprio Ricardo e sua ligação com a MPB. Ricardo foi o estruturador do Museu da Imagem e do Som, com formato único em todo o mundo. Em paralelo, sempre teve o espírito de colecionador. Prova disso é a Coleção Ricardo Cravo Albin, com 6.900 LPs, no início, que reuniu ao longo da vida. O próprio Ricardo já tinha um acervo valioso no universo da MPB e sempre foi preocupado com a preservação dos bens culturais do país. Logo, a criação do ICCA foi um processo natural.

E, também, o primeiro passo numa longa caminhada, por ser o início de um trabalho que está longe de terminar. Como acentuou Maria Eugênia:

> Inicialmente, a situação do acervo era dispersa e sem catalogação. Então, Ricardo foi buscando especialistas para pôr em prática a preservação. Um parceiro de primeira hora foi a Faperj, cujo presidente inicial, o ex-reitor da UERJ Antonio Celso, sempre forneceu bolsas e projetos para o ICCA, simpatia e adesão que foram pontualmente seguidos por todos os presidentes posteriores da Fundação Carlos

Chagas, sem excessão. Logo depois, fechamos uma parceria fundamental com a UniRio, com a área de museologia desta universidade carioca. Contamos também com a valiosa ajuda do arquivologista Sergio Albit, que juntou museólogos e arquivologistas aos pesquisadores que já estavam estruturando o dicionário.

Essa equipe de especialistas passou a trabalhar na catalogação e digitalização de discos, higienização, registro fotográfico das capas e acondicionamento do material em caixas especializadas. Ao apoio da Faperj e da UniRio viria se juntar ainda o apoio da FINEP e do BNDES. Nos dez anos iniciais foram tratados 15 mil discos. Na medida em que o trabalho de preservação foi sendo reconhecido publicamente, novas coleções foram agregadas à original, de propriedade pessoal de Ricardo, com o ICCA recebendo continuadamente centenas de doações de colecionadores particulares, entre elas as de Geraldo Casé, Ivon Curi, Nélida Piñon, Aliança Francesa, IBEU e do jurista Joaquim Falcão.

Trabalho de ativas formiguinhas, cuidar do acervo do ICCA. As dificuldades aumentam a cada dia, porque o temerário Ricardo não para de aceitar novas doações. Outros acervos viriam a se unir aos já existentes, como o dos embaixadores Alcides Guimarães, René Haguenauer e Roberto Assumpção (que trabalhou diretamente com o professor Roquette-Pinto), e a de uma colecionadora de Taubaté, Celina Saez, que estava negociando com o à época governador de São Paulo, José Serra, a doação de 6 toneladas de discos para o MIS paulista, mas, ao ouvir Ricardo dizer em uma entrevista na Globo News que no ICCA cada disco "era tratado com talco e fraldinha", optou pelo Instituto Cultural Cravo Albin como guardião de seu acervo. Em seguida, também foram destinados ao Instituto, por decisão de Mario Priolli, 20 baús de discos e documentos do Canecão, após a lendária casa de shows carioca ter sido fechada devido à ação judicial impetrada pela Universidade Federal do

Rio de Janeiro. Em outras palavras, toda a história do Canecão e de seus eventos de música popular brasileira de incalculável valor para o patrimônio cultural da Cidade passou a ficar sob os cuidados do ICCA.

> Aqui é como coração de mãe. Sempre cabe mais um. Não recuso nada. Embora as museólogas digam que devo recusar novas doações, sou impenetravelmente rebelde. Em cada coleção pode estar uma joia rara. É a aventura do inesperado. E como curador de museus, aposto no inesperado. É preciso ter coragem, não agir burocraticamente. Aprego a audácia. O Museu da Imagem e do Som nasceu exatamente assim, com coragem, audácia. As pessoas não queriam que se fizesse nada. Que o museu ficasse estacionado, bolorento. Diziam que era preciso estruturá-lo primeiro e depois ir fazendo devagarinho suas ações, atividades. Fiz o contrário. Parti de imediato para as ações. E com isso surgiu o museu, que hoje conta com cerca de mil depoimentos para a posteridade. Tenho uma fé inabalável. Vou morrer acreditando que é possível construir sonhos.

Consequentemente, o ICCA não para de se avolumar, tendo se tornado um depósito gigantesco, para grande preocupação de quem acompanha o crescimento dos acervos. Caso da museóloga Maria de Lourdes Horta, que ajudou a reestruturar o arquivo de discos e documentos, quando o Instituto recebeu um financiamento do BNDES, com esta finalidade. Convocada por Ricardo quando foi afastada do Museu Imperial de Petrópolis, Lourdinha ficou trabalhando na organização do acervo do ICCA, de 2009 a 2011, juntamente com jovens bolsistas da Faperj. Segundo ela, o espaço ficou pequeno para tudo o que o ICCA contém, em seu terceiro e quarto andares (o quinto é o da cobertura, onde Ricardo mantém seu escritório e realiza eventos).

Jerônimo Moscardo também se preocupa muito com a disposição constante do amigo de aceitar novas doações de acervos. E com a consequente necessidade de depender de dinheiro público, que não vem nunca, para manter o instituto em funcionamento. Mas quem pode lutar contra um incorrigível sonhador? Enquanto o futuro não vem, o ICCA existe e resiste. É o mundo encantado de Ricardo Cravo Albin. Lá, todo dia é dia de festa, comemoração, sarau, exposição. Mesmo temendo que o antigo colega dos tempos do Pedro II venha a sofrer uma estafa, devido às preocupações financeiras que o deixam insone, Moscardo não o abandona e está sempre presente aos eventos, concedendo-lhe conselhos e permanente apoio. O mesmo ocorre com Lurdinha e Maria Eugênia Stein. E a tropa de combate não fica apenas por aí. O pragmático homem a quem Ricardo pensou em vender seu acervo de discos, antes de ter optado pela criação do ICCA, ou seja, o empresário Paulo Fernando Marcondes Ferraz, que presidiu a Sociedade de Amigos da Biblioteca Nacional durante dez anos, também se mantém firme ao lado do musicólogo:

> Faz muito tempo que conheci Ricardo. Que é imprevisível. Ele sempre frequentou a alta sociedade, onde é saudado com o mesmo entusiasmo quando chega às escolas de samba e às biroscas de batuques populares. Talvez ele estivesse à frente do MIS na época. Na minha cabeça, eu o conheci desde sempre, em casas de amigos ou em eventos culturais. Mas nos aproximamos realmente quando ele me consultou sobre a possibilidade de a Biblioteca comprar o arquivo de discos e recortes que acumulara ao longo da vida. Chegamos a começar a negociação, mas, no meio do caminho, ele resolveu criar o Instituto Cultural Cravo Albin. Um dia ele me pediu que o ajudasse a levar adiante a área cultural da instituição. Foi com prazer que aceitei a incumbência. Nossa amizade ficou cada vez mais estreita. Hoje, orgulho-me de ser conselheiro e colaborador do ICCA.

Músico percussionista, atividade que exerce como um hobby, Paulo diz que tem a intenção de nunca deixar o amigo sozinho com suas atribulações.

A fim de que o peso das preocupações se concentre mais em sua própria pessoa, em solenidade, ocorrida em agosto de 2013, na sede do escritório de advocacia Lemos Associados, em sua homenagem, Ricardo anunciou uma mudança na composição da diretoria do ICCA que o tornava plenamente responsável pelas perdas e ganhos da instituição. A partir desta mudança, que afetou a estrutura do Conselho criada em 2001, os dois únicos diretores responsáveis pelo patrimônio do ICCA passaram a ser Ricardo e Amaro Enes Viana, que antes era diretor financeiro. Ao falar durante a cerimônia, Ricardo informou que Amaro doara para a instituição um apartamento no quarto andar do prédio da Urca, que estava em seu nome.

Visita física e virtual

A SOLENIDADE NA LEMOS ASSOCIADOS, no Centro do Rio, foi mais uma prova de que, apesar das dificuldades, Ricardo não está mesmo disposto a abrir mão de seu sonho. Aproveitando que o sonho existe, em massa e argamassa, portas, telhados, varandas, escadas, árvores e floresta, vamos visitá-lo. É sempre um enorme privilégio ir à Casa da Urca, poder ver a vista que se descortina da sala avarandada do quinto andar. Uma grande celebração – não tem jeito, o homem é mesmo festeiro – aconteceu lá dois meses antes do evento na Lemos Associados, quando Ricardo tomou posse, em 23 de maio, na cadeira número 17 da Academia Brasileira de Arte, tendo sido recebido na instituição por Affonso Arinos de Mello Franco.

A cerimônia foi presidida por Heloisa Lustosa, presidente da ABA, e pelo secretário executivo Victorino Chermont de Miranda. Também, neste dia, vários amigos e amigas, conselheiros e instituidores do ICCA estavam presentes, entre eles figuras representativas da cultura brasileira e da carioquice.

Entremos na casa então cor de terracota ou rosa escuro. Quando subimos a escadinha em direção à porta do prédio, vemos inúmeras placas que contam um pouco a história recente do ICCA, seus feitos, eventos, apoios. Ao todo, por enquanto, são quinze, que só representam cerca de dez por cento dos eventos, estando muito longe, portanto, de abarcar todo o universo de celebrações da casa.

Como é habitual, encontramos Maria da Conceição Cova, fiel escudeira de Ricardo, que trabalha no ICCA, desde o ano de 2001, ao final da escadinha da entrada do prédio – por vezes, seu posto vigilante é na saída do elevador – recebendo os convidados. Segundo informa Conceição, esse ritual de entrada no castelo de Ricardo é muito importante, fazendo parte da boa receptividade imposta pelo anfitrião.

> Com Ricardo, fui aprendendo a arte de receber. Temos uma preocupação, por exemplo, com quem vai receber as pessoas na porta. Não é qualquer um que pode ficar na porta do ICCA. Tem que ser merecedor da função e pertencer à nossa equipe. Ricardo faz com que as pessoas se sintam bem aqui. É minucioso. Acompanha tudo nas recepções, todos os detalhes, minúcias. E eu o ajudo.

Ajuda esta que é feita com muita seriedade, pois Conceição foi impregnada pela generosidade do patrão, por quem nutre verdadeira admiração:

> Trabalhar com o Ricardo tem um lado apaixonante. Ele, Ricardo, faz você ir junto com ele. Assim vai-se adquirindo conhecimento e tem-se a alegria de poder participar dos resultados. Ricardo para mim funcionou como uma grande inspiração. Mudou a minha vida. O objetivo dele é o ICCA, o meu também. Divido com ele a crença no Instituto.

Moradora de Niterói, com 54 anos de idade, Conceição é separada, tem dois filhos, e diz que não os teria criado sem a ajuda de seu empregador. Foi por mero acaso que ela foi parar no ICCA:

> Como cheguei aqui? Eu estava trabalhando em casa. Um compadre meu, o Julio Diniz, era coordenador acadêmico do *Dicionário Cravo Albin*, no início do projeto, e me indicou para trabalhar no instituto. Ricardo é uma pessoa que

exige muito. Ele me chama o tempo todo. Nós dois trabalhamos na maior adrenalina. Isso alimenta a alma. Aqui é ação o tempo todo. Sou contratada pelo próprio ICCA. Eu não sabia trabalhar, minha única experiência profissional, até então, foi a de ter sido professora primária no Colégio São Vicente de Paula. Ricardo aposta nas pessoas, com total confiança. Enquanto acredita, segue apostando. Em 2001, ele me disse: "A partir de hoje você vai ser a secretária. Exercendo a função, vai acabar aprendendo". É difícil ele desacreditar de alguém. Mas que exige, exige. E muito.

Conceição auxilia Amaro a fazer os pagamentos, tocar a parte financeira do instituto, apesar de que cuida mesmo, como faz questão de frisar, é da parte administrativa, como secretária executiva. Enfim, no dia da minha visita ao ICCA lá estava Maria da Conceição Cova na porta, sem hora para voltar para casa. Totalmente dedicada à concretização do sonho do homem de cultura. Não faz questão de aparecer, some entre os convidados, mas sem ela as festas não aconteceriam. É o anjo bom daquele paraíso, do qual conhece todos os segredos.

Após passar por Conceição – ou pela pessoa por ela designada para ser o sentinela ou guardião da noite –, o visitante toma o elevador até o quinto andar, entra finalmente no vestíbulo do ICCA e se depara com um clima mágico, envolvente, que o atinge por todos os poros. Impossível chegar e ir embora rapidamente. A casa gruda na pele. Depois do sarau, da música a ecoar pelas salas ou pelo largo da Mãe do Bispo, depois que se deu uma olhada na exposição – costume haver sempre uma exposição para se visitar no casarão do Largo – há um coquetel, oferecido pelo próprio Ricardo ou financiado por uma instituição mantenedora. Entram em ação, então, os garçons, entre eles Luiz Paulo, que trabalha na casa há cinco anos. Um negão tipo o compositor Monsueto. Fino exemplar do carioca típico, sempre rindo, sempre malemolente.

Quem visita o ICCA uma noite, duas, três ou mesmo mais não terá nunca noção exata da imensa quantidade de trabalho que envolve manter o casarão em funcionamento, com sua multiplicidade de atividades. Nas festas, o que se vê é a ponta de um iceberg, porque o ICCA funciona como se fosse um universo em permanente expansão. Para se ter uma ideia mais completa do que costuma ser realizado lá, mensalmente, o melhor é fazer uma outra visita, não física, mas virtual. Sim, o site é um bom instrumento de aproximação ou lente de observação, pois está tudo lá, ou quase. A história do instituto, seus amigos institucionais, os conselheiros, os pesquisadores, as arquivistas e os demais funcionários, os projetos, os eventos, o Sarau na Pedra, as Sabatinas Musicais, os serviços, as publicações, a música nas escolas, os discos, o dicionário e a rádio digital. A revista *Carioquice*, com dezenas de edições já digitalizadas. O projeto MPB nas escolas e seus kits. As notícias mais quentinhas da MPB, as notas e os destaques.

Entremos no site, pois. A primeira página ou página inicial, totalmente colorida – o mundo do ICCA é alegre e colorido, tanto o físico como o virtual – tem na cabeça, além do logotipo do instituto, com a imagem do Pão de Açúcar (de autoria de Glauco Rodrigues) e uma nota musical, uma fileira de capas de discos, que mudam de composição a cada nova entrada ou visita. Num dado momento, por exemplo, podemos nos deparar com centenas de capas de discos de Almirante, Jamelão, Kleiton e Kledir, Roberto Carlos, Luiz Bonfá, José Augusto...

Ao centro, na seção de destaques, há sempre uma grande foto, que pode se referir a uma homenagem a Pixinguinha ou a Martinho da Vila, à visita de Vó Maria, viúva do Donga, no dia da abertura de sua exposição, à vinda de um grupo de pessoas do SESC de Bauru, recepcionadas por Ricardo, ou uma recente visita de diplomatas africanos, com o movimento das imagens e informações sendo contínuo, a partir da realimentação de dados. Logo abaixo, há chamadas ou entradas para o vídeo institucional do ICCA, para o site do *Dicionário Cravo Albin* e para os diversos números da *Carioquice* que conta e reconta a história da Cidade do Rio de Janeiro e dos cariocas que fazem parte desta história. Além de projetos e novas ideias, sempre em realização.

Em cima e embaixo da página, há ícones ou imagens que levam o visitante para a página da Rádio Digital Cravo Albin, totalmente voltada para a música instrumental, ou seja, "A rádio sem letras", que oferece o melhor do chorinho e da música popular produzida no Brasil. Trabalho acadêmico financiado pela Faperj, a rádio conta com os apoios culturais de duas instituições muito próximas a Ricardo, a Socinpro e Irmãos Vitale Editores.

À esquerda, debaixo de logotipos das instituições mantenedoras do instituto, está o sumário da página, que permite ao internauta ficar por dentro do ICCA, bastando clicar no item que mais lhe despertar a curiosidade como, por exemplo, "Sobre o ICCA", "Ricardo Cravo Albin", "Atividades", "Serviços", "Publicações", "Projetos", "Rádio Digital", "Fórum MPB nas Escolas", "Eventos Culturais", "Acontece", "Conexão MPB" e mais uma dezena de outros itens. Cada um deles é um mundo. Se o visitante clicar em "Sobre o ICCA", encontrará as seguintes entradas: "Apresentação", "Missão, Visão e Valores Institucionais", "Objetivos Institucionais", "Organização", "Equipe", "Onde nos encontrar". E só levar até lá o mouse, clicar e as informações surgirão, o mesmo ocorrendo com os demais "capítulos" do sumário.

No item ou entrada "Ricardo Cravo Albin", o visitante encontrará o perfil do criador do ICCA, suas entrevistas no rádio e na televisão, seus artigos e a produção literária.

No item "Publicações", encontram-se informações sobre os seguintes livros: *MPB, a alma do Brasil*, o Dicionário, a Revista, *Cartografia Ale-*

górica das Escolas de Samba do Rio de Janeiro, *MPB Mulher*, *Tons e Sons do Rio de Janeiro de São Sebastião*, e *Tones and Sounds of Rio de Janeiro*, a versão em inglês do mesmo livro. Depois de se passar pelos "Projetos", a "Rádio", "MPB nas escolas", chega-se aos "Eventos Culturais" realizados na sede da ICCA, ou seja, o "Sarau na Pedra" e as "Sabatinas Musicais", que atraíram e ainda atraem inúmeros aficionados de música popular brasileira ao casarão da Urca.

Em "Acontece", estão outras celebrações, eventos extraordinários ou homenagens inventadas por Ricardo, como a que fez para os 100 anos de Vó Maria, Marlene, Rildo Hora, Dia Internacional da Poesia, os gigantes da Bossa Nova e do Jazz, ou os festejos do centenário de Herivelto Martins, Noel Rosa, Luiz Gonzaga, Vinicius de Moraes, Dorival Caymmi e vários outros compositores que jaziam na penumbra do esquecimento. Em "Tome Nota", são divulgadas as últimas notícias sobre os homens e mulheres que fazem ou fizeram a MPB do Brasil ficar cada vez mais rica e conhecida internacionalmente, como o aniversário de Roberto Carlos, o de Frejat, o lançamento de uma caixa box reunindo dezoito discos de Nana Caymmi, a caixa box com discos de Miltinho, homenagem ao centenário de Carlos Galhardo, aniversário de Donga, de Cazuza, os trinta anos sem Clara Nunes, o lançamento de uma caixa box com a obra de Chico Buarque. E também o aniversário de Renato Russo, o adeus a Paulo Moura ou a Emilio Santiago e ainda os festejos em torno dos 150 anos do nascimento de Ernesto Nazareth.

Enfim, em sua página, o ICCA revela-se tão grande e milagroso como a própria música popular brasileira, já que tenta retratá-la em seu dia a dia, celebrá-la e ao mesmo tempo imortalizá-la, lutando permanentemente para que todos os seus valores sejam conhecidos, reverenciados e jamais esquecidos. Mas é claro que mesmo se fazendo uma visita ao site do ICCA, não o estaremos conhecendo por completo, porque, assim como o seu fundador, o instituto não para. Assim como a música popular brasileira, é um mar em movimento.

O trabalho incessante também é realizado pelos jovens bolsistas do instituto, no quarto e no terceiro andar, onde fica o acervo, e pelos pesquisadores do dicionário. Ah, o dicionário, obra sem fim, feita como missão monástica e severa. Porque o dinheiro é pouco, sempre é pouco, e o trabalho é de escavação, arqueologia, pesquisa permanente. Busca de informações, notícias, recortes de jornais. Descoberta de novos valores, revelações da MPB em todo o Brasil e levantamento contínuo de novos dados que enriqueçam ainda mais os verbetes sem preconceito e sem juízo de valor, desde que eles sejam reconhecidos pela opinião pública. Está sempre em aberto, o Dicionário Cravo Albin. É preciso ser paciente, dedicado, e se manter alerta, lendo revistas e jornais, indo a shows em busca de novas estrelas, saindo à cata do ouro da MPB, garimpando permanentemente, separando o joio do trigo. Caneta e computador a postos. Caderninhos de anotações.

Os bravos heróis do dicionário

SÃO CINCO, EM MÉDIA, os pesquisadores do *Dicionário Cravo Albin da Música Popular Brasileira*, desde 1999, que se reúnem de quinze em quinze dias na casa da Urca, faça chuva, faça sol, com a orientação do dicionarista Ricardo. Cada um tem o seu campo de trabalho ou vertente. Heloisa Tapajós, a Helô, cuidou, até a sua morte, em 2014, dos verbetes da MPB urbana e foi substituída por Bárbara Bernardes. Essa vertente abriga verbetes desde os tempos do início da bossa nova, em 1958, até os dias atuais. Paulo Luna fica com toda a história tradicional da MPB urbana, desde o início, ou seja, desde Gregório de Matos, lundus e modinhas, até 1958. Com ele, ficam nomes como Chiquinha Gonzaga, Ernesto Nazareth, João da Baiana, Pixinguinha, Orlando Silva, Francisco Alves, Carmen Miranda, entre tantas referências obrigatórias do passado ou os que tenham começado sua carreira antes de 1958. Euclides Amaral é o responsável pelos verbetes sobre samba, choro, funk, hip-hop, rock, pop e gospel. Paulinha Leijoto (casada com o cantor Moysés Marques) divide o trabalho com Amaral, para ele não ficar doido de todo. "Maluco beleza", todo tatuado, Amaral é o mais entusiasmado do grupo. Já Francisco Luna fica com a vertente sertaneja e rural e o pop romântico. Ao lado da música religiosa, católica e evangélica, as músicas sertaneja e rural são as que mais vendem discos no Brasil. Muitas vezes, Chico Luna viaja pelo Brasil adentro, participando de festas caipiras ou de rodeios, atento aos novos valores, às novas duplas sertanejas e voltando com muitas novidades para contar. O Dicionário se orgulha de dar toda atenção à esta vertente, muitas vezes esnobada por críticos e intelectuais.

As reuniões têm uma espécie de ritual ou método de trabalho criado por Ricardo. Quando recebe discos das gravadoras, primeiramente, os distribui para os pesquisadores, que discutem se vale a pena ou não fazer um novo verbete ou atualizar um antigo. Nem todas as gravadoras mandam os novos discos para o Instituto Cultural Cravo Albin. Os que chegam são muito bem-vindos. Depois dos discos, Ricardo comenta os recortes de jornal e revistas especializadas que reuniu dia a dia ao longo da quinzena. A pilha é sempre grande. Gradualmente, ele os repassa para quem deve se ocupar das informações noticiadas – a maioria delas em *O Globo* –, respeitando a área ou vertente de cada um dos pesquisadores. A notícia divulgada em um determinado recorte pode provocar pequenas discussões momentâneas sobre quem deve "ficar" com o verbete, mas as raras disputas são sempre resolvidas amigavelmente ou acabam em risadas. O interessante, para um observador das simpáticas reuniões, é verificar que ninguém recusa trabalho, muito pelo contrário. Interessante e também impressionante, se fossem levar em conta o pagamento recebido. Mas não é o que acontece, já que os cinco pesquisadores são apaixonados pelo que fazem, tendo grande carinho pela MPB, seus astros e intérpretes. Como se tivessem pegado o vírus transmitido por Ricardo, pois a sensação que se tem é que foram todos contaminados pela paixão pela música popular produzida no Brasil, agindo como sacerdotes ou vestais, preservadores de um fogo sagrado.

Num quarto estágio, vêm os pedidos feitos por e-mail, ou seja, questões levantadas por internautas ou visitantes do site do dicionário, no "Fale conosco", e também pedidos feitos por telefone a Ricardo. São dezenas de pedidos, a cada semana, para inserção de novos nomes e criação de verbetes. Para que este seja feito, e incorporado ao dicionário, é preciso que o pedido seja analisado com acuidade, a fim de se verificar se o cantor, cantora ou compositor em questão merece realmente "ser verbetado".

Para se poder dimensionar a profundidade destas reuniões quinzenais, o imenso número de questões que costumam ser levantadas, vale a pena fazer a descrição de uma delas. Apesar de todas serem praticamente iguais, no que diz respeito à metodologia, os assuntos, os temas, os nomes e as observações acadêmicas sempre mudam, devido à riqueza de ritmos e criadores da música popular brasileira. Os encontros sempre ocorrem às quartas-feiras, a partir de 15h, na mesinha redonda da sala avarandada do quinto andar do casarão da Urca. Costumam terminar pelas 17h ou mesmo 18h, dependendo do volume do material a ser analisado, sobretudo os recortes de jornais colecionados por Ricardo quinzenalmente.

Dia 5 de junho de 2013, foi dia em que eu assisti ao encontro de pesquisadores do dicionário. Os primeiros a chegar foram Paulo Luna e Euclides Amaral. Depois chegou Helô e, quase que ao mesmo tempo, Ricardo aproximou-se da mesa, acompanhado de um mestrando em história da UFF. Camilo Árabe conhecera Ricardo numa audiência pública na Alerj. Formado em jornalismo, resolveu fazer mestrado em história, estando envolvido com uma monografia sobre Wilson das Neves, pois, conforme explicou, gosta de relembrar compositores que não se encontram mais "na pauta principal".

Ricardo começa a reunião apresentando os discos recebidos. "Recebi discos", avisa, acrescentando que o número fora reduzido. "Gostaria de ter recebido mais." O primeiro deles era do acordeonista Cezzinha, cujo verbete deveria ser feito por Francisco Luna (que ainda não chegara). O segundo disco, *Cadafalso*, era de Momo (Marcelo Frota), e iria para Helô, juntamente com os recortes sobre o novo disco do artista. Percussionista, Momo compõe cantos e batuques afro-brasileiros. Passou grande parte da vida em Pernambuco. É parceiro do Wado, alguém diz. O selo é "independente".

Há também um disco de Leo Leobons, *Canto dos Tambores*. Pertence à turma de Lucas Santana. Viveu duas décadas nos Estados Unidos. Frequentou a Universidade de Maryland. Fez temas de salsa e merengue para a novela *Kubanacan*, da TV Globo.

Entra na sala a bolsista Cristiana Coutinho, mencionando a necessidade de pôr um antivírus no computador do arquivo. Ricardo diz que conversará sobre o assunto depois. E seguem os discos. Leticia Perciles, atriz, ex-cantora da Banda Manacá, mulher de Luiz Fernando de Carvalho, diretor das minisséries de TV Globo, está com um disco novo. O filho dela se chama Ariel, alguém comenta. Carlos Navas tem também um novo DVD, quem fez o verbete?

A reunião entra num novo estágio, o dos recortes dos jornais, com matérias e críticas especializadas, que vão sendo comentadas por Ricardo e pelo grupo. Naná Vasconcelos. Saiu matéria no *Correio Brasiliense*... Fica com a Helô. Renato Russo. Dois filmes baseados na vida dele. O verbete a ser atualizado é de Amaral. Há homenagens a Vinicius de Moraes, pelo centenário de seu nascimento. Palestra de Afonso Romano de Sant'Anna. Verbete da Helô. Um novo disco de Juvenil Silva, rock no espírito udigrudi. Tarefa para Euclides Amaral. Grande matéria em *O Globo* com o título "Pancadão na classe média". Novo funk ou funk light, sem palavrões. Patricinhas de Ipanema no funk. MC Britney, as meninas do Bonde das Maravilhas, Os Ousados, Os Lelecos... Trabalho para o Euclides, que comenta: "Pancadão é um grande tambor. Mistura de funk com hip-hop. Tem também o 'Proibidão', baixaria pura. E agora existe até mesmo o funk evangélico, católico."

Alceu Valença tem um relançamento. "É gênio", diz Helô. Alceu é música regional, logo ficará aos cuidados de Francisco Luna. João Barone, dos Paralamas, lança livro sobre ex-combatente da FEB. Rock. Fica com Amaral. Página inteira no *Globo*. "É verbete", diz Ricardo. Que comenta que há outra matéria sobre o centenário de Vinicius. Os poemas de Vinicius vão ser apresentados em São Paulo, pela orquestra da Osesp.

Prêmio da Música Popular Brasileira. Tom Jobim e Chorão (vocalista do Charlie Brown Jr., o Alexandre Magno Abrão, que morreu em março) serão os grandes homenageados. Maria Bethânia vai ganhar o prêmio de melhor canção, com a música "Carta de Amor", feita em parceria com Paulo César Pinheiro. Há uma discussão a respeito da premiação. Afinal de contas a música e a letra não eram de Paulo César Pinheiro? Não, existiu realmente uma parceria. Tanto que Paulo César Pinheiro a reconhece…

Já Miéli vai receber o título de carioca honorário, por ocasião de seus 75 anos. A homenagem acontecerá no bar Cariocando, rua Silveira Martins, 139, um sobrado. E os recortes continuam a ser lidos: reportagem sobre Pedro Veríssimo, filho do Luiz Fernando Veríssimo, que já cantou no ICCA. "Gaúcho tenta a carreira no Rio, com show em Ipanema", diz a matéria. Recorte sobre Márcio Gomes, assunto para Paulo Luna. Secos & Molhados, João Ricardo, novo disco. Vinte anos de Pato Fu. Reedição de vinil. Rock… fica com Amaral. João Saboia, fica com a Paulinha.

Heróis não reconhecidos do BRock. Matéria no Segundo Caderno de *O Globo*. Aborto elétrico. Rock, sintetizadores. Geração de 2010. Nova turma joga tudo na internet. Marmund. Secchin. Maria Luiza Jobim. Lucas de Paiva e Tereza. Assunto para o Amaral, também. O disco digital está crescendo. Não seria o caso de se fazer um verbete?

Jamelão, fica com Paulo Luna. "É um ranzinza", comenta Luna, que cuida da velha guarda do samba e dos grandes intérpretes do passado, como Francisco Alves, Silvio Caldas, Orlando Silva e Carlos Galhardo, que está sendo relembrado. Há uma efeméride envolvendo Galhardo, promovida pelo ICCA. Matéria sobre gafieiras. Existe uma ideia de se tombar as gafieiras, restaurar os prédios, Elite, Estudantina... Amaral relembra que em 1930 existiam 450 gafieiras no Rio... foram sendo fechadas...

Pop alternativo. Experimentalismo. Arrigo Barnabé. Lira Paulistana, também do Amaral. Tom Jobim lembrado a doze mãos. Atualização da Helô... E as informações e os nomes vão se sucedendo: CD *A portrait of Chico Buarque*; Ife Tolentino, que gravou um disco na Islândia; Marcia Castro, baiana, intérprete de axé, mas sua música vai além do axé; Quarteto Paulistano, Rodrigo Campos, verbete para a Helô; Biquini Cavadão; Barbara Eugênia, estilização do brega de outras eras; Mu Chebabi, autor de músicas do Casseta e Planeta, paródia, uma coisa é uma coisa, outra coisa é outra coisa... "Talentoso", afirma Helô; Bebel Gilberto, Beth Carvalho...

A reunião entra em seu terceiro estágio, o da análise do trabalho quinzenal. Novos nomes são citados: Adriana Calcanhotto; Alice Caymmi, filha do Danilo Caymmi; MPB4; Saigon; Carlão; o Prêmio da Música Brasileira, novamente a parceria de Bethânia e Paulo César Pinheiro em questão; Zélia Ducan, indicada para o prêmio, que será concedido no Teatro Municipal; Eduardo Taufiki; Dan Torres; Elasti Brandão, ou Eliete; Mestre Gamela, necrológio... fazer verbete.

Chega finalmente Francisco Luna, sempre compenetrado e sério, trazendo o seu repertório de música regional: Rudi e Robson, que estão compondo música para novela da TV Globo, o que é raríssimo, pois é difícil uma composição sertaneja emplacar em temas musicais na TV; Ronaldo Filho, filho de Ronaldo Viola, uma família de músicos sertanejos; Aleixinho, compositor; Gabriel, do sertanejo universitário; Geraldo Amâncio, saiu um livro; Kátia Teixeira, dois discos; Petrúcio Amorim;

Dominguinhos, 50 anos de carreira; João Silva do Nordeste; Neneti e Doninho; Abel e Caim, dupla que já gravou 50 discos; Hugo e Tiago, que entre outras coisas cantam o Hino do Brasil...

A roda continua, com Paulo Luna falando de Vitor Freire, que tem parceria com Armando Cavalcanti. Conjunto de músicos de origem militar. Colocou no disco músicas gravadas por várias pessoas, entre elas Ângela Maria. Em seguida, são citados Nilo Sérgio – o filho quer ver se consegue remasterizar quatrocentos discos, no começo da carreira cantava em inglês, como Morris Albert, Christophe; João Mourão, baixista de Raul Seixas, que caiu na vida e virou produtor de música católica; homenagens ao papa, que virá para a Jornada da Mundial da Juventude; Karen Kaldani; Avelino de Camargo, que conviveu com chorões na virada do século XIX para o XX; Cyro Monteiro, homenagem no centenário de nascimento; Britinho; Mario Adnet; Villa-Lobos, cinquentenário em 2012; Ary Barroso, José Tobias...

Por fim, os pedidos, pessoas físicas ou representantes de gravadoras que ligaram para o Instituto ou que fizeram recomendações por e-mail. Outros nomes entram na dança, de conhecidos e desconhecidos: Werner, Andrea Ramos, Chico Lessa, Martinho da Vila, comunidade Nin-Jitsu, Luís Guimé, o saudoso Helio Contreras, que além de jornalista também era compositor; Brothers do Brasil; Felipe Tadeu; Almir Sinclair; Abílio Manuel; Mulheres de Chico, Xico Chaves e Norma de Vicó.

Tudo isso em apenas uma reunião. A tarefa é para leão. Mas são todos pesquisadores experientes. Helô e Amaral participaram da confecção do dicionário, desde 1999. Em 1999, Paulo Luna ajudava a esposa, Geralda Magela, com o casal cobrindo a MPB tradicional e a sertaneja. Em 2010, Geralda abandonou o grupo por doença. Foi nessa ocasião que Francisco Luna, o filho do casal, foi incorporado à turma, ficando com a vertente regional. Paulinha Leijoto também é mais recente: fica encarregada de parte da vertente samba e música contemporânea, ajudando, portanto, como já foi dito, o Amaral. Todos têm uma meta quinzenal bem pesada: a cada quinzena é preciso fazer cinco novos verbete e atualizar dez. A labuta, portanto, é contínua, com o dicionário on-line sendo realimentado por novas informações quase que cotidianamente. Em compensação, o *DICA* é um best-seller virtual: costuma ser visitado por quase um milhão de pessoas a cada mês. Em todo o mundo, em especial nos Estados Unidos, Portugal, Espanha e Japão.

A rede de Helô (*in memoriam*)

SOCIÓLOGA FORMADA PELA PUC, produtora artística de shows, pertencente a uma família de músicos, Heloisa Tapajós teve orgulho de sua vertente no Dicionário do Instituto Cultural Cravo Albin: "Trabalho na vertente da Música Popular Brasileira pós-1958 ou pós-bossa nova", afirmava. São tantos os artistas por ela cobertos que, um pouco em função deste trabalho, mas não só – pesou também a competência e sociabilidade de Helô. Todos eles interessados no que ela postou na rede social. O Facebook, aliás, contou ela, nos últimos anos se tornou uma imprescindível ferramenta de contato para a realização da pesquisa sobre os compositores e intérpretes da MPB.

Quem convidou a ex-mulher de Paulinho Tapajós para participar da equipe de pesquisadores do dicionário do ICCA foi a professora de sociologia da PUC Santuza Cambraia Naves, esposa do poeta Paulo Henriques Britto, também falecida há cerca de dois anos. Professora na PUC, com mestrado e doutorado em ciências sociais, Santuza foi chamada por Ricardo, em 1999, para dirigir o grupo de pessoas que cuidaria desta "vertente pós-bossa nova", composto por mulheres formadas em sociologia: Helô, Micaela Neiva Moreira e Juliana Jabor. Esta formação inicial, no entanto, durou pouco, porque Santuza, ocupada com outros afazeres, teve que se afastar da elaboração de verbetes, o mesmo tendo acontecido depois com Micaela e Juliana. Com isso, a partir de 2000, Helô se veria sozinha com seu imenso quinhão de trabalho. Ainda chegou a dividi-lo com duas estagiárias, mas passou a cuidar da MPB urbana pós-1958 sozinha.

A responsabilidade foi grande, já que lidou com muitas estrelas icônicas, como Chico Buarque, Gil, Caetano, Gal, João Gilberto, Vinicius de Moraes, Carlinhos Lyra, Marcos Valle. Seus verbetes costumavam ser extensos. Poderiam até, observava a pesquisadora, virar pequenos livrinhos de quarenta a sessenta páginas, se fosse o caso. Mesmo assim ela não desanimava, já que "o trabalho é apaixonante":

> Às vezes brinco dizendo que fiquei com o filet mignon do dicionário. Mas é claro que isso não é verdade. Todas as vertentes são importantes e requerem um trabalho de pesquisa infindo. O problema é que, como a internet tem espaço ilimitado, podemos aperfeiçoar cada vez mais os textos, reescrevê-los, atualizá-los. A gente acaba ficando meio maníaca. Preocupo-me sempre em realimentar os meus verbetes, já que tenho plena consciência que poderão servir de subsídios para jornalistas, pesquisadores, estudantes, jovens interessados em MPB. Não tenho a menor dúvida de que o *Dicionário Cravo Albin da MPB* é um banco de dados importante, e por isso muito consultado. Logo, o que escrevemos tem que ser calcado em informações confiáveis, corretas, checadas.

Helô acreditava que cada pesquisador do dicionário teria o seu método próprio de trabalho:

> Minha metodologia é bem pessoal. Muitos de meus verbetes andam pelas ruas do Leblon, o bairro no qual resido. Em outras palavras, tenho fontes vivas, que residem próximo à minha casa. Uso a informação que obtenho através delas. Mas atualmente meu principal instrumento de trabalho é mesmo o Facebook. Quando preciso fazer um novo verbete, em primeiro

lugar verifico se a pessoa em questão está no Face. Se estiver na rede social, envio uma mensagem pedindo o currículo, uma pequena biografia, a discografia. Faço várias perguntas por e-mail. Antes, tudo tinha que ser feito por telefone ou contato pessoal. Fiz uma imensa entrevista, por exemplo, com o Magro, do MPB4. Ele ficou horas ao meu lado dando explicações. Já morreu. Tenho imensas saudades dele. Obviamente que o MPB4 era um verbete obrigatório.

Fora as reuniões quinzenais no ICCA, essenciais para as trocas de informações entre os pesquisadores, todo o restante do trabalho era feito em casa. Heloisa escrevia em seu computador pessoal cercada de discos e livros.

O clã dos Luna

Os LUNA estão entre os pesquisadores do Dicionário Cravo Albin praticamente desde o início, ou seja, desde 1999. Se Euclides Amaral, formado em comunicação social, é poeta, letrista e muitas vezes produtor de shows e de discos, e se Helô era socióloga, atuando também como produtora de shows musicais, o que aproximou Geralda Magela do grupo de "verbeteiros" foi o fato de ter feito na UERJ, no mestrado do curso de Letras, uma dissertação sobre as escolas de samba. Segundo conta seu marido Paulo Luna, ela terminou o trabalho intitulado "Imagens da História do Brasil nos sambas-enredos das escolas de samba", em 1997. E por causa disso seria convocada para ser uma das pesquisadoras do dicionário. Eis o que nos diz, ainda, Paulo:

> De certa forma Geralda foi uma pioneira, ao levar o tema da música popular brasileira para a Faculdade de Letras. No começo, ela ficou responsável pela área de música regional. Começamos a trabalhar juntos, auxiliando a formar a base de dados para o que seria o dicionário em papel. Eu a ajudei logo no início da pesquisa porque a vertente regional e rural era muito grande. Foi uma correria, porque se imaginava que o dicionário ficaria pronto dentro de um ano. Não se pensava ainda em dicionário on-line, pois este só viria a acontecer depois, com o crescimento da internet.

Foi um grande espanto para Paulo e Geralda verificarem o quanto era grande o campo da música regional, que naquela ocasião desconheciam por completo:

> Se hoje em dia no Rio de Janeiro o conhecimento desta vertente musical ainda é pequeno, imagine naquela época. O trabalho foi muito importante para nós dois, porque tivemos condições de descobrir o quanto o Brasil, musicalmente, é muito maior do que o Rio. A música regional se desenvolve do Norte ao Sul do país, ou seja, se estende por um mundão sem fim. Foi a partir desta nossa descoberta, e creio que o mesmo aconteceu nas outras áreas ou vertentes do dicionário, que concluímos que seria impossível aprontá-lo dentro de um ano. E foi assim, ajudando Geralda, que passei a fazer parte da equipe de pesquisadores.

De acordo com Paulo Luna, o começo foi duro, porque as metas de produção eram pesadíssimas. O responsável por cada vertente tinha que apresentar cem verbetes por mês, ou 25 por semana, já que os campos a serem desbravados eram enormes. É a isso que ele atribui a grande rotatividade de pesquisadores:

> A toda hora entrava gente e saía. O venerável pesquisador Arthur de Oliveira, 80 anos, que deu início à vertente tradicional, auxiliado por duas musicistas, foi um dos primeiros a sair. Difícil arcar com as metas de produção. Por outro lado, o pagamento foi sempre baixo. De início era maior do que atualmente (por volta de R$ 1,8 mil), mas, praticamente, não compensava o volume da tarefa.

Mesmo assim, Geralda e Paulo, assim como aconteceria com Amaral e Helô, foram ficando, ficando, porque foram se envolvendo, cada vez mais, com o objeto da pesquisa, que fez com que mudassem completamente a visão que tinham da MPB rural e da cultura brasileira:

Envolvi-me tanto que decidi fazer um mestrado ligado à música e terminei, em 2005. Formado em história, assim como Geralda, defendi minha dissertação na Faculdade de Letras da UERJ, tendo abordado a música caipira e regional. A UERJ é uma das universidades que mais se abriu para a música popular brasileira, que costuma ser tratada de forma preconceituosa dentro do mundo acadêmico. Costuma-se estudar em Letras o que é considerado elevado, erudito. E olha-se a música popular com um olhar enviesado. O que para mim não faz o menor sentido, porque se reduz a abordagem da cultura brasileira, em vez de ampliar. Já na UERJ a música passou a ser inserida no campo dos estudos culturais e literários.

Foi em 2002, com a saída do pesquisador André Pires Câmara, que, além de ajudar Geralda na área regional, Paulo começou a cuidar também da música popular urbana tradicional ou clássica, com sua vertente indo de lundus, modinhas e choros, até 1958. O trabalho em conjunto com a mulher só terminaria, em 2011, quando Geralda teve que se afastar por motivos de saúde. E aí seria incorporado à equipe de pesquisadores Francisco Luna, o então jovem filho do casal, que passou a ser o responsável pela música sertaneja e caipira. Há muito tempo, aliás, Chico Luna já havia sido picado pela mania dos pais:

> Meu filho acabou se tornando um fruto de nossa paixão pela música. Na época em que tínhamos que fazer cem verbetes por mês, muitas vezes, ele, que estava com 12 a 13 anos – nasceu em 1987 –, também nos ajudava na pesquisa. Atuava como nosso secretário, fazendo as pesquisas que estavam a seu alcance, fazendo anotações. E tomou gosto pela coisa. Agora, ele é formado em Português-Francês, na Faculdade de Letras, mas continua totalmente apaixonado pela vertente rural. Faz viagens, em busca de novas duplas, informações. No meu caso, só me apaixonei pela música feita nos fundões do Brasil por causa do trabalho. Por isso sou muito grato a Ricardo.

Ele acabou me proporcionando o acesso a um conhecimento de Brasil que eu nunca teria se não tivesse colaborado com o dicionário. Resultado: hoje eu adoro música sertaneja e caipira. Pesquisando, descobri coisas do Arco da Velha. Duplas incríveis. Ainda existe muito preconceito a este respeito. Ricardo, com seu grande amor pela verdade e música brasileira, ajuda a pôr abaixo esses preconceitos.

Na opinião de Luna, mesmo sendo um amante de jazz e de bossa, por causa de sua passagem pelo MIS e da elaboração do dicionário, Ricardo Cravo Albin se colocou no papel de guardião da MPB, preservador, tendo respeito pelos compositores tradicionais, de raiz, a velha guarda, mas também por toda a produção musical recente do país. Pois mesmo que tivesse, por sua formação acadêmica, hegemônica, ressalvas a respeito da música sertaneja, ao liderar a pesquisa faz questão que nenhum gênero seja esquecido, não aceitando que se ponha em discussão o gosto X, Y, ou Z:

Ele nos orienta no sentido de não termos preconceitos contra quaisquer gêneros musicais. Eu, pessoalmente, sou contra dar espaço no dicionário à música católica ou evangélica, que é coberta pelo Amaral. Mas Ricardo diz que temos que ter estes verbetes também. E claro que tudo é muito discutido. Mas sempre chegamos ao final a um consenso, a uma harmonia. Sem preconceitos na escolha dos verbetes.

Com isso, Ricardo vai exercendo sua influência benéfica e cada vez mais prendendo a galáxia de pesquisadores ao seu redor. Luna diz que já pensou em sair, desistir. Mas não tem jeito, o envolvimento é cada vez maior. Já que há sempre a descoberta de novos intérpretes, compositores, com a noção de responsabilidade só crescendo, se avolumando. Assim como o amor pelo trabalho, na medida em que se passam a conhecer os artistas do presente e a venerar os do passado. Em função da pesquisa, Paulo e Geralda, da mesma forma como ocorre hoje, com o filho Chico, fizeram inúmeras viagens pelo interior do Brasil, tendo chegado a ir quatro ou cinco vezes a Pirassununga, cidade do interior paulista, onde ocorre um grande festival de música caipira. Já numa viagem que realizou ao Sul do país, para participar de um congresso sobre literatura comparada, promovido pela Abralic, o pesquisador teve a oportunidade de conhecer pessoalmente vários intérpretes gaúchos muito mal conhecidos no Rio:

> São pessoas que cairiam no esquecimento, se não fosse o dicionário. Com isso, acabamos por pensar: "Estou fazendo parte deste trabalho e não posso me dar ao luxo de deixar um determinado artista sem verbete". Foi o caso, por exemplo, de Zé Coco do Riachão. Um grande rabequeiro de Minas Gerais, que faleceu nos anos 80. Fazia um trabalho espetacular. Uma equipe de televisão alemã, que fez um programa sobre ele, chegou a chamá-lo de Beethoven do sertão. Eu e Geralda, antes de fazermos o verbete, nunca havíamos ouvido falar dele. E, por causa de Zé Coco, acabamos conhecendo Theo Azevedo, um violeiro, que também é produtor e cantor.

Há autores difíceis de serem definidos, considerados bregas, desmerecedores de atenção. Mas tudo tem que ser registrado, havendo espaço para todo mundo:

> Evaldo Braga é um caso desses. Um cantor negro que fez sucesso no início dos anos 1970. Morreu num acidente de carro. Seu túmulo é um dos mais visitados no Rio. Como classificar a música dele? Brega? A palavra brega não deixa de ser preconceituosa. Ao serem taxados de bregas, os músicos, cantores, instrumentistas ficam esquecidos. E todos merecem virar verbetes. Serem preservados, registrados. Eu não tenho a menor dúvida de que o *Dicionário Cravo Albin* é o maior monumento de referência da MPB, em nosso país. E, como costuma afirmar Ricardo, é o carro-chefe do ICCA.

Ficando cada vez mais respeitado como pesquisador musical, Paulo Luna foi convidado para dar um curso de música popular brasileira no Centro Cultural da Justiça Federal, na Cinelândia. Ou seja, o dicionário e Ricardo não apenas mudaram sua visão de Brasil, mas também modificaram a sua própria vida, abrindo-lhe novos rumos profissionais. E o mesmo aconteceria com Euclides Amaral, que somente após ter se incorporado à equipe de pesquisadores do dicionário começou a receber pedidos para escrever ensaios sobre música, que depois reuniria em livros. São três os livros de sua autoria: *Alguns aspectos da MPB* (ensaios), *O guitarrista Victor Biglione e a MPB* (perfil artístico) e *Poesia resumida – antologia poética*.

Um líder, não um ditador

EUCLIDES AMARAL considera que o *Dicionário Cravo Albin da MPB* é uma espécie de desaguadouro de toda a carreira de crítico e pesquisador de Ricardo, sendo o resultado de várias vivências acumuladas: a de diretor do Museu da Imagem e do Som, presidente do INC e Embrafilme, jurado, pesquisador, membro do Conselho Superior de Censura, escritor de livros, radialista. Por meio do exercício destas várias funções, o dicionarista teria adquirido conhecimento suficiente para ser o líder de sua dedicada equipe de redatores de verbetes.

Pois é assim que Amaral vê Ricardo, um líder, não um chefe, e muito menos um ditador.

> Ele é o nosso líder, não apenas pelo conhecimento que tem, sobretudo de literatura, de música e cinema, mas pela maneira como coordena as reuniões. Ele supervisiona nossas reuniões com muito diálogo. Conversando, aceitando observações. Não dá ordens, negocia. Sem falar que é extremamente generoso. Também considero que Ricardo mudou a minha vida. A convivência com ele. Os livros que nos emprestou. Os discos. A influência que exerce. Foi fazendo o dicionário que me transformei num ensaísta de MPB. Antes, eu escrevia apenas para pequenos jornais, tabloides, jornais de escolas. Passei a ser convidado para escrever ensaios mais sérios, profissionalmente.

Há livros sobre música, comenta ele, que só podem ser encontrados na biblioteca do Ricardo. Obras raras. De início, o musicólogo, sempre generoso ao extremo, emprestava tudo. Como algumas pessoas levavam os livros para casa e não os devolviam, as arquivistas do ICCA passaram a exigir o registro da retirada e cobrar o retorno. Enfim, passou a haver um cadastramento, para preservar o acervo dilapidado devido à bondade de seu fundador.

Ele não se esquece dos tempos hercúleos do início da confecção do dicionário, quando os textos ainda eram batidos em máquina de escrever e numa segunda fase, mesmo depois da entrada em cena do computador, eram repassados para disquetes e impressos no ICCA para que Ricardo os pudesse ler, analisar e corrigir. Ele é mais um que teme pelo futuro da instituição, devido ao grande amor que nutre pelo instituto.

> Há tanta coisa valiosa lá dentro. Não dá nem para se imaginar. Há um disco em madeira feito por Thomas Edison. E uma gravação de 1902 da música "Isto é", de Xisto Bahia. Partituras de Pixinguinha. Uma partitura de Sinhô da música "Cocaína", dedicada ao jovem Roberto Marinho. Chapéu de Tom Jobim e de Moreira da Silva. O chapéu de couro do Gonzagão. Sandálias de Carmen Miranda. Lembranças de Aracy de Almeida. É torcer para que tudo continue sendo preservado. Pois o pior dos males seria que a instituição caísse nas mãos de quem não conhece MPB. Ricardo conhece tudo ou praticamente quase tudo. Está tudo na cabeça dele, choro, samba, bossa nova. Eu diria que somente o hip-hop e o funk não são muito a área dele. Ricardo é tão polivalente que não tem tempo mais para se dedicar especialmente a estes novos gêneros. Se fosse atender a todos os pedidos que lhe fazem para participar de eventos sociais e culturais, não voltaria mais para casa.

No tocante ao dicionário, podemos dizer que Helô, Amaral, Paulo Luna, Chico Luna, Paulinha Leijoto e agora, também, Bárbara Fernandes constituem e constituíram a tropa de choque permanente de Ricardo. Mas há também os voluntários, como Fred Góes e Luiz Fernando Vieira ou Miguel Sampaio, envolvidos com o projeto mesmo sem receber remuneração.

Professor e doutor em Letras da UFRJ, pesquisador de música popular e também letrista, a pedido de Ricardo, Fred Góes é o coordenador acadêmico dos projetos que buscam financiamento para o acervo e as pesquisas do Instituto Cultural Cravo Albin. Eis o que Fred nos diz:

> Dentro do ICCA, só não lido com a papelada dos saraus e sabatinas, projetos musicais específicos, que têm seus próprios patrocinadores. Eu participava das reuniões dos pesquisadores do dicionário, às quartas-feiras, mas agora que estou me aposentando na universidade e tenho muito trabalho para fazer, prefiro ficar cuidando de tudo de casa mesmo, onde recebo os relatórios.
>
> No tocante à revisão dos textos, quem faz é o Ricardo, é dele a última voz. Trabalho no ICCA há quatro anos. Substituí Júlio Diniz, da PUC, primeiro coordenador acadêmico. No princípio, eu também fazia verbetes, ganhando uma bolsa. Hoje, sou verbete. Considero o *Dicionário Cravo Albin* um produto importantíssimo. Assim como todo material que surgiu a partir dele, a produção paralela, como o projeto MPB nas Escolas. O Instituto é um imenso manancial de informações. E respeitadíssimo em todas universidades do país.
>
> O ICCA, certamente, poderia gerar outros produtos, mas são poucos os pesquisadores. O custo é muito alto. Ricardo tem que colocar lá dentro dinheiro do próprio bolso. Chega a se endividar juntos aos bancos para arcar com os custos. Faz empréstimos, fica sem dormir. É uma situação parecida com a que ocorreu com a Oficina Literária Afrânio Coutinho (de meu sogro Afrânio), que teve uma hora que teve que parar por falta de dinheiro. Mas não creio que o Ricardo vá desistir do ICCA. É a razão da vida dele. O que ele faz é feito normalmente por milionários americanos, só que Ricardo não é um milionário. Lá nos EUA, eles abatem tudo o que gastam com cultura do imposto de renda. Ricardo deveria ter uma ajuda maior. Ele doou tudo o que tinha pelo bem da cultura brasileira.

Se alguém critica Ricardo, Fred, que atualmente colabora com o ICCA por amizade, considera que é porque não o conhece verdadeiramente:

> Ele não leva adiante o ICCA por vaidade. Tudo o que faz é por paixão pela MPB. O esforço dele tem que ser valorizado. O ICCA tem um papel parecido ao do Instituto Moreira Salles, como promotor de cultural, com a diferença de que promove a MPB. Creio que há espaço para todo mundo. Quanto mais instituições culturais, melhor. O dicionário é um instrumento de referência não só para brasileiros, mas também para pesquisadores do exterior. A toda hora somos procurados por pesquisadores da França, Itália, Estados Unidos. Muitas vezes, pedidos de informação caem em minhas mãos e eu os repasso para o Instituto. Logo, o *Dicionário Cravo Albin* é uma fonte de referência do Brasil para o mundo. Chegamos a fazer verbetes em inglês, para facilitar o trabalho dos pesquisadores estrangeiros. E ninguém paga nada pela informação. Mais uma prova da generosidade do Ricardo.

Generosidade também é a palavra usada por Luiz Fernando Vieira, outro historiador e pesquisador de música popular brasileira cuja vida tem laços com o ICCA, com o dicionário e com Ricardo. Logo que o dicionário começou a ser feito, em 1999, Luiz Fernando, que é professor da Faculdade Hélio Alonso (Facha), jurado de escolas de samba e já escreveu vários livros sobre sambistas – entre eles *Wilson Batista*, com Luiz Pimentel, e *Dona Neuma, primeira-dama da Mangueira*, em parceria com André Freire –, ajudou a escrever os verbetes, já que a exigência de produção inicial – a da base ou do banco de dados – era imensa, avassaladora. Também teve papel atuante na transcrição dos verbetes on-line para o papel, quando o dicionário foi editado pelo Instituto Antônio Houaiss. No momento, segundo explica, é um colaborador ou consultor, fornecendo informações sobre todas as vertentes musicais sempre que é procurado pelos pesquisadores do dicionário. O trabalho é espontâneo, sem remuneração.

Luiz Fernando é mais um caso de amizade muito antiga com Ricardo, pois o conheceu na década de 1960, quando tinha uns 21 a 22 anos e começava a se interessar pela pesquisa de música popular brasileira:

> Eu frequentava o prédio do MIS onde trabalhava o Almirante, enfim, conheci o Ricardo nessa época, quando ele era diretor do MIS. Frequentei os cursos de introdução à música popular brasileira, nos quais Ricardo sempre dava a aula magna. Tive professores como Mozart de Araújo, Albino Pinheiro, Manuel Díegues Jr., Edison Carneiro, Guerra-Peixe. Depois, começamos uma espécie de parceria, participando juntos de eventos no Brasil e no exterior. Fui a um festival em Corrientes com Ricardo, o primeiro festival do Mercosul de Cumbias e Escolas de Samba. E há cerca de dez anos participamos de uma reunião da Federação Europeia das Cidades Carnavalescas, a FECC.

Quando foi chamado de "Cravo de Ouro", em enredo da Escola de Samba Paraíso de Tuiuti, Ricardo foi homenageado por um ex-colega do Colégio Pedro II, o acadêmico e escritor Domício Proença Filho, com um belo poema intitulado "Canção de Louvação", que termina assim: "Louvo o cronista, o poeta/ o promotor de cultura/ o carioca destemido,/ grato a Deus pelo convívio:/ louvo o irmão, o amigo,/ Ricardo Coração do Rio".

No momento, depois dos 70 anos, o musicólogo continua a trabalhar sem parar, promovendo saraus na Urca, shows na ABL, fazendo conferências no Pen Clube, liderando as reuniões do Conselho de Cultura na Associação Comercial do Rio de Janeiro, sem receio algum de assumir novas responsabilidades, tanto que, em 14 de março de 2014, tomou posse na presidência da Academia Carioca de Letras, em uma cerimônia concorridíssima, que lotou o auditório da Instituto Histórico e Geográfico Brasileiro (IHGB). Em seu discurso, Ricardo, após ter relembrado figuras também carioquíssimas, como João do Rio e Lima Barreto, prometeu trabalhar ainda mais pela cidade que, como o Cristo Redentor, o adotou de braços abertos. Carinho que retribui com sua imensa capacidade de sonhar, sua paixão pela cultura carioca e pelo samba nascido nos morros, seu coração sempre disposto a correr riscos, inventar programas, projetos e eventos memoráveis. Pôr a cultura em movimento. Apoiar seus criadores. Tanto que foi reeleito por unanimidade para a presidência da ACL, onde cumpriu tantos trabalhos inovadores que o chamam agora de "renovador" da Academia Carioca de Letras.

Sim, Ricardo continua arquitetando sempre momentos de beleza, encantamento e de pura perfeição, caso da comemoração do centenário de Vinicius de Moraes, na ABL, em setembro de 2013, que contou com a presença das cantoras Georgiana de Moraes e Miúcha, acompanhadas ao piano por Camilla Dias. De extrema delicadeza, o show inundou por cerca de uma hora e meia o auditório Raimundo Magalhães Jr. do anexo da Academia com composições de Vinicius, seu *uisquinho*, sua poesia, seus romances e histórias. A suavidade da música do grande parceiro de Tom Jobim, apaixonado pela poesia e pelas mulheres, homem de alma milagrosa que de "poetinha" nada tinha, fez com que a dureza da vida desaparecesse naquela tarde com Miúcha cantando com sua voz pequenina e terna "Olhos nos olhos", abraçando Ricardo amorosamente e, por brincadeira, olhando-o fixamente de forma sedutora. Hora de ser feliz. Na letra da música composta por Chico Buarque, Vinicius, na pele de uma mulher apaixonada, diz ao amado que estava passando muito bem sem ele: "Quando você me quiser ver, já vai me encontrar refeita, pode crer/ Olhos nos olhos/ quero ver o que você faz/ ao sentir que sem você eu passo bem demais". Não é o nosso caso longe de Ricardo. Sem ele, perto, o Rio ficará menos alegre, menos Rio. E com certeza, com menos música.

Confidências do Ricardo

Mario Vargas Llosa refletindo sobre os mafuás nas areias de Copacabana
Reproduzo abaixo elucidativo diálogo que mantive com o escritor Mario Vargas Llosa, durante o belo baile de gala de sexta-feira de carnaval (1999) no Copacabana Palace. "Mas por que essas arenas absurdas interferindo sobre as paisagens tão cativantes do mar de Copacabana?" Ensaiando uma resposta mais diplomática, para evitar lavagem de roupa suja diante de um escritor de reconhecido prestígio, respondi timidamente: "Você conhece essas coisas, são autoridades municipais menos preparadas, caipiras e que não sabem o mal que provocam com tais desacertos..." Mario, riso irônico bem esboçado, fulminou: "É, pode ser. Mas atrás disso eu pude ver outdoors publicitários bem ostensivos. E devem pagar muito bem para esses 'despreparados', como você os chama". Engoli em seco, mas pude cortar a dedução precisa e verdadeira do escritor chamando-lhe a atenção para um trio de beldades, fantasiadas de odaliscas, que passava frente a nós em alarido naquele exato momento.

O Xá da Pérsia, Farah Diba e uma festa monumental
Uma das festas mais celebradas do Rio de Janeiro foi a recepção ao xá da Pérsia e à rainha Farah Diba nos jardins do Palácio Guanabara. O Governador Carlos Lacerda e a mulher Letícia deram uma recepção suntuosa, para a qual foram convidadas mais de mil pessoas. O traje exigido para os homens era nada mais nada menos que casaca. Eu fui convidado por Enaldo Cravo Peixoto, com quem trabalhava, e tive que comprar (nem havia como alugar mais), uma casaca. Custou caro, mas comprei. A recepção foi a mais maravilhosa a que assisti, mas muito antes de acabar eu saí, e de pronto fui ao meu carro, estacionado nas imediações. Ali vesti uma camisa listrada do Salgueiro, tirei a casaca, com a indefectível gravata borboleta

branca. Fui buscar Eneida, a Eneida cronista e querida amiga em Copacabana. Rumamos para o sopé do morro da Tijuca para o ensaio do Salgueiro, que escolhia naquela noite o samba-enredo. Foi hilariante, porque Eneida me dizia às gargalhadas "mas não é possível, você sai de um jantar de casaca superformal, e enverga agora a camisa listrada do Salgueiro". Naquela época o Salgueiro ensaiava no alto do morro, perigoso ir até lá. Mas nós éramos jurados do samba-enredo do desfile do Quarto Centenário do Rio, a realizar-se em menos de três meses. Eneida era salgueirense doente, do que dava fartas indicações no seu clássico livro *História do carnaval carioca*. Quando a cronista aparecia na quadra da Escola, sempre lhe pediam umas palavrinhas ao microfone. Nesta noite então, não se fez de rogada e observou com malícia "vocês têm que agradecer a meu companheiro Ricardo aqui a meu lado. Ele estava no jantar do xá da Pérsia no Palácio. Tirou a beca engravatada e se mandou cá pro morro comigo. Por ter ido ao banquete do filho da puta do Lacerda, ele merece uma vaia. Mas por abandonar a festança e estar julgando esses sambas lindos, bem que merece aplausos. Ou não?". Choveram aplausos, enquanto eu fiquei vermelho como um pimentão.

Encontro improvável entre Ivone Lara e Tim Burton
No carnaval de 2016 fui convidado ao camarote luxuoso da Antártica. Conduziram-me a um chiqueirinho (como a gente chama) no último andar, muito reservado. Ali estava (vi de imediato os repórteres assediando) o cineasta e ator Tim Burton. Entrei, falei com ele, que amavelmente me questionou sobre detalhes do desfile. Empunhando uma maquininha mínima, o cineasta-ator filmou obsessivamente o desfile inteiro, apaixonando-se pela exibição da Portela (cujo tema era o Rio). Ao lado, em um canto discreto, estava Dona Ivone Lara. Ele, às tantas, me perguntou quem era aquela senhora em cadeira de rodas, mas com porte de rainha, majestosa, e severa. Apresen-

tada por mim, o americano ficou encantado em conhecer uma figura emblemática das escolas de samba. Quando passou a Portela, em belo desfile sobre o Rio de Janeiro, Mr. Burton me perguntou se Ivone era da escola que acabara de passar. Eu falei "não, ela é do Império, é a líder, é fundadora, é um mito do Império Serrano". Dirigindo-se a ela, e sem se dar conta do comentário quase injurioso que cometeria segundos adiante, pediu-me para traduzir: "olha, a senhora tinha que ser rainha desta escola que acabou de passar, a Portela". A Dona Ivone não gostou, é claro, do comentário infeliz e retrucou: "o senhor não sabe de nada. O Império Serrano é muito melhor". E acrescentou só para mim baixinho: "quem é esse gringo debiloide?".

VIII UMA VIDA EM IMAGEM

Primeira comunhão de Ricardo Cravo Albin – **Ricardo** – aos sete anos. Foto tomada no Palácio Episcopal do cardeal-primaz dom Augusto Alvares da Silva, no largo Dois de Julho, centro histórico da capital baiana.

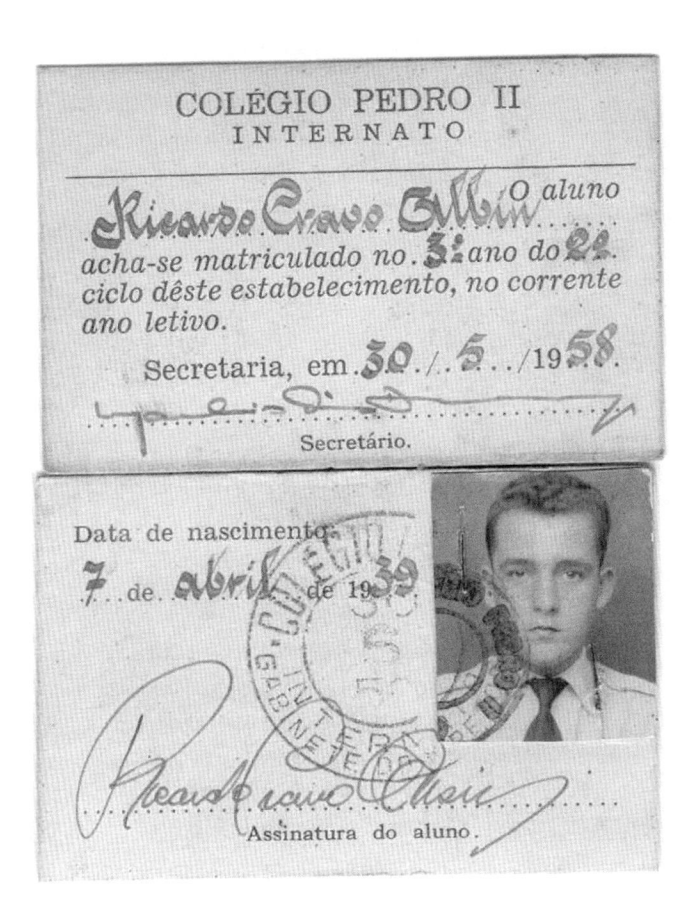

Carteira de aluno do Colégio Pedro II, internato. Com rara curiosidade de data de nascimento alterada, emitida pelo inspetor Atila para atender a um grupeto de adolescentes já cinéfilos, o que os autorizava a ver filmes proibidos até 18 anos no cinema "poeira" ao lado do Colégio.

Formatura como aspirante a Oficial da Reserva do CPOR, tendo ao lado sua mãe e madrinha na solenidade, em 1961.

Formatura da turma Hermes Lima, da Faculdade Nacional de Direito. Teatro Municipal do Rio de Janeiro, em dezembro de 1963. **Ricardo** é o quinto, de óculos, na primeira fila, da esquerda para a direita. Ao seu lado direito, está Guilherme Palmeira, depois governador e senador por Alagoas.

Foto do Clube de Jazz e Bossa em 1966, no palco do Golden Room, do Copacabana Palace Hotel. Ilustrando grande matéria da Revista Fatos e Fotos, em pé estão [da direita para a esquerda] Lia Maione [namorada de Sergio, piston], o tesoureiro dinamarquês do Clube, Nis Skoff [cavaquinho], Maestro Cipó [sax], o diretor e apresentador **Ricardo** [contrabaixo], crítico e escritor Lucio Rangel [vibrafone], diretor musical Aurino Ferreira [sax], crítico Ilmar Carvalho [banjo], assistente de Sergio Porto, o Jorn. Alberto Eça [crooner c/ microfone], cantora Flora Purim, violonista Rosinha de Valença, escritor Fernando Sabino, socialite Regina Rosemburgo. Sentados: crítico e pianista Mario Cabral [piano], Vinicius de Moraes [violão] e Jorge Guinle [bateria].

Marlene no auditório da Rádio Nacional, dentro do programa Manuel Barcellos [quintas, ao meio-dia] recebe, de **Ricardo**, o troféu do IV Centenário do Rio.

Inscrição inicial de alunos para a Escola Brasileira de MPB, criada pelo MIS. **Ricardo** e Almirante ladeiam os primeiros inscritos, Taiguara e Quarteto 004 [conjunto vocal afilhado de Tom Jobim, que o indicou a Guerra Peixe, diretor-nomeado da pioneira instituição específica de ensino para MPB].

Ricardo discursa na Sessão Saudade a Manuel Bandeira, na Academia Brasileira de Letras, logo depois do recital-homenagem promovido pelo MIS ao Poeta, com Maria Lucia Godoy cantando as letras para canções do poeta. Na extrema direita da foto, o à época presidente Austregésilo de Athayde, que encobre no segundo plano o acadêmico Alceu de Amoroso Lima.

Chico Buarque, entrevistado por **Ricardo** e Ilmar de Carvalho, gravou para a posteridade aos 21 anos. O fato gerou grande polêmica no Conselho Superior de MPB e em jornais. Os críticos mais conservadores protestaram, alegando a pouca idade do depoente face aos muitos personagens com mais de 60, 70 ou 80 que deveriam merecer a primazia. Ricardo convenceu o plenário citando a morte de Noel antes dos 27 anos.

Ricardo leva Cartola ao gabinete do governador Negrão de Lima, no Palácio Guanabara.. Ambos pediram para o ícone mangueirense uma casa na Zona Oeste da cidade, em 1968.

O depoimento para a posteridade de Tom Jobim, dias depois de sua chegada de Nova Iorque, onde gravou com Frank Sinatra, contou com assistência de mais de vinte repórteres, quatro deles internacionais. Jobim foi entrevistado por Vinicius, Oscar Niemeyer, Chico Buarque, Almirante, Dori Caymmi e **Ricardo**.

FOTO: LUIZ ALBERTO DE ANDRADE

Inauguração da exposição "Carmen Miranda – 10 anos de saudade", em 1965-1966. **Ricardo** ao lado da irmã da homenageada, Cecilia Miranda, contratada pelo diretor do MIS [bem como Aurora Miranda] para abrir todos os baús doados por Dona Alzira Vargas do Amaral Peixoto ao MIS em 1966. A mostra – considerada a abertura do futuro Museu Carmen Miranda – foi a exposição de maior sucesso da história do MIS, visitada por milhares de pessoas ao longo de 15 meses.

Ricardo, ao lado de Jacob do Bandolim, convida Rosinha de Valença para ocupar a cadeira de violão popular na nova Escola Brasileira de MPB, dirigida por Guerra Peixe, 1967.

Celebração dos 70 anos de Pixinguinha na churrascaria Tijucana em 1967. Na foto, Pixinguinha insistia com **Ricardo** em tocar depois do jantar, ante ao olhar surpreso de João da Bahiana, que já testemunhara o Mestre ingerir quase uma garrafa de uísque, ao lado direito de Vinicius - que não aparece na foto.

Depoimento para a posteridade de Viana Moog, entrevistado por **Ricardo** e Marques Rebello, este, conselheiro do Museu, tanto em música popular quanto em literatura. Inauguração em 1966-1987 do ciclo Imortais da ABL, solicitado pelo presidente Austregésilo de Athayde e de imediato aceito pelo diretor do Museu.

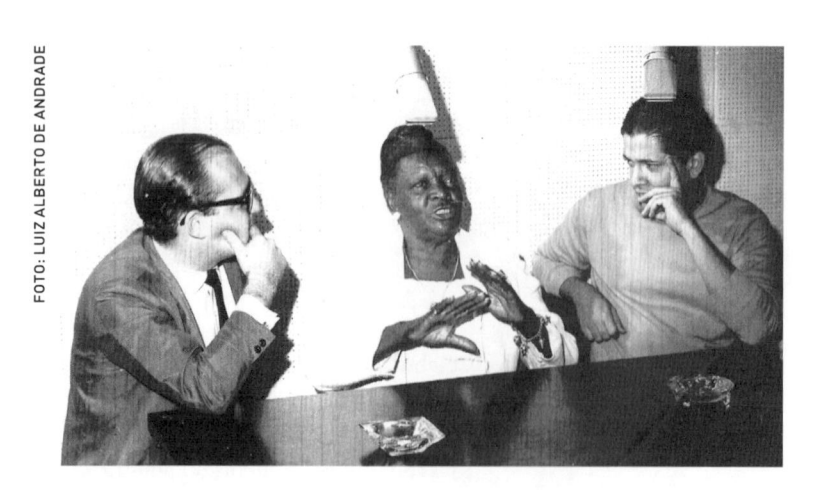

FOTO: LUIZ ALBERTO DE ANDRADE

Depoimento para a posteridade de Clementina de Jesus, entrevistada apenas por **Ricardo** e Hermínio Bello de Carvalho, em 1967.

Depoimento para a posteridade no ciclo Personalidades em visita à cidade de São Sebastiao. **Ricardo** entrevista Joseph Von Sternberg em 1970, quando do Festival de Cinema do Rio. Teria sido a última entrevista do cineasta, muito solicitada por instituições internacionais, porque logo depois ele veio a morrer em Los Angeles.

Depoimento para a posteridade de Orlando Silva em 1966. Segundo **Ricardo**, o que mais o emocionou, entre os quase 500 que ele recolheu entre 1966 e 1972. Orlando sempre foi seu cantor preferido.

FOTO: J. FERNANDO F. B. AZEVEDO

Jantar no Un Deux Trois em homenagem a
Elizeth Cardoso para registrar o sucesso de venda
[em benefício do MIS] dos LPs duplos "Elizeth
- Zimbo Trio - Jacob do Bandolim", 1968.

Página seguinte:

Ricardo entrega, no gabinete do governador Negrão
de Lima, o LP gravado pelo MIS no Teatro Municipal,
em celebração pelos 70 anos de Pixinguinha.
Negrão lhe confidenciou que gostaria que sua
filha Jandira [esboçando-se então como cantora]
gravasse com Pixinguinha um *extended play*. **Ricardo**
arguiu "Pixinga me disse ontem que agora só
entra em estúdio com velhos amigos. E, mesmo
assim, olhe lá". Negrão amarrou a cara e nada
mais disse. Fez cara de paisagem em segundos.

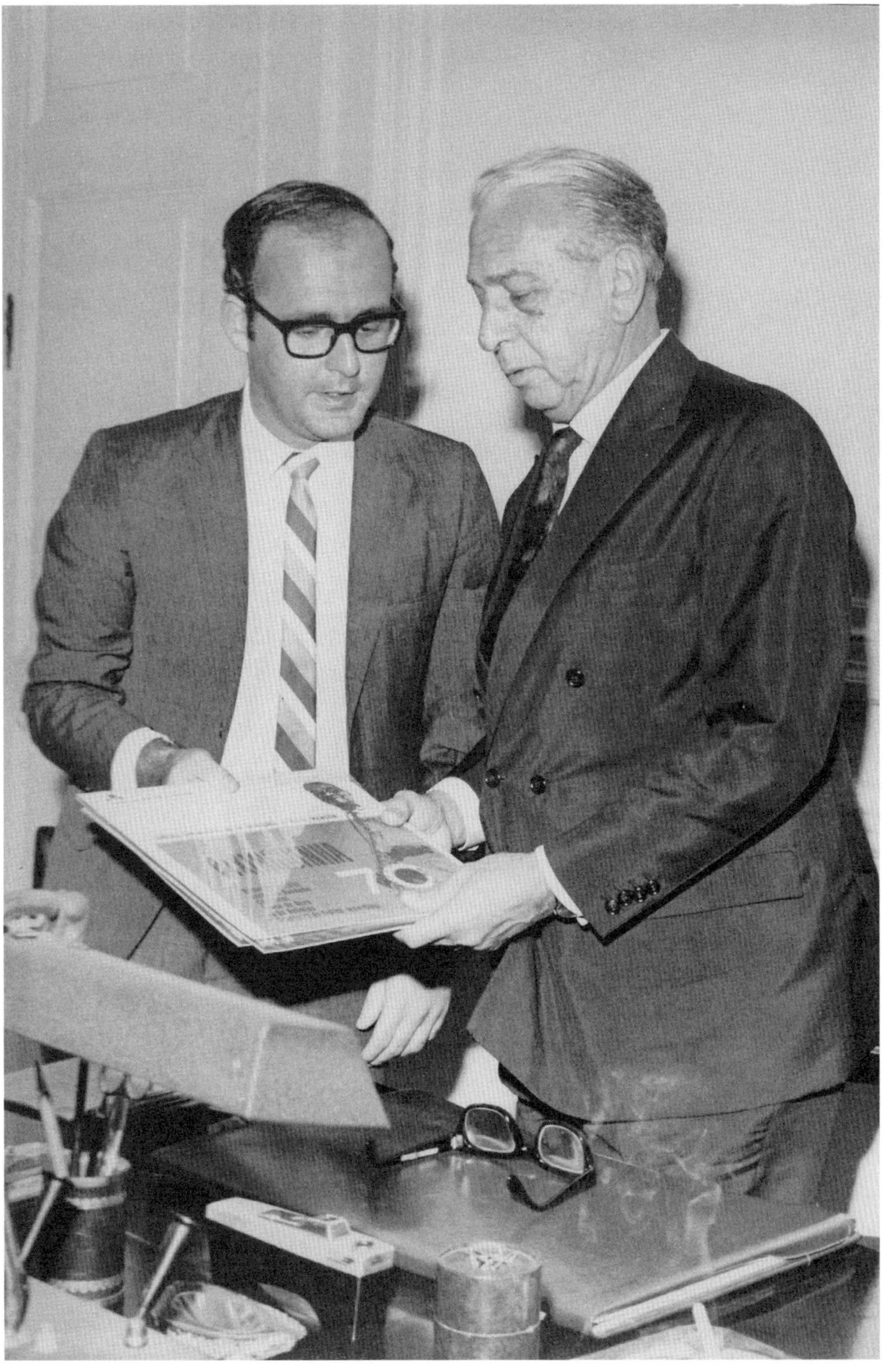

FOTO: FERNANDO SEIXAS

Entrega à Gal Costa o Troféu
Socinpro, como melhor cantora do
ano. Copacabana Palace, 1986.

Em direção ao Festival de Berlim de 1971, para assumir a chefia da delegação brasileira [o concorrente brasileiro era "Pindorama", de Arnaldo Jabor, e seu assessor principal, David Neves, integrava o júri oficial]. **Ricardo** ficou em Roma uma noite, apenas para atender a convite de Carlo Ponti e Sophia Loren, de jantar no castelo de ambos na Via Apia Antigua. Depois do jantar, **Ricardo** lê breve soneto do pioneiro Humberto Mauro dedicado a ela, feito no aeroporto antes do embarque do portador.

Lançamento na internet dos 10 mil verbetes do Dicionário Cravo Albin da MPB, no Salão Nobre da Biblioteca Nacional em 2003. O ministro Gilberto Gil veio especialmente de Brasília para presidir a solenidade. E soltou a frase famosa "vejo centenas de verbetes de todo o povo da MPB volitando neste Salão. Intimidades até são entrevistas, Chiquinha Gonzaga sapecando beijo na boca em Tom, Vinicius apertando os glúteos de Carmen Miranda, Nara e Chico de mãos dadas. Gonzaga aos afagos com Jackson do Pandeiro. Uma mistura surreal provoca esse monte absurdo de gente que a gente ama".

Estreia do programa FAMA, em 1988, da Rede TVE Brasil, criado e apresentado por Ricardo [dirigido por Mauricio Sherman e Alcino Diniz] para proclamar os melhores do ano em dez setores. Beth Carvalho entrega o prêmio de melhor trabalho do ano em MPB a Almir Chediak. O personagem histórico do ano foi Barbosa Lima Sobrinho, que recebeu seu troféu das mãos do ministro da Cultura Antônio Houaiss.

Braguinha, amigo e até prefaciador de **Ricardo**, recebeu dele [que escreveu e dirigiu] vários shows. Além de organizar a festança de seus 90, preparava seus 100 anos. Braga morreu um mês antes do centenário.

Inaugurando exposição
sobre Nara Leão, ao lado de
Roberto Menescal, 2004.

Para a amiga Dercy Gonçalves, **Ricardo** preparou portfólio com 50 páginas e, a pedido dela, entregou pessoalmente a Federico Fellini no Festival de Veneza em 1971. O sonho de Dercy era filmar com o italiano. A veemência da apresentação do introdutor brasileiro mereceu recepção quase fria do cineasta. Que mesmo assim ficou de responder à "grande cômica histriônica brasileira", como foi nomeada por **Ricardo**. Correspondência que jamais chegou às mãos da diva.

Com seus amigos Nelson Sargento e embaixador Jeronimo Moscardo no Palácio Itamaraty do Rio de Janeiro, quando da homenagem à promoção de Vinicius de Moraes a embaixador da República, em 2008.

Na Biblioteca Nacional com Raul Sampaio, Martinho da Vila e Silvio Cesar, quando da inauguração do site do Dicionário Cravo Albin da MPB, em 2003.

FOTO: ALEX FERRO

No Instituto Cravo Albin com Zuenir Ventura e Vanja Orico, 2004.

FOTO: CRISTINA LACERDA

Em visita à Dona Maria José e Barbosa Lima Sobrinho para colher a assinatura dele, que foi a primeira a ser aposta ao documento escrito por **Ricardo** para solicitar ao Congresso Nacional dar-se o nome de Antônio Carlos Jobim ao Aeroporto do Galeão. A foto dá conta do assentimento comovido e até agradecido do grande brasileiro ao pleito que lhe foi solicitado.

Drinkando com Bibi Ferreira
no Instituto Cravo Albin.

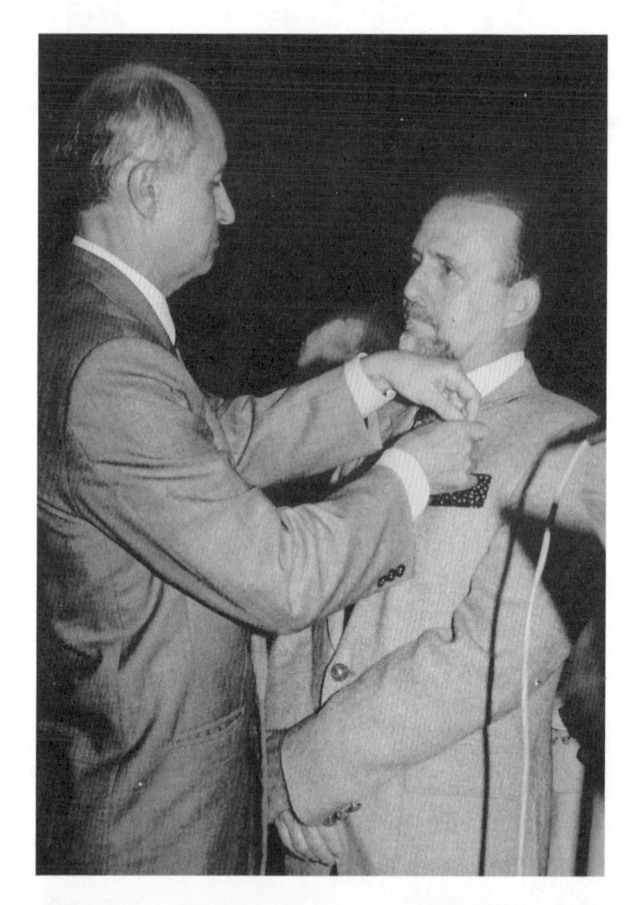

Recebendo do embaixador da França em Brasília seu primeiro titulo de Chevalier da Ordem de Letras e Artes da França, em 1990. Alguns anos depois, **Ricardo** receberia um grau acima, o de Comendador, no Rio, pelas mãos do Adido Cultural Romaric Buel, em 2008.

Posse na presidência da Academia Carioca de Letras, ao lado de duas referências musicais distintas e preciosas: Noca da Portela e Marlos Nobre, 2014.

Com Dona Ivone Lara, minutos antes de apresentar o espetáculo dela no palco do Canecão.

Com Zezé Motta, depois de entregar a ela o Diploma Ernesto Nazareth, a mais alta distinção do Instituto Cravo Albin, 2013.

No varandão do Instituto Cravo Albin, sendo abraçado pelo cineasta espanhol Fernando Trueba, ganhador do Oscar. Trueba entrevistou **Ricardo** sobre o pianista Tenório Junior, seu amigo de infância e de iniciativas musicais por décadas. O cineasta faz um filme para lançar luz no trágico desaparecimento do pianista em Buenos Aires, quando em turnê com Vinicius de Moraes em 1977.

No camarim de Emílio Santiago no Canecão, ao lado de Haroldo Costa, 2009.

Com o presidente Lula, no Salão Nobre do Palácio do Itamaraty, logo depois de ter sido o mestre de cerimônia na solenidade de promoção de Vinicius de Moraes a Embaixador da República. Com presença de todo Corpo Diplomático, 2009.

Trocando rápidas palavras
na Associação Comercial do Rio com
a candidata Dilma, ao lado do editor
deste livro José Luiz Alquéres, então
presidente da ACRJ. O bom humor da
conversa girava em torno da figura de
Darcy Ribeiro, amigo de ambos, 2010.

Em conversa com Oscar Niemeyer, no Instituto Cravo Albin, para definir detalhes do álbum de pranchas e textos "Brasília para Sempre", que o arquiteto fez com Lúcio Costa a pedido de Ricardo, logo depois impresso por Guilherme Rodrigues, da Lithos. Ao fundo, Darcy Ribeiro conversa com Ferreira Gullar, em 1991.

Foto recente no camarim principal do Teatro Municipal do Rio, antes de noite de consagração da cantora. **Ricardo** sempre diz que sua paixão por MPB começou ao ouvir Ângela Maria, em seu radinho, dentro do Internato do Colégio Pedro II, entre 1953 e 1955: "Fico indignado quando fazem confrontos entre Ângela daquela época e a de hoje. Antes era a majestade da pureza da voz, hoje é a majestade do mito e da historia".

Recebendo Fernanda Montenegro na Academia Carioca de Letras. Na foto, a atriz é homenageada com o Diploma Anchieta por ter feito palestra sobre Paschoal Carlos Magno e os benfeitores do Rio.

O casarão, sede do Instituto Cravo Albin, plantado aos pés do Morro da Urca.

Ricardo com Bibi Ferreira.

IX AMIGO É COISA PARA SE GUARDAR...

Quem ama tanto o que faz, quem é movido por sentimento, entrega, é claro que teve muitos amores na vida. E Ricardo Cravo Albin não é exceção a essa regra. Além da mãe querida, o filho mais velho de dona Zuleica teve seus namoricos na juventude e na vida pública cultivou grandes amigas e amigos. Apaixonou-se, despertou paixões. Teve êxtases, sofreu, teve desilusões. Só que o sensível anfitrião da Urca não gosta de expor em público sua intimidade. E devemos respeitá-lo. *Démodé*, anacrônico, introvertido, tímido? Podem dizer o que quiserem, mas se trata de temperamento, personalidade. Há quem goste de exibir sua privacidade, e há quem prefira guardar bem dentro da alma o seu jardim secreto de flores, com liberdade para amar quem for de sua escolha, dividindo apenas com os mais próximos seus encontros e desencontros amorosos.

O fato é que Ricardo, obviamente, não passou incólume pelo amor. Nem poderia, já que vive emocionado, à flor da pele, tem alma de poeta. A poeta Astrid Cabral lembra-se bem da corte insistente que Ricardo fez à sua irmã Sigrid, na Faculdade Nacional de Direito ao começo dos anos 1960. O irmão, Leonardo, diz que "Ricardo quase se casou com Clara Nunes". E há quem mencione a grande intimidade com a cantora Maria Lúcia Godoy, levantando a hipótese de que ambos se teriam casado em ritual indígena no Amazonas. Ao som da Floresta Amazônica do Villa-Lobos. Por outro lado, alguns amigos o acompanharam pela vida inteira. Como é o caso de Amaro Enes Viana, colega dos tempos do CPOR.

Mas, sua grande amante, aquela a qual corteja todos os dias, sem dúvida alguma, é a música popular brasileira. Sua deusa, sua diva, sua musa. E seu motor é o trabalho. Em função deste trabalho louco, insano, incansável, de tirar o fôlego de quem tenta acompanhá-lo, Ricardo criou em torno de si uma constelação de parceiros extremamente fiéis, por exercitar com habilidade e desvelo a arte da amizade. O que não é para qualquer um. É preciso ser dono de um coração afetuoso, aberto para o mundo, para ser capaz de conquistar tantas pessoas, suscitar tanta admiração e gratidão. Amando a música, espalhando-a por onde passa, cultuando suas histórias, Ricardo Cravo Albin entregou e continua a entregar o que tinha de melhor dentro de si a amigos e amigas, pesquisadores, alunos, leitores, público de shows, cantores, cantoras e compositores.

Por isso termino este livro com alguns depoimentos a seu respeito, esperando que ajudem o leitor a dimensionar melhor este homem que tem como única riqueza palpável o fato de ter optado viver em função do que mais o mobiliza: as fontes da cultura popular e a MPB. É da música, que tira o alimento, o alento, a vontade de viver. Ela é o seu ouro, a sua prata, o seu tesouro ou cofre de joias. É ela que o faz seguir em frente. Para Ricardo, a música é quase que um ser em carne e osso. Um objeto de desejo.

Abaixo, portanto, algumas declarações a respeito de Ricardo e de sua importância na luta pela cultura brasileira. A lista de depoentes poderia ser muito maior. Ricardo tem um universo infinito de amigos. Mas este livro nunca acabaria de ser apurado.

José Augusto Ribeiro

Tenho às vezes a impressão de que, como formalista das antigas, conheci várias vezes o Ricardo Cravo Albin antes e mesmo depois de conhecê-lo pessoalmente. Conheci-o pelos jornais quando criou o Museu da Imagem e do Som, no Rio, e todos os jornais publicavam extensas reportagens cada vez que o Museu colhia o depoimento de alguém. Conheci-o uma segunda vez quando descobri seu programa na Rádio MEC, do qual me tornei ouvinte habitual. Conheci-o afinal pessoalmente ao entrevistá-lo para um programa de televisão de Carlos Alberto Vizeu e Boni. Conheci-o de novo, apesar de já conhecê-lo pessoalmente, quando assisti aos shows que ele fez denominados de "Os Cantores de Chuveiro", do qual participavam pessoas da vida cultural do Rio que antes só cantavam para si mesmas na hora do banho, caso de Laura Sandroni e Octávio Melo Alvarenga. E também quando ele fez "As Cantoras do Rádio", com cantoras que mais ou menos desapareceram depois que a TV tomou conta do espaço. Voltei a conhecê-lo na ocasião de lançamento de seu *Dicionário Cravo Albin da Música Popular* e do Instituto Cultural Cravo Albin. E, afinal, como Secretário de Cultura de Maricá, perto do Rio, cidade sem cinemas, mas onde era possível, na Secretaria de Cultura, assistir a filmes que iam de Chaplin a Mazzaropi.

Conheci tantos Ricardos que, às vezes, não acredito ser uma só pessoa. É inacreditável que uma só pessoa tenha feito tanta coisa. Mas o que eu queria contar é de uma conversa com ele. Perguntei: "Você já foi convidado para ser da Academia?" (A Academia Brasileira de Letras).

A reação dele pareceu-me de estarrecimento, como se não tivesse méritos para isso. Talvez estivesse distraído, pensando em sua próxima iniciativa. Nunca pensara na Academia, embora ela tivesse todas as razões para pensar nele. Até porque é íntimo da ABL nos últimos 50 anos, graças à amizade fraterna com o doutor Athayde.

Maria Beltrão
Ricardo já era amigo de meu falecido marido Hélio Beltrão quando eu o conheci. Não sei se ele ficou meu amigo ou se eu me fiz sua amiga. Lá se vão 50 anos. Ele é uma pessoa de múltiplas qualidades e de uma fidelidade incomensurável. Como presidente do Conselho de Cultura da Associação Comercial do Rio de Janeiro, destaca-se por sua inteligência multifacetada. É um fazedor de sonhos. Sonhou com o instituto que tem o seu nome e o concretizou. Finalmente, para mim, Ricardo Cravo Albin é um solista da cultura brasileira.

Rosiska Darcy de Oliveira
Quando Ricardo resolveu constituir o ICCA, em 2001, pediu a algumas pessoas amigas para serem instituidoras, entre as quais se encontravam eu, Maria Beltrão, Affonso Arinos, Marcos Faver... A ideia era a de constituir um grupo de fundadores que desse respaldo à instituição, cuja criação foi celebrada com uma festa.

Sou amiga dele há anos. Mantenho contato com Ricardo no Pen Clube e na Academia Brasileira de Letras, desde que comecei a frequentar a Academia nos anos 1990. Não o conheci antes por me encontrar no exílio, do qual voltei, em 1984. Ao conhecê-lo, de imediato o achei uma pessoa simpática, afável. Nutro grande afeto por ele. Nós nos entendemos. Não sou muito de frequentar o ICCA – frequentei a casa com mais assiduidade quanto pertencia ao Ricardo, na primeira fase – mas ele é uma pessoa próxima, de quem gosto imensamente. Quando fez 70 anos, fui à festa na Urca, festejar com ele o aniversário.

É uma personagem importante para a cultura carioca e para a cidade do Rio de Janeiro, tendo um claro sentido do que seja a carioquice. Tanto que criou uma revista com este nome. E eu também tenho este amor pelo Rio. Ou seja, divido com Ricardo essa carioquice. Ele nasceu na Bahia, mas tem alma de carioca. Ele faz um trabalho importante de preservação de documentos e discos sobre a MPB, valorizando a MPB dentro da cultura carioca e brasileira. Talvez seja entre os intelectuais brasileiros aquele que mais tem consciência do valor e respeito com que devam ser tratados os antigos artistas, compositores, intérpretes da MPB. Ele os cultua, resgata a memória da cultura popular, sambistas, cantoras de rádios, chorões. Outro ponto no qual nos identificamos, porque também atribuo um valor imenso aos homens e mulheres que fizeram e fazem nosso samba de raiz, nossa música.

O Brasil é conhecido no exterior não por sua economia, não pelo exército, mas por sua cultura, arte, música. Ou seja, o Brasil é uma potência externa sobretudo pela força de sua cultura, dentro da qual a música é essencial. Para se conhecer o Brasil, há que se conhecer nossa música popular.

O ICCA é o sonho dele. Lá, ele guarda preciosidades. Ricardo vive seu sonho, sua paixão. Não há dinheiro que pague isso. Fez muito bem em ter transformado sua própria casa numa instituição cultural. Não faria o mínimo sentido acumular acervos culturais para levar para o caixão, ou para deixar para herdeiros, podendo fazer o trabalho maravilhoso que faz pela MPB.

Joel Nascimento

A grandeza de Ricardo Cravo Albin é a soma do homem e a sua obra cultural. Os seus projetos se fundem à cultura brasileira através da música, literatura, produção e incentivo geral à arte. Quanto devemos a este homem culto e desbravador que dedicou a sua vida com muito esforço, a conceber dentro de uma didática única e honesta os nomes da nossa história. Sou seu admirador e o conhecia muito antes de apertar a sua mão. Tive o privilégio de trabalhar e compartilhar de suas maravilhosas ideias, dentro da minha área, que é a música. Quem não conhece o *Dicionário Cravo Albin da Música Popular Brasileira*? Cito-o devido ao fato de ter sido agraciado, com gentileza, ao colocar um pouco da minha vida dentro de uma verdade inconteste da minha trajetória musical. GLÓRIA A DEUS NAS ALTURAS E AO NOSSO RICARDO AQUI NA TERRA!!!

Zezé Motta
Conheci Ricardo através de minha filha mais velha, Luciana, que trabalhou com ele há muitos anos. Ricardo é uma pessoa muito especial, um amigão. A gente pode contar com ele para o que der e vier. Além de antenado, ele é muito generoso. A paixão dele pela música me impressiona. Sobre ele, só tenho coisas boas para falar. Acho importante esta iniciativa de ser fazer uma biografia sobre a vida dele. Uma vida que tem que ficar registrada.

É um privilégio ser amiga do Ricardo. Vivi muitos bons momentos com ele em Maricá. Já comemorei meu aniversário no ICCA. Adoro ir lá, na casa da Urca. Sempre que posso vou lá, dou uma canja. Participei de projetos musicais organizados por ele e Haroldo Costa, ao meio-dia, na cidade. Fui convidada várias vezes. Ele me chama sempre. Aposta em mim como cantora. Agora na ABL, por exemplo, resolveu me homenagear. Mas Ricardo confia nos amigos, entrega-se a eles. E cada vez nossa amizade se estreita mais. Eu o considero um dos meus melhores amigos.

Elymar Santos
Conheço o Ricardo há muito tempo. Fizemos projetos juntos, resgatando pessoas antigas da Música Popular Brasileira. Pessoas que estão esquecidas. Nora Ney, Carmélia Alves. Uma vez ele escreveu uma imensa matéria sobre mim no *Jornal do Brasil*, de página inteira... acho que data desta época o meu grande encontro com Ricardo. Não sei por que o escala-

ram para me entrevistar, fazer uma reportagem sobre minha relação com o Canecão. Eu tenho uma história com o Canecão muito conhecida, porque em 12 de novembro de 1985 – não vou esquecer esta data nunca – decidi alugar do meu próprio bolso o Canecão para fazer um show e o sucesso foi imenso.

Mas, voltando ao Ricardo. Ricardo me entrevistou depois, num aniversário do Canecão, 30 ou 40 anos. Ele fez a matéria, tiramos fotos na porta do Canecão. A partir de então, ficamos amigos para sempre, ajudando outras pessoas, como eu já disse, como Carmen Costa, Nora Ney, Jorge Goulart. As cantoras de rádio. Ele sempre vindo junto comigo. Não vou me esquecer da Nora Ney entrando no teatro com cadeira de rodas. Foi emocionante. Também ajudamos a Carmélia Alves. Ricardo já homenageou Ellen de Lima, Sônia Delfino, Adelaide Chiozzo... e sempre que posso entro junto com ele nesta aventura de resgate de pessoas. Levei a ele Ademilde Fonseca.

Enfim, Ricardo é assim como eu. Tem paixão por tudo isso. Por essas pessoas do passado. Ele as reverencia, como eu. Ricardo é muito especial. É a memória dessas pessoas todas... Ele as preserva no dicionário, transformando-as em verbete. Ou lutando por elas, para que façam shows, não sejam esquecidas. Pelas mãos de Ricardo passa toda a história da MPB. Já cantei no ICCA. Já fiz shows com ele e Haroldo Costa. Dois xodós meus. Conversamos muito. Estamos sempre nos mantendo em contato.

Rogéria Gomes

Conheço o Ricardo há muitos anos. Pelo menos, há cerca de 25 anos. Eu era jornalista da área cultural. Antes eu o conhecia como todo mundo conhecia. Estava no cenário cultural.

Ele tem uma simpatia cativante. E comigo sempre teve uma deferência especial. Ele não ligava a mínima pelo fato de eu ser uma jornalista ainda jovem. E facilitava o meu trabalho. Eu já me lembrava dele da Rádio MEC, MIS, Embrafilme, de show da Alcione na TV Globo.

Fizemos programas sobre música, bossa nova, para TV. Entrevistei-o para revistas. Ele nunca deixa os amigos a pé. Não houve uma só vez que ele não me ajudasse. Fiz um programa de cinquenta anos da bossa nova e ele abriu o instituto para gravarmos... cinquenta anos de bossa nova para a TV Alerj.

Fred Góes
Ricardo não para. Ele é impressionante. Tenho certeza de que o dicionário vai ficar para a posteridade como ficou, por exemplo, o dicionário de Antenor Nascente. Um trabalho lindo que existe pela força de Ricardo, o empenho, a dedicação. Ele não apenas sonha, mas trabalha, luta pela MPB. Merece respeito, pois está criando um produto que será usufruído também por gerações futuras. O Brasil tem tradição de ter falta de memória, esquecer seus valores. Ricardo age de forma justamente contrária. Mesmo sem ser politicamente engajado, não ser partidário, ele age sem parar. Ele se engaja pela MPB. No nosso Departamento de Letras da UFRJ, ele não só é respeitadíssimo. É como se fosse um dos nossos. Pela importância cultural de seu trabalho no dicionário.

João Máximo
Conheci Ricardo por ocasião da escolha dos prêmios Golfinho de Ouro e Estácio de Sá em 1971. Neste ano, eu acompanhei muito de perto a decisão do Conselho de Esporte do Museu da Imagem e do Som com relação aos ganhadores dos prêmios. Em 1969, tinham chegado a dar prêmio para o presidente Garrastazu Médici como torcedor número um do país, por aclamação. Só que, em 1970, creio que por decisão de Ricardo, que quis mudar a correlação de forças, entrou para o Conselho o João Salda-

nha, que havia sido premiado dois anos antes. A ditadura corria braba, e João é um cara praticamente amaldiçoado. Mas Ricardo o acolheu no Conselho. E ele conseguiu que, no caso da eleição para o Golfinho de Ouro, os conselheiros de esporte voltassem atrás na decisão de dar o prêmio para o jogador de xadrez Mequinho, Henrique da Costa Meking, que era muito amigo do ministro Jarbas Passarinho, e homenageassem Buck, Guilherme Augusto Einaldo Silva. Técnico do remo, que se saíra muito bem dirigindo a equipe brasileira nos Jogos Pan-Americanos, Buck era um cara de esquerda. Conto esta história em meu livro sobre João Saldanha, que fiz para a coleção *Perfis do Rio*.

E assim fiquei sabendo quem era o Ricardo. E tive a oportunidade de ir ao Museu da Imagem e do Som. Até então eu não tinha nada a ver com a música. Fui ao MIS, na ocasião, porque era amigo do João. De longe, já curtia o museu, porque sou dado a velharias, gosto de coisas antigas. E Ricardo havia começado aqueles depoimentos para a posteridade, que eram importantes. Não sei se foi ele quem criou tudo no MIS, não conheço a história inicial do museu direito, mas entendo que até hoje as pessoas perguntem por ele, quando ligam para o museu. O trabalho que fez lá foi marcante. Escrevi sobre isso no prefácio de *Rastros de memória*, livro dele sobre o MIS. Ricardo é um verdadeiro conhecedor de música popular brasileira. E um agitador cultural. Transformou a própria casa num instituto, tombado, enfim, num patrimônio cultural, e a coleção pessoal de discos dele virou um bem público.

Ele é esperto, sagaz. Tem uma grande experiência administrativa que deve ter adquirido nos tempos do MIS. E criou também o *Dicionário Cravo Albin da Música Popular Brasileira*, editado pelo Instituto Houaiss. No papel, em minha opinião, os verbetes estão um pouco confusos. Entendo de verbete porque trabalhei com o João Saldanha na Mirador, coordenando e fazendo os verbetes de esporte. Tempos de Carpeaux,

Francisco de Assis Barbosa. O dicionário on-line eu não conheço, porque não tenho prática de mexer em internet, ainda prefiro o papel. Agora, não tenho dúvida de que se trata de algo durável, que veio para ficar. Também espero que o instituto seja mantido.

Ricardo é realmente um grande conhecedor de MPB. É um estudioso do assunto. Ele tem vivência de MPB, é carinhoso, afetivo, respeitoso com relação às pessoas que a fazem. Resgatou as cantoras de rádio. É importante entender que Ricardo não é um crítico de recusas. Ele aceita todo mundo. Divulga. É apaixonado pela música popular brasileira e por quem a cria. Um crítico agiria de forma diferente. Tomaria partido. Ele tem paixão, é diferente. Quando dei uma palestra sobre Mário Reis, no Country Club, eu não tinha fotos para ilustrar, então resolvi fazer um vídeo com depoimentos. Um dos melhores depoimentos sobre Mário Reis foi o do Ricardo. Colaborei com ele no livro *MPB, a história de sua paixão*, escrevendo sobre uma década, os anos 60. Tudo que Ricardo faz, no tocante à MPB, é importante.

Sonia Regina Santos de Oliveira (neta de Donga)
Nossa amizade e admiração por Ricardo Cravo Albin vem de longe... Eu, ainda menina, bebia na fonte daquele "jovem pimpão", nos anos 1960, quando ele, enquanto presidente do Museu da Imagem e do Som, foi idealizador das gravações de depoimentos históricos de grandes nomes de nossa MPB, dentre eles, o nosso Vô Donga... Ouvi-lo era um passeio pela história... era enriquecer o nosso vocabulário... era nos transformar e nos sentirmos um pouco mais cultos. Ricardo Cravo Albin, pesquisador e historiador de boa cepa, talvez não tenha ideia do quanto o admirávamos. Hoje ao vê-lo, carinhosamente, homenageando a nossa Vó Maria, me emociono e agradeço ao nosso Pai Oxalá por tê-lo colocado em nosso caminho, fazendo parte de nossos momentos mais preciosos...

Viva Ricardo Cravo Albin e o legado que ele preserva, com amor visceral, no nosso Instituto Cultural Cravo Albin. Contar a sua história é uma justa e merecida homenagem...

Ana Arruda Callado
Acho Ricardo uma pessoa com imensa devoção à cultura. Ele transformou sua casa num templo da MPB. Seu Dicionário de Música Popular Brasileira é importantíssimo. Fundamental para os pesquisadores. Tudo o que faz, faz com generosidade, além de que é um anfitrião excelente. Ricardo é ambicioso. Gosta de cargos, honrarias. Chegamos a ter algumas divergências no Conselho de Cultura do Rio de Janeiro, do qual ele foi presidente e eu também. Mas essa ambição é normal, humana. E não pode ser confundida com falta de ética. Tudo o que Ricardo faz, faz com ética, correção. Abriu mão da própria casa para transformá-la no instituto. Fiquei impressionada com a coragem dele, na ocasião. E confesso, preocupada. Generosidade é a palavra que mais o caracteriza. Ricardo ajuda a muita gente, como é o caso das cantoras de rádio, que já estavam esquecidas. Ele as trouxe de volta para o palco..

Alcione
Ricardo foi meu diretor e redator no programa *Alerta Geral*, na TV Globo, durante dois anos. Ele fazia parte da produção, alinhavava os programas, o repertório, os convidados. A música brasileira tinha uma participação pequena nas rádios. A estrangeira representava 80% das transmissões em rádio. *Alerta Geral* foi criado para combater isso. Ricardo é um grande pesquisador, antenado com a cultura brasileira. É um daqueles homens de cultura que o Brasil não pode perder. Tenho por ele um grande afeto. Já fui a festas na casa dele e ele veio à minha, esteve em meu aniversário. Já provou de meu paladar. Fico honrada de ter um amigo como ele.

Convidou-me agora para participar de um show na Academia Brasileira de Letras, só perguntei a ele a que horas e com que roupa, pois sempre me ajudou com palavras e demonstrações de carinho. Além disso, participa de nossa luta na Mangueira, também carinhosamente.

Carlos Mossy

Ricardo, para mim, foi o "Salvador da Pátria". Ele liberou vários filmes proibidos pela ditadura militar, inclusive os meus. Ele e Pompeu de Souza, os líderes civis que faziam parte do Conselho Federal de Censura e aos quais eu sempre recorria para que liberassem minhas fitas. Por isso, Ricardo para mim é uma figura mitológica. A pornochanchada poderia ter morrido sob o cutelo da ditadura, se não fossem Ricardo e Pompeu, que a salvaram de forma ideológica, retirando todos os filmes das garras da censura sob a alegação de que faziam parte da cultura popular. Todos os meus filmes, aliás, foram salvos por eles. Felizmente, porque a pornochanchada teve um papel importante naquela época, a meu ver, constituindo uma espécie de um alívio, alegria, anestésico, para a população massacrada pela ditadura militar. Era uma metáfora alternativa, uma forma debochada de crítica, com relação ao que estava ocorrendo no país. Acho que neste sentido nós, os diretores de pornochanchada, demos uma contribuição valiosa à cultura popular, naquela época, que não foi bem entendida na ocasião. Num sentido mais amplo, eu acho que o Ricardo é tudo o que há de bom, de melhor em nosso país, por ser um fomentador cultural importantíssimo, que leva adiante o ICCA e incentiva a Música Popular Brasileira. Ele é uma enciclopédia ambulante. Estou filmando agora a vida do compositor Zequinha de Abreu, por causa do Ricardo. As filmagens estão sendo feitas em Santa Rita de Passa Quatro. Eu não sabia nada sobre Zequinha de Abreu. Ricardo, com seu conhecimento sem igual sobre a musicalidade brasileira, me ajudou, estimulando-me a fazer o filme sobre este homem incrível que compôs uma música brasileira conhecida internacionalmente, "Tico-tico no fubá", que muita gente pensa ter sido de autoria de Carmen Miranda, mas que na realidade foi composta pelo caipira Zequinha de Abreu. Trata-se de um filme com grande componente sentimental, um filme romântico, poético, bem diverso do que os que filmei anteriormente, e cujo título será "Só pelo amor vale a vida". Justamente o nome de uma valsa maravilhosa composta por Zequinha, comparável às grandes valsas dos vienenses Strauss. Foi através de Ricardo que passei a conhecer o Luís Antônio de Almeida, primo do Zequinha, que conhece muito bem a história de seu parente, figura lendária da música brasileira. Enfim, como eu já disse, Ricardo para mim é um ser mitológico, uma figura única. Sou um grande apreciador dele pela pessoa generosíssima, pela obra e também pela constância de seu trabalho em prol da MPB, pelos músicos do passado e do presente, e por todas as outras formas de cultura brasileira.

Marcos Valle
Creio que conheço o Ricardo desde o início de minha carreira, em 1963. Várias vezes estivemos juntos... ele produzindo e escrevendo shows dos quais eu participava. Acho o trabalho dele importantíssimo para a música popular brasileira. Inteligente, talentoso, Ricardo é um estudioso de MPB, sobre a qual tem um conhecimento geral muito grande. Além disso, é amigo de todo mundo. Está entre os pesquisadores, produtores de shows, diretores, vitais para a música popular brasileira.

Ellen de Lima
Ricardo é tudo de bom. Um idealista. É um privilégio ser sua amiga. Fico até gaga quando tenho que falar sobre ele.

Ana Paula Albin

Eu sou apaixonada, louca pelo meu tio. Meu tio levou-me a shows, fui com ele ao camarim de Roberto Carlos. Admiro muito o seu trabalho, tudo o que ele faz pela MPB. Por isso o apoiei quando quis transformar a casa em instituto cultural. Abri mão da herança, em cartório. Eu e toda a minha família. Ele e meu pai são muito diferentes, como água e vinho. Meu tio sempre foi estudioso, meu pai era o capeta, boêmio, *bon-vivant*. Tenho ótimas lembranças da casa de Maricá, que ficava entre a lagoa e o mar. Meu tio foi totalmente contra nossa vinda para Itaipu. Dizia que era uma roça, e que não havia colégios bons como o Notre Dame do Cosme Velho, onde eu e minha irmã Cristina estudávamos. E que acabaríamos por nos ver menos... o que acabou realmente por acontecer. Ele não perdoou o fato de perdermos um ensino do porte do Sion. Para meu tio, o ensino é tudo.

Luiz Antônio de Almeida

Até hoje se fala de Ricardo Cravo Albin no MIS. As pessoas ligam para cá, para a sala de pesquisas na Lapa, perguntando por ele. Acham que ainda trabalha no museu. Deixou uma marca eterna. É uma grande honra ser amigo dele. Pessoalmente lhe sou muito grato. Sempre acreditou em mim, sempre me elogia, sempre me destina uma palavra amiga, de incentivo. Nunca desestimula os pesquisadores. É um sábio. Uma pessoa que quando se conversa sobre MPB, a história mais recente, os personagens ou protagonistas, é sempre mencionada, sempre se faz presente. Pois quando não estava pessoalmente participando dos episódios, era amigo dos compositores e intérpretes ou atuava nos bastidores. Conheceu todo mundo, sem falar que criou os depoimentos para a posteridade, que hão de ficar. Além dos próprios depoimentos que ele mesmo produziu ou gravou, na casa de quinhentos a seiscentos.

Monarco

Minha relação com Ricardo é muito boa. Ele sempre ajudou a todos nós, sambistas, compositores e cantores das escolas de samba. Eu o conheço há muitos anos, desde a época em que estava no Museu da Imagem e Som. É um grande estudioso da cultura e da música do povo brasileiro. Conhece de fio a pavio a história de muitos intérpretes que já se foram. Ele sabe das coisas. Não é um qualquer. Quando se trata de Ricardo Cravo Albin, assino embaixo. Já dirigiu show meu, um tributo a Nelson Cavaquinho, que fiz ao lado de Cristina Buarque. Eu já fui ao Instituto, à casa na Urca. Ele é importante para a cultura carioca e apoia os músicos. Tem histórias para contar, que vêm de longe, como as de Orlando Silva, a de Aracy de Almeida, e de muitos outras estrelas do passado. Suas críticas são feitas com fundamento. Saca tudo. Gosto muito dele, pessoalmente, e sei que muitas outras pessoas de escolas de samba também nutrem carinho por ele. Se alguém me diz que tenho que ser entrevistado por Ricardo, eu vou lá, sem me preocupar. Pois como já disse, ele sabe das coisas.

Martinho da Vila

Ricardo é meu compadre, padrinho de minha filha Alegria, que está com 13 anos. Nós nos conhecemos no MIS, eu praticamente ainda não havia começado a minha carreira. Era sargento e sambista. Ricardo tinha uma revista, a *Guanabara*, e vários compositores de escola de samba iam lá, se encontrar com ele, conversar. Eu ia com Walter Rosa e Darcy da Mangueira, entre outros bambas do samba. Era por volta de 1966, 1967, eu tinha cerca de 30 anos. Sou mais velho três anos do que o Ricardo, que nesta ocasião estava com 26 a 27 anos. Lembro-me de que produziu um disco com enredos de escola de samba, o primeiro deles, no qual minha voz ficou registrada. Gravei minha música neste disco. Mas eu só ficaria mais conhecido após 1967. No Festival de Canção da Record eu defendi a canção "Menina Moça", e em 1969 lancei o meu primeiro LP.

Desde essa época, ficamos amigos para sempre. Ele sempre prestigia o que eu faço. E dizia que um dia eu ia virar uma estrela da MPB. Previu isso. Não cheguei a frequentar a cobertura dele na Visconde de Caravelas, ficamos mais íntimos quando ele já havia comprado a casa na Urca, nos anos 1990. Eu já ia lá antes de ser Instituto Cravo Albin, ou seja, quando ainda era casa do Ricardo. E o gozado que eu já conhecia bem aquela casa, porque estive lá quando ainda era residência do Júlio Senna. Além de ser decorador, Júlio Senna era um bom fotógrafo, e fez umas fotos minhas. Chegou a ir à minha casa em Pilares (eu morava em Pilares naqueles tempos) para me fotografar. Ele pretendia fazer um levantamento fotográfico de artistas e compositores. Não sei o que aconteceu depois da morte dele com estas fotos. Até hoje eu guardo a minha foto.

Ricardo preservou e ainda por cima melhorou muito a casa de Júlio Senna. Ele ajeitou a casa, mas não fez reformas profundas. Eu acho que ele fez muito bem em mantê-la como era. Assim como acho que fez bem em transformá-la em instituto cultural. Eu sou um dos dez instituidores do ICCA. Foi uma ideia muito boa, o ICCA tem um acervo imenso. Para mim o instituto vai ficar para sempre. Acho bonito os herdeiros terem aberto mão da herança para permitir que a casa se transformasse em instituto.

Ricardo é um batalhador. Gosto de tudo o que ele escreve. Ele é também um ótimo diretor de shows e bom apresentador de espetáculos. Já dirigiu shows meus. Foi ele quem dirigiu também a festa de solenidade na qual ganhei o prêmio Golfinho de Ouro. Um show memorável, escrito e dirigido por ele.

Antônio Carlos Athayde
Todo dia 2 de dezembro nós nos reunimos no Pedro II, em almoço realizado pela associação dos ex-alunos, da qual sou diretor. Há uma garotada danada. Brinco que o meu grupo – Ricardo, Jerônimo, Domício, Leo Christiano, Leonardo Fróes – é o formado pela quarta idade. A partir de um determinado momento em nossas vidas, quando Ricardo ficou célebre como um cara ligado à música popular brasileira, passamos a ficar amigos. Meu pai foi compositor popular. Passei então a admirá-lo por tudo o que fez e faz pela MPB. Com isso, eu mesmo o incentivei a fazer shows com estrelas da MPB no auditório Raimundo Magalhães Jr. da Academia Brasileira de Letras. A ABL tem lotado, às quartas-feiras, com os shows produzidos e apresentados pessoalmente por Ricardo, que são um grande sucesso de público. Ele é trabalhador, operoso, atento, atencioso, uma flor de homem. Também tenho uma lembrança de Ricardo dos tempos em que namorava a Maria Lúcia Godoy, que além de ser uma estrela da MPB era muito bonita. Tínhamos inveja dele por ser o namorado dela.

Maria Lúcia Godoy
Foi o Ricardo que me fez fazer os meus dois primeiros LPs, o que homenageava Manuel Bandeira e o Canto da Amazônia. Na ocasião ele estava à frente do Museu da Imagem e do Som, onde fez coisas notáveis. Depois tentariam prejudicá-lo no MIS, tanto que perderam as matrizes originais destes discos. Mesmo assim a Academia Brasileira de Letras conseguiu refazer o Manuel Bandeira, em CD, e eu também quero que um dia o *Canto da Amazônia* seja repassado de LP para CD. Esses meus discos se tornaram clássicos e marcam o início de minha discografia, que agora já chega a 17, entre LPs e CDs. Enfim, Ricardo foi a pessoa que deu o pontapé inicial em minha discografia. Ele foi importante em minha

carreira, um amigo, um amor, muito especial, muito generoso. Sou muito grata a ele. É um homem inteligente, dinâmico. Ana Arruda diz que estive em Maricá? É verdade, Ricardo me levava sempre lá, e cantei para os amigos dele. Hoje eu quase não o vejo. Tenho uma família grande, em Belo Horizonte, perdi-me um pouco por aqui. Mas sei que continua fazendo um belo trabalho na casa que ele transformou em instituto. Coincidentemente, também estão fazendo a minha biografia, em São Paulo, e Ricardo estará presente nela, com uma declaração a meu respeito. Amorosa e generosa, como é de seu temperamento.

Anna Letycia Quadros
Conheci Ricardo há muitos anos, no hospital Miguel Couto, onde Eneida de Moraes (1904-1971), que era minha grande amiga, estava morrendo. Ela estava muito mal, desenganada. E entrou no quarto um rapaz com os cabelos cacheados acompanhado de um padre para dar a extrema-unção. Fiquei espantada, porque Eneida era comunista. Mas ela me disse: "Ele é o meu anjo barroco", e deixou o padre dar a extrema-unção. Depois, fiquei sabendo que o rapaz de cabelos encaracolados era o Ricardo Cravo Albin. A partir daí ficamos amigos para sempre. Somos vizinhos. Sou muito amiga também de Amaro, vizinho e grande amigo do Ricardo. No começo eu ia a todos os saraus. Agora só vou muito de vez em quando. Impossível acompanhar a programação do Ricardo. Acho tudo o que ele faz pela MPB muito bom, mas não aguento acompanhá-lo. Ricardo não para, não sei de onde ele tira tanta energia.

Ruy Castro
No dia 4 de maio de 1967, aos 19 anos e repórter do *Correio da Manhã*, publiquei minha primeira matéria assinada na grande imprensa – uma reportagem sobre os 30 anos da morte de Noel Rosa, que se completa-

vam naquele dia, na primeira página do Segundo Caderno do *Correio*. À noite, fui ao Museu da Imagem e do Som para a abertura de uma exposição de textos e fotos de Noel.

Em dado momento, eu lia minha própria matéria afixada num tabique, quando um homem veio falar comigo. Eu sabia quem era: Ricardo Cravo Albin, diretor do museu. Ele apontou para a página do *Correio* e disse: "Você é o Ruy Castro? Mas você é tão jovem! Vem cá, quero te apresentar a algumas pessoas."

Tomou-me pelo cotovelo e me levou à sala ao lado, onde um grupo de senhores estava reunido. Ricardo disse a eles o meu nome e me fez apertar a mão de um por um.

E foi assim que, em menos de trinta segundos, apertei a mão da metade da história da música popular brasileira – Pixinguinha, Donga, João da Baiana, Paulo Tapajós, Braguinha, Jacob do Bandolim e Almirante.

Obrigado, Ricardo.

Noca da Portela

Ricardo tem muitos amigos. No meu caso, somos amigos desde 1967, quando houve um Festival de Carnaval no Museu da Imagem e do Som, que ele criou para melhorar o nível das músicas de carnaval e combater os caitetus, os caras que compravam horários na rádio para impor suas baboseiras. O trio ABC da Portela, formado por mim, Picolino e Colombo, participou. Picolino e Colombo, infelizmente, já se foram. A partir daí, fizemos grande amizade com Ricardo. Frequento a casa dele. Quando fui secretário de Cultura do Rio de Janeiro, a primeira coisa foi mantê-lo na presidência do Conselho Estadual de Cultura. Sempre nos demos muito bem. Ricardo para mim continua sendo uma das pessoas mais importantes para a educação e cultura brasileira. É um homem simples, baiano de nascimento, mas carioca honorário. Como eu, que sou um mineiro de 75 anos de idade, mas que também sou carioca honorário. Ele ajuda muito aos amigos, ajudou ao trio ABC. Sempre que podia, nos colocava na rádio, em jornais, TV. Empurrava a gente para frente. Estava sempre na liderança de festivais, como jurado, um intelectual, ou produzindo shows, e chamava as pessoas, convidava todo mundo. Sabia quem era quem. "Vai lá no festival", pedia, "manda a música para nós". Dirigiu o Conselho Estadual de Cultura com uma sabedoria impressionante. Na conversa, no diálogo, sem choques. E com isso me auxiliou muito. Porque, você sabe, o poder é complicado.

Bibi Ferreira
Falar sobre Ricardo Cravo Albin, a meu ver, não é só falar da importância que ele representa para a cultura brasileira. É antes de tudo falar do amigo querido que, embora sendo o homem de vasto conhecimento que é, tenho a certeza de que desconhece o quanto me emociona. Na vida, todos nós gostamos de festejar certas datas. Eu, por exemplo, gosto de duas. Uma delas é o meu aniversário. Faz-me bem reunir os amigos, embora nem todos possam estar presentes, devido a compromissos. A outra é o Natal, em que às vezes não é fácil reunir toda a família. Nessas datas, se há um telefonema que sei que vou receber e mesmo assim fico emocionada é o do meu querido Ricardo, homem de múltiplas atividades artísticas e culturais e, portanto, sempre ocupado. Não esquecer essas datas me toca muito, deixa-me lisonjeada e feliz. Ricardo é uma pessoa admirável para a qual não se pode poupar certos adjetivos: culto, inteligente, sensível, dedicado, que com talento e competência realiza o árduo trabalho de preservar o nosso patrimônio artístico e cultural. Incansável pesquisador da música popular brasileira, atua em diversas funções, sejam elas as de autor, diretor de teatro, radialista, historiador, produtor musical, realizando sempre um trabalho sério e de alta quali-

dade, característica dos que conhecem a fundo a sua profissão. O que só vem atestar aquilo que todos sabemos: Ricardo Cravo Albin é de fato um homem imprescindível para a arte e a cultura do Brasil.

Meu especial e querido amigo, é para mim motivo de muito orgulho ter recebido esse convite de Cecília Costa para fazer parte de uma obra que conta a importante e valiosa história de sua vida. Meu imenso respeito e admiração. Abraços e carinhos da sempre amiga Bibi.

Ps.: Aguardando o telefonema no próximo ano.

Leiloca
Ricardo é polivalente, tem competência e talento para várias atividades. E é a cara do Rio. Vou aos saraus que ele promove, pois amo estar lá, naquela paisagem maravilhosa da Urca, com Ricardo recebendo muito bem, com música boa e amigos especiais. Ele realiza uma linda missão cultural. Seu mapa astral traduz isso muito bem, pois nasceu sagitariano, sob a égide da cultura, do conhecimento e da alegria. A posição de Júpiter, regente de Sagitário, indica que ele concretiza grandes projetos que envolvem a música, as artes, a comunicação em geral. Ricardo Cravo Albin é nosso patrimônio nacional. Viva ele!

Elke Maravilha (in memoriam)
Conheço Ricardo há muitos anos. Nunca trabalhei com ele, mas estivemos juntos várias vezes socialmente e em eventos culturais. Admiro muito o trabalho dele. Ricardo respira arte. A casa dele na Urca é uma das mais bonitas no Rio. Um verdadeiro palácio. Ele é um sábio. Uma das poucas pessoas que conhece bem o Brasil, a cultura brasileira. E como faz falta quem conheça o Brasil. Nesta vida dura, a arte é o que nos salva. Por viver da arte, ser como é, Ricardo é uma pessoa necessária. Teve uma pastora alemã com meu nome? Não me lembro, mas exis-

tem muitos animais com o meu nome. Até uma vaca. Um amigo meu deu o nome de Elke a uma cachorra, e quando ela morreu ele passou sempre a batizar as novas cachorras com meu nome: Elke 1, Elke 2... acho divertido.

Stella Caymmi

Eu conheci o Ricardo por causa do meu avô, Dorival Caymmi. Porque meu avô esteve ligado à criação do Museu da Imagem e do Som, que em parte se deve a ele. Meu avô era amigo de Lacerda no Rio, desde 1939, quando Lacerda ainda pertencia ao Partido Comunista, assim como Jorge Amado. Foi o meu avô, que nunca foi comunista de carteirinha, quem fez o hino da campanha de Luiz Carlos Prestes para senador, em 1945, a pedido de Jorge. E também fez a campanha de Jorge para deputado da Constituinte de 1946. Por coincidência, meu avô e Lacerda nasceram no mesmo dia e no mesmo ano, 30 de abril de 1914. Ano que vem será comemorado o centenário dos dois. (depoimento dado em 2013)

Quando Ricardo homenageou a dupla Jorge Amado e Dorival Caymmi, no auditório da ABL, Teatro R. Magalhães Jr, fez questão de me lançar como cantora, ao lado do tio Danilo. Pois bem, ele pesquisou e fez questão de que apresentássemos na ABL o hino comunista para o Prestes, em campanha para senador.

Meu avô fez uma única exposição de quadros numa galeria em Ipanema. Eu tenho uma foto minha com ele, criança ainda, que encontrei, ao longo de minhas pesquisas, no arquivo da Manchete. Ele fez estes quadros em Rio das Ostras. Disso lembro-me bem, ele correndo para aprontar os quadros por causa da exposição. Quem fez a palestra de inauguração foi Ricardo Cravo Albin. Vovô, que o escolhera, adorou. Meu tio Dori (ou Danilo) promovia uma *happy hour* no restaurante Vinicius de Moraes, na rua Montenegro, que hoje se chama Vinicius de Moraes. E decidi ir lá ajudar a meu tio, como produtora cultural. Criei um projeto no Vinicius, com bossa nova, *crooner*. As pessoas queriam ouvir bossa nova no bar onde fora composta a "Garota de Ipanema". Para a inauguração, pensei em chamar o Ricardo. Liguei para ele, expliquei que estava produzindo este evento, e ele topou na hora. Deu uma maravilhosa palestra sobre Vinicius. A partir daí, a casa encheu. O projeto deu supercerto. Creio que isso ocorreu no final dos anos 1980, início dos 1990. Foi o começo de uma grande amizade entre mim e o Ricardo. Como Ricardo, sou apaixonada pela era do rádio. Cada vez mais aumenta a minha afinidade com ele. Pensamos em comemorar os 90 anos de meu avô juntos, o que acabou não acontecendo. Fui ao ICCA e vi, emocionada, o grupo do dicionário trabalhando. Depois, quando ele lançou o livro em papel, na Biblioteca Nacional, eu recebi em cinco envelopes os verbetes de minha família, meu pai, minha mãe Nana, meu tio Danilo e meu tio Dori... Entre eles, estava também um envelope com um verbete sobre mim, no qual, além de ser descrita como jornalista e produtora cultural, ele me colocou como cantora. Foi a primeira vez que me vi caracterizada como cantora. Levei um grande susto, mas Ricardo me disse: "Você é cantora". Enfim, ele foi a primeira pessoa no mundo da música, ou seja, entre as pessoas que estudavam e conheciam música, a me chamar de cantora. E me deu a ideia de produzir um disco. Ele me ajudaria muito também a escrever meu primeiro livro sobre o meu avô. Eu o entrevistei várias vezes. E usei muito os livros dele. Pesquisador, produtor cultural, museólogo, arquivista, Ricardo é importantíssimo para a vida cultural do Rio e do Brasil. Ele está sempre agindo também nos bastidores, fazendo a ligação entre o público e o privado, levando recursos. Assisti uma reunião no ICCA sobre o levantamento de verbas para o Instituto Jobim, na qual estava presente o Paulo Jobim e o engenheiro Wagner Victer. Ricardo é amigo de Victer, que atualmente é o presidente da Cedae.

Há coisas maravilhosas lá dentro do ICCA, como os rádios e o microfone da Rádio Nacional. Ele ajuda cantores e compositores que já se encontram esquecidos. Ricardo é admirável, admirável, admirável. É por causa dele que agora vou fazer um CD. Sempre que ele me pede que eu cante, eu vou lá e canto. Antes, eu achava que eu não tinha o direito de cantar. Imagine só. Com a família que tenho. Mas ele me fez acreditar em mim mesma quando me colocou como cantora em verbete.

Ricardo estava do meu lado quando meu avô morreu. Ele é amigo mesmo. Faz shows com as cantoras de rádio. É uma pessoa ligada. Quem fala mal do Ricardo comete uma grande injustiça, porque não tem noção da vida que ele leva e do que faz pelas outras pessoas. Ele não tem tempo para fazer tudo o que faz. Os livros que faz. Escreve e muitas vezes publica sem o auxílio de um revisor. Eu, por exemplo, quando escrevo meus livros, peço a outras pessoas para ler também. Peço ajuda a Jairo Severiano, Tárik de Souza, ao próprio Ricardo. Mas ele não tem tempo nem recursos para ter um revisor. Faz tudo sozinho. E que maravilhosas pesquisas sobre MPB ele publicou. Há erros, pode ter erros. Mas são erros sem importância alguma. Ricardo é de outra época, a época do Almirante. Uma época em que não havia tanta exigência acadêmica sobre as pesquisas. É preciso contextualizar as pesquisas que ele fez. Ele tem uma obra importante. Os livros que escreveu, como *O livro de ouro da MPB*, me ajudaram muito em minhas pesquisas, me salvaram. Há informações ali preciosas.

Ele é meu amigo, meu irmão, meu pai. Deu a casa dele pela MPB, a saúde dele. Dizem que ele quer fama, aparecer? Quem é que não quer aparecer? Eu também quero. Mas é preciso ficar claro que Ricardo é bom, é amigo. Ficam fazendo um zunzunzum a respeito dele, e não sabem que ele vive um verdadeiro amor pela MPB. Muitas vezes cai doente. Eu seria capaz de escrever um capítulo inteiro sobre o Ricardo, um livro. Se alguém falar mal de Ricardo, eu brigo, eu bato, eu grito. Sou cria do Ricardo.

Luiz Carlos Lacerda (Bigode)

Há muitos anos, eu e Ricardo temos uma relação de amizade muito frutífera. É extremamente generoso o trabalho que ele faz pela divulgação da música popular brasileira. Ricardo é o grande embaixador da MPB. Neste exato momento estamos fazendo um trabalho em parceria. O Canal Brasil está exibindo a *Enciclopédia do Samba*. São trezes programas, exibidos pela Globosat, às quartas-feiras. Ricardo foi o assessor acadêmico e histórico da série. Os programas foram feitos com base em indicações feitas por ele, ou seja, foi ele quem escolheu os nomes, Noca da Portela, Dona Ivone Lara, etc... E usei também os verbetes do *Dicionário Cravo Albin da Música Popular Brasileira*. Ele é muito importante para a cultura brasileira. Além de ser o grande responsável (o único) pelo nome de Antonio Carlos Jobim no Aeroporto do Galeão. Viva Ricardo Cravo Albin!

Geraldo Carneiro

A primeira vez que estive no Largo da Mãe do Bispo, creio que ainda nos tempos de Júlio Senna, porque deve ter sido nos anos 1970, tive a sensação de que me encontrava nos Jardins Suspensos de Nabucodonosor. O ar era tão impregnado de um clima do Rio de Janeiro do passado que achei que a qualquer momento iria me encontrar com Machado de Assis ou Lima Barreto. Já com o Ricardo a experiência foi outra. Ele transformou aquela casa colonial num instituto interessantíssimo. Se não me encontrei com Lima e Machado, tive o prazer de ser apresentado a Paulinho da Viola, Martinho da Vila e Ângela Maria, numa comemoração dos 60 anos de Paulinho da Viola. O que antes era uma miss de Jucutucara ou de Tribobó, meio ridículo, nas mãos de Ricardo passou a ser uma

Miss Brasil, ou seja, um lugar importantíssimo. Não sei se foi lá ou no Museu da Imagem do Som – minha memória anda meio confusa – que ouvi a música composta por Manuel Bandeira e Jayme Ovalle, o "Azulão", na voz de Maria Lúcia Godoy. Quando visito aqueles jardins suspensos do Largo, sinto-me como se estivesse sendo transportado para o Rio de Janeiro de antes da chegada de Mem de Sá. Minha impressão, muitas vezes alcoolizada, é a de que antes da fundação do Rio o Ricardo já estava lá. Viajo na máquina do tempo, entre o passado, o presente e o futuro. Ali, lembro-me das palavras de Vinicius: "o meu tempo é quando". Ricardo não é São Sebastião, é claro, mas é o bastião da música popular brasileira.

O Rio foi fundado ali, no final daquela rua. Uma vez perguntei a meu amigo Luiz Antônio Gravatá há quanto tempo existia a Urca, e o Rio. E ele me disse que geologicamente existia há cerca de cinco milhões de anos. Pois não importa o tempo geológico do Rio, Ricardo já morava na Urca, recebendo todo mundo. Para mim foi um prazer imenso ter participado de uma criação belíssima do Ricardo, a idealização e o roteiro da *Sinfonia de São Sebastião do Rio de Janeiro*, a pedido de Francis Hime, compondo as letras juntamente com Paulo César Pinheiro. Sinfonia é instrumental, não é bem aquela composição, mas se Stravinsky também compôs uma sinfonia com letra, o erro deixou de ser erro. Virou acerto. Eu sou de Minas, mas amo o Rio. O Rio tem esta característica de transformar em cariocas radicais todas as pessoas que vêm morar aqui, assim como aconteceu também com o Ricardo, nascido na Bahia, ou com Drummond. Não tem um dia em que eu não durma pensando no Rio. E a casa de Ricardo, aos cuidados dele, virou um país paradisíaco. Um Rio de Janeiro genial, com música. Eu acho que daqui a duzentos anos ninguém vai acreditar que houve um dia, na Urca, um lugar assim, no qual tantas pessoas iam, sendo recebidas por Ricardo com uma delicadeza incrível. Talvez aquele lugar seja o maior centro de celebração da cultura do Rio. Muitas cidades costumam ter vários espaços de celebração, como Salvador, Paris ou Praga... costumam cantar a si mesmas, celebrar-se... o Rio não tem esta preocupação. Mas, Ricardo exerce esta função, ali se cantam as graças da cidade. Com os eventos e os saraus, é uma embaixada permanente. A vontade que dá é a de pedir asilo lá. Acho que o movimento afro-reggae deveria pedir asilo ao Ricardo, no Largo da Mãe do Bispo. Mas o que mais me impressiona é o pique de Ricardo. Ele é de uma intensidade contínua. Se fica cansado, de vez em quando, eu nem percebo. Ele me engana por completo. Para mim, Ricardo Cravo Albin é um dínamo.

Marcílio Marques Moreira
Sou amigo de Ricardo desde os tempos em que ele estava no Museu da Imagem e do Som. Em meados dos anos 1960, no Governo Negrão de Lima, fiquei à frente da Companhia Progresso do Estado da Guanabara. A empresa estadual de fomento tinha como função incentivar a indústria, mas dei um jeito de poder incentivar também a cultura, a partir do conceito de indústria cultural. Na ocasião, concedi financiamento aos diretores do Cinema Novo, até porque minha cunhada, Rosinha, irmã da Maria Luiza, estava casada com Glauber Rocha. Apoiamos também teatros, ou seja, a Companhia Progresso financiou a construção do Teatro de Ipanema, do Rubens Corrêa, e do Teatro Opinião, administrado pela Tereza Aragão. E fizemos várias iniciativas em conjunto com o MIS. Com isso pude conhecer Ricardo bem. Nós nos entendemos de imediato e nossa amizade dura até hoje. Ao ser nomeado presidente da Associação Comercial, em 2001, eu o chamei para que reativasse o Conselho de Cultura dessa entidade, que estava praticamente morto deste o triste falecimento de Stella Marinho em Nice. Ricardo fez um trabalho incrível,

com ele o conselho renasceu... Ele chamou vários amigos para serem conselheiros, como Rosiska Darcy de Oliveira, Paulo Marcondes Ferraz, Lucy Barreto, Maria Eugênia Stein e Maria Beltrão. Criou o Prêmio Barão de Mauá de Cultura, para consagrar as empresas que mais investem em cultura. Este ano, por exemplo, serão premiadas, entre outras, a Light e a Avianca. Aprecio tudo o que ele faz. Costumo frequentar o ICCA. Ricardo, a meu ver, é um benemérito de nossa cultura.

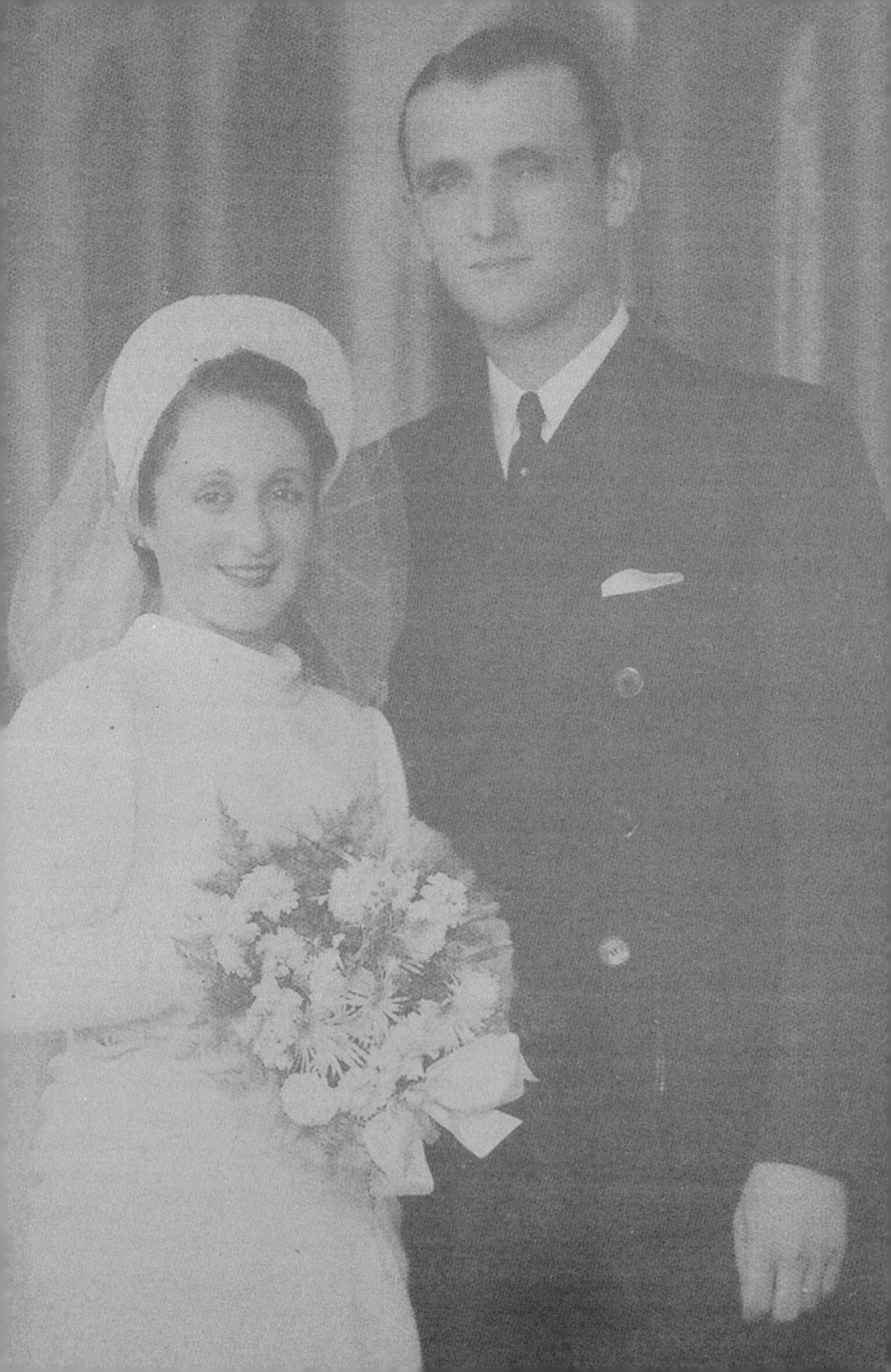

Os pais, Max e Zuleica, na foto oficial do casamento em Penedo (1938).

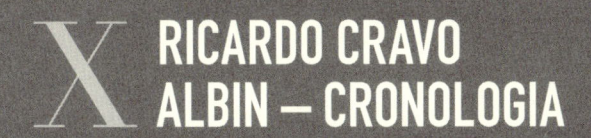

X RICARDO CRAVO ALBIN – CRONOLOGIA

1938   Casamento de Zuleica Costa Cravo, 34 anos – filha do comerciante e industrial Cícero Cravo e de Isaura Costa Cravo, sócios da fábrica de tecidos dos Peixoto Gonçalves, moradores de Penedo (Alagoas) – com o imigrante austríaco Max Albin, de 28 anos, caixeiro-viajante que posteriormente também seria comerciante e dono de três fazendas, entre elas a Taboado. Max era filho de Leon Albin e de Genha Albin, austro-húngaros.

1940   Nascimento de Ricardo Cravo Albin em 20 de dezembro, às 22 horas e 15 minutos, na travessa Corneta Lopes, número 6, bairro de Campo Grande, Salvador (BA). Segundo lhe contavam os pais, teria sido concebido numa pousada na bela Praia do Peba, extremo sul de Alagoas, onde deságua o São Francisco. A mãe pensou em dar-lhe o nome do pai, mas este não quis, porque queria um nome brasileiro para o filho.

1941   Batismo no dia 1º de janeiro na igreja de Victória, em Salvador. O padrinho foi o tio Carlos Ballalai de Carvalho, e a madrinha, a avó Isaura Costa Cravo.

1942   No início do ano, Ricardo passa dois meses com os pais na praia do Pontal de Coruripe, no sul de Alagoas. Em 31 de outubro nasce em Penedo Leonardo Cravo Albin, o irmão mais novo.

1945   Antes de completar cinco anos, Ricardo estudaria o ABC com a professora Noélia Lessa Ribeiro. Noelinha, como era chamada a jovem mestra, o levava para o Colégio Diocesano, em Penedo, de 1h às 4h da tarde.

1947   Choque ou epifania musical, ao ouvir no rádio, na fazenda Taboado, Luiz Gonzaga cantando "Asa-Branca". Gonzagão gravou "Asa-Branca", composta com Humberto Teixeira, em março de 1947. A música viraria uma espécie de hino no Nordeste.

1947 a 1952   Ricardo e Leonardo são matriculados em abril de 1947 no Colégio São Raimundo, na Bahia. Ricardo estava com 6 anos e meio e o irmão com 4 anos e meio. O uniforme tinha uma calça azul marinho e a blusa era branca. Gravatinha azul, meias brancas, sapato preto. Os meninos ficavam no colégio das 8 da manhã ao meio-dia. Em 1948, ainda com 7 anos (seu aniversário é em dezembro), Ricardo entraria para o Ginásio Santa Bernadete, para cursar o primeiro ano do primário. Seu irmão, com cinco anos, também seria transferido para este colégio, sendo matriculado no jardim de infância. O pai havia se mudado com a família para Salvador, porque se tornara sócio da fábrica de cristais e refrigerantes Fratelli Vita. Na estada em Salvador, Ricardo descobrirá o cinema e seus astros. A Fratelli Vita quebra (depois seria refundada) e Max Albin volta para Penedo e suas fazendas no início da década de 1950. Na volta para Penedo, o menino reencontrará dona Noélia no Colégio Diocesano, onde terminará o primário e ingressará no ginásio. Suas notas na prova de admissão para o ginásio foram tão boas que lhe deram o direito de cursar o Pedro II no Rio. Amante de música, aprende, quando criança, um pouco de piano com a mãe, mas nunca tocaria muito bem.

1953 Vinda da família para o Rio de Janeiro, em janeiro deste ano. O primo e engenheiro Enaldo Cravo Peixoto, filho da tia Zoraida, irmã de Zuleica (a outra irmã se chamava Zita) consegue que a bolsa destinada ao ótimo aluno Ricardo Cravo Albin seja finalmente concedida pelo Colégio Pedro II, já no segundo ano ginasial. Ingressará no tradicional educandário em março de 1953. Nas saídas do colégio, Ricardo frequentava a casa dos Peixoto – Enaldo era casado com Célia (Sarmanho, em solteira, prima de Darcy Vargas) – na rua Marquês de São Vicente, 374. A mãe morava na casa da tia Zoraida e do cunhado Antonio Peixoto, na rua General Glicério, em Laranjeiras, onde o estudante também costumava ficar.

1953 a 1955 Ginásio no Pedro II, internato, em São Cristóvão. Morte repentina do pai, por câncer no estômago em 16 de junho de 1953. Com o dinheiro da herança, a mãe compraria um apartamento na rua Cristóvão Barcelos, número 55, em Laranjeiras, próximo do apartamento da irmã Zoraida. Paixão pela voz de Ângela Maria, que costumava ouvir no rádio que ficava na cabeceira da cama, no dormitório do colégio. Neste tempo, o irmão Leonardo foi enviado para o Colégio Salesiano, em Niterói, também em regime de internato. Enquanto Ricardo sempre se caracterizaria por ser um aluno exemplar, Leonardo não tinha gosto pelos estudos. Morando em Laranjeiras, aos domingos, frequentaria muito as matinês do cinema São Luiz. Início da amizade com Jerônimo Moscardo, no Pedro II, que iria durar para a vida inteira.

Entre 1953 e 1954, uma ida memorável à Rádio Nacional, para ver o programa de César Alencar, com ingresso conseguido por Enaldo Cravo Peixoto. Teve a oportunidade de ver ao vivo Ângela Maria, Dolores Duran, Luiz Gonzaga, Nora Ney. Em 1954, se encanta com as músicas de carnaval, cantadas por Jorge Veiga, Emilinha e Marlene. Primeiras leituras na biblioteca do colégio. Monteiro Lobato, Machado de Assis, José de Alencar, Érico Veríssimo.

1956 a 1958 Clássico. Estudos de latim, grego e alemão no Pedro II. O professor de alemão, muito bom, era Aloysio Franz Dobbert. Latim era ministrado pelo diretor do colégio, Vandick Londres da Nóbrega. Estuda também inglês e francês, sendo que no caso do francês o professor Edgard Liger Belair nunca seria esquecido. Filosofia era ministrada por Euríalo Canabrava, geografia por Honório Silvestre e português por Rocha Lima (Carlos Henrique). Forma-se no clássico em dezembro de 1958, com ótimas notas. A colação de grau como Bacharel em Ciências e Letras, título concedido pelo Pedro II aos seus alunos secundaristas, ocorre no Teatro Municipal em 28 de dezembro.

1959 a 1963 O baile de formatura ocorre em janeiro, ao som da orquestra de Waldir Calmon. Cursa o Colégio Hélio Alonso e faz o vestibular em fevereiro, tendo passado para a Faculdade Nacional de

Direito em quarto lugar. Entre os professores que o marcariam destacam-se San Tiago Dantas, Hermes Lima, Regina Gondin, Lineu de Albuquerque Melo e José Ferreira de Souza. Ainda estudando, começa a trabalhar no gabinete do primo Enaldo Cravo Peixoto, como artífice especializado, referência "J", por nomeação do prefeito Francisco Negrão de Lima. No primeiro ano de faculdade, que cursava à noite, também tentaria entrar no Itamaraty, tendo frequentado o cursinho do diplomata Álvaro Valle para fazer a prova para o Instituto Rio Branco, mas desiste da ideia no meio do caminho. Estuda inglês no IBEU e francês na Aliança Francesa. Nas férias da faculdade, cumpre o serviço militar no CPOR, acordando às 4 horas da manhã e voltando para casa às 2 da tarde. Participação na Reforma, grupo de esquerda filiado ao Centro Acadêmico Candido de Oliveira (Caco). O grupo de direita chamava-se Ala. Contato com a filosofia de Kant. Vontade de reformar o mundo. Frequenta o Clube Eça de Queirós, que o leva a ler *A Capital, O primo Basílio* e *O crime do Padre Amaro*, entre outras obras do grande escritor português.

- Muita audição de bossa nova e jazz. Assiste aos shows históricos na Faculdade de Arquitetura, em 1960, que tiveram entre as suas principais estrelas Nara Leão e Baden Powell. Lembranças de Baden e de Alaíde Costa na casa de Ana Maria Portela. Sérgio Mendes. Tenório Júnior. Criação do Clube do Jazz e Bossa. Reuniões na casa de Jorginho Guinle. Jorginho era o presidente, Ricardo era o diretor executivo e Nils Skoff, dinamarquês, era o diretor financeiro do clube dos amantes de música. Estreia na Rádio Roquette-Pinto, em 1963, fazendo um programa de jazz a convite de Armando Queiroz, pai do ator Luiz Armando Queiroz, programa este que duraria até 1965. Tem a oportunidade de entrevistar, na ocasião, personalidades do mundo da música do porte de Tom Jobim, Vinicius, Menescal e Bôscoli. Início das colaborações na imprensa, com o espaço Esquina do Jazz, dentro da coluna de música de Leônidas Bastos, na revista *Cinelândia*.

- Ainda em 1960, José Sette Câmara é indicado governador, provisoriamente, passando em 5 de dezembro o cargo a

Carlos Lacerda, governador eleito da Guanabara. Enaldo Cravo Peixoto, antes diretor do Departamento do Esgoto Sanitário (DES), assume a Superintendência de Urbanismo e Saneamento (Sursan), função que posteriormente acumulará com o de secretário de Obras da Guanabara. No terceiro ano da Faculdade de Direito, mesmo participando ativamente da Reforma e não tendo votado em Lacerda, Ricardo é chamado por Enaldo para trabalhar na Sursan, como seu assessor ou secretário, ao lado de Luiz Buarque de Holanda e Raul Fernandes Sobrinho. Até 1963, acompanhará pessoalmente todas as obras feitas por Enaldo na cidade e no estado, como o Santa Bárbara, o Rebouças, a adutora do rio Guandu, a construção do Aterro do Flamengo, a inauguração do primeiro trecho da Perimetral (avenida Alfredo Agache, na ocasião), o recapeamento de ruas, a reforma do Albamar, com doação da propriedade do restaurante para os empregados. Nesses tempos, começará a adquirir interesse pela arquitetura, tendo tomado conhecimento do plano diretor para a cidade criado pelo grego Doxiadis, que acabará por ficar no papel. E também passará a admirar a capacidade administrativa e oratória de Lacerda, apesar das ressalvas políticas. No gabinete de Enaldo, conhece Raphael Almeida de Magalhães, o vice-governador, passando, após alguns outros encontros, a nutrir por ele grande simpatia.

- Em 1963, forma-se advogado e presta concurso, passando a ser assistente jurídico do Estado da Guanabara.

1964 Golpe militar em 31 de março. Ricardo abriga em seu apartamento o cineasta baiano Olney São Paulo. Começa a ser perseguido ou vigiado. Enaldo decide afastá-lo e enviá-lo para aos Estados Unidos, para fazer um estágio no Banco Interamericano de Desenvolvimento (BID). Encontro casual com Lacerda, Enaldo e Raphael em Nova York, para planejar a candidatura de Enaldo a governador, que depois será substituída pela de Flexa Ribeiro, parente de Lacerda. Ricardo encanta-se ao conhecer, na Biblioteca do Congresso, em Washington, o setor que registrava vozes de personalidades ligadas ao jazz, experiência que depois será relembrada quando for dirigir o MIS.

1965 Comemorações do IV Centenário da criação do Rio de Janeiro. Enaldo, saindo da Sursan e nomeado Secretário de Turismo, Secretaria de Turismo, assume a superintendência dos festejos do IV Centenário. Ricardo é nomeado diretor social do Festival Internacional de Filme, o FIF, o que aumenta ainda mais o seu interesse pela sétima arte. Também começa, na mesma época, a se interessar por desfiles de escola de samba.

- Em novembro, aos 25 anos, inesperada nomeação por Raphael de Almeida Magalhães – Lacerda se desincompatibilizara do cargo de governador no final do mandato pensando em se candidatar à Presidência em 1966 – para diretor do Museu da Imagem e do Som (Praça Marechal Âncora, sem número), que havia sido inaugurado oficialmente em 3 de setembro. É criada a Fundação Vieira Fazenda, que passa a abrigar o MIS. Dela participavam também o governador (presidente) e o instituidor do museu, o Banco do Estado da Guanabara (BEG). Também são criadas as fundações do Parque Lage, a ser dirigida pela arquiteta Lina Bo Bardi, e a do Parque do Flamengo, a cargo da paisagista e urbanista Lota Macedo Soares, responsável pela construção do Aterro.
- A recuperação, reforma e instalação do museu, no pavilhão histórico que havia sido construído para as comemorações do centenário da Independência, em 1922, (juntamente com o Petit Trianon, da ABL, e o do Ministério da Agricultura) tinha ficado sob a responsabilidade do musicólogo e produtor radiofônico Maurício Quadrio, que se afastará do MIS após a nomeação de Ricardo. Maurício tinha participado, por ordem de Lacerda, da compra dos acervos do radialista Almirante (Henrique Foreis Domingues) e de Lúcio Rangel, da transferência do arquivo de Augusto Malta do Arquivo Nacional para o MIS, assim como do arquivo de Guilherme Santos (fotografias de contratipagem), telas da família imperial e um original de Rugendas, *Voyage Pittoresque dans le Brésil*. E também tinha lançado os primeiros produtos do museu: discos do Noel Rosa

e Carmen Miranda, feitos por Ary Vasconcelos, e uma edição de luxo da *Voyage Pittoresque*.

1966 Com a eleição de Francisco Negrão de Lima, Ricardo é reconfirmado no cargo, com o apoio de Luiz Alberto Bahia, Álvaro Americano e Humberto Braga, e começa a trabalhar. Já Lina Bo Bardi e Lota são demitidas de suas respectivas fundações. Inicia-se um período de ouro no Museu da Imagem e do Som, com a consolidação da instituição e ampla divulgação junto ao público. Ricardo chama o jornalista e musicólogo Ary Vasconcelos que, ao lado de Almirante, passa a trabalhar com ele no MIS. É instituído o Conselho Superior de Música Popular Brasileira, com quarenta nomes (quarenta cadeiras, como na ABL), muitos deles, a pedido de Ricardo, indicados por Ary. Fariam parte do Conselho, além deles dois, figurões como Guerra-Peixe, Eneida, Marques Rebello, Sérgio Cabral, Mauro Ivan, Juvenal Portella, Vinicius de Moraes, Sérgio Porto, Lúcio Rangel, Mário Cabral, Dulce Lamas, Mercedes Dias Pequeno, Jacob do Bandolim, Hermínio Bello de Carvalho, etc. Começam a ser feitos depoimentos para posteridade de pioneiros da música popular brasileira. O primeiro depoente foi João Machado Guedes, o João da Baiana, que contou a história do samba desde seu nascimento na casa das tias baianas (tia Ciata e tia Perciliana do Santo Amaro, mãe de João da Baiana) na Praça Onze. A repercussão na imprensa deste primeiro depoimento oral – que inauguraria a mania por memória e depoimentos orais nos centros de pesquisa do Brasil – foi enorme. Trabalhavam no MIS, juntamente com Ricardo e Ary, Almirante e mais vinte funcionários, entre os quais se encontravam as museólogas novatas Maria de Lourdes Parreira Horta e Vera Tostes.

- O novo presidente do BEG, Carlos Alberto Vieira, que substituíra Antonio Carlos de Almeida Braga, pensa em acabar com o MIS, não entendendo direito suas funções, a importância de seu acervo, e não querendo repassar o dinheiro que lhe era devido por direito, para o sustento do museu: cerca de 20 mil cruzeiros por mês. Mas vem o segundo depoimento, o de Pixinguinha, com a repercussão sendo ainda maior na imprensa carioca, o mesmo acontecendo com o seguinte, que foi de Heitor dos Prazeres. O Museu viera para ficar, devido à pressão exercida por sua grande aceitação junto à opinião pública. São criados mais seis Conselhos, de música erudita, teatro, literatura, cinema, artes plásticas e esporte. Logo depois, seriam também criados por Ricardo os prêmios Golfinho de Ouro e Estácio de Sá.

- Devido ao sucesso do MIS, começa a intensa participação de Ricardo como jurado dos festivais de música, que haviam sido iniciados, em 1965, na TV Excelsior, com o sucesso estrondoso de Elis Regina, cantando a música vencedora de Edu Lobo, "Arrastão". Em 1966, o musicólogo será consultor do festival da Record que consagrará "A Banda", de Chico Buarque de Hollanda, na voz de Nara Leão, e "Disparada", de Geraldo Vandré. Neste mesmo ano, Augusto Marzagão cria o Festival Internacional da Canção Popular do Rio de Janeiro, cuja música vencedora será "Saveiro", de autoria de Nelson Motta e Dori Caymmi. Cantada por Nana, foi vaiada pelo público do Maracanãzinho. Transmitido pela TV Rio, este I Festival Internacional da Canção Popular do Rio teve como apresentadores Murilo Nery e Adalgisa Colombo. Fizeram parte do júri presidido por Mozart de Araújo, além de Ricardo, Almirante, Aloisio de Alencar Pinto, Arnaldo Niskier, Edigar de Alencar, Eliane Pittman, Marques Rebello, Elizeth Cardoso, Flávio Cavalcanti, Gilka Sezerdelo Machado, Henrique Pongetti, Hermínio Bello de Carvalho, Ilmar de Carvalho, João Maurício Nabuco, Justino Martins, Juvenal Portella, Mauro Ivan, Roberto Menescal, Sandro Moreyra e Chico Buarque de Hollanda.
- Casamento de Leonardo Cravo Albin (estava com 24 anos) com Glória de Castro. Teriam duas filhas, Ana Paula, hoje com 44 anos, mãe de Leonardo, e Cristina, 42 anos, mãe de Ricardo Neto.

1967 Os depoimentos no MIS vão varar os anos de 1966 a 1971, com enorme sucesso. Ao todo, seriam feitos mais de seiscentos depoimentos, ampliando-se as gravações para personalidades de vários setores. Em paralelo, são produzidos discos memoráveis, como os dois primeiros discos de Maria Lúcia Godoy. O primeiro, com acompanhamento de Murilo Santos, em homenagem a Manuel Bandeira, e o segundo, com músicas de Waldemar Henrique e canções de Claudio Santoro, que contou com o apoio do Estado da Amazônia e se chamava *Canto da Amazônia*. Os arranjos eram de Guerra-Peixe. Destacam-se também o *Clementina, cadê você*, produzido por Hermínio Bello de Carvalho, o *Ataulfo*, aos cuidados do próprio Ricardo, o "disco" com depoimentos de Pelé e de João Saldanha, um disco de Turíbio Santos. Ao todo, formou-se uma coleção de quarenta discos, com Ricardo tendo especial orgulho pelos dois LPs que produziu pessoalmente, no estúdio do MIS, com as músicas do espetáculo de Elizeth Cardoso, Zimbo Trio e Jacob do Bandolim, no Teatro João Caetano, em 1968. Estes dois registros foram transformados ao longo do tempo em clássicos cultuados da MPB. Para fazer caixa e poder sobreviver financeiramente, o MIS, além de vender seus produtos – discos, gravuras de Rugendas – passou a oferecer cursos. De inglês, francês, relações públicas, cursos livres de artes plásticas, literatura, cinema, música.

- Nova edição do Festival Internacional da Canção Popular, desta vez no Hotel Glória. Ricardo é apresentado no corredor do hotel ao jovem compositor Milton Nascimento, que estava concorrendo com três músicas – "Maria", "Minha fé" e "Travessia". Tentou convencer o júri a votar em "Travessia", mas a música vendedora seria "Margarida", de Gutemberg Guarabyra, cantada por Cynara e Cybele. "Travessia" ganharia o segundo lugar e o terceiro lugar ficaria com "Carolina", de Chico Buarque de Hollanda. Em São Paulo, no III Festival da Record, "Ponteio", composição de Edu Lobo defendida por Marília Medalha, seria consagrada como a vencedora. "Domingo no Parque", de Gil, ganharia o segundo lugar, e "Roda viva", de Chico, o terceiro. O festival ficaria marcado, no entanto, como aquele em que Sérgio Ricardo, ao cantar "Beto Bom de Bola" e ser vaiado, jogaria seu violão no público. E também pelo surgimento do Tropicalismo, com o já citado "Domingo no Parque", de Gil, que foi tocado pelos Mutantes, e "Alegria, Alegria", de Caetano, tendo ocorrido uma cisão entre os jurados tradicionalistas e os que aceitavam a presença de guitarras elétricas no palco.

- Festival Internacional de Cinema no Rio. Ricardo, entre outras celebridades, tem a oportunidade de levar Josef von Sternberg, o grande diretor alemão que descobrira Marlene Dietrich, para dar um depoimento no MIS. Em festivais posteriores, também aproveitaria a oportunidade para obter depoimentos notáveis para o MIS, como os dos atores James Stewart, Glenn Ford, Esther Williams e o do compositor David Raksin, criador do belíssimo tema musical do filme *Laura*, cuja melhor gravação, segundo o autor, foi a de Dick Farney, feita nos Estados Unidos em 1946.

1968 Em janeiro, na Sala Cecília Meireles, ocorre a cerimônia de entrega dos primeiros prêmios Golfinho de Ouro e troféus Estácio de Sá, concedidos pelos conselhos culturais do MIS a partir de 1967. Transmitida pela TV Globo para todo o Brasil, a solenidade foi abrilhantada por um show musical de Jair Rodrigues e Clementina de Jesus. Entre os agraciados, Maria Clara Machado, Adonias Filho, Glauber Rocha, Nelson Pereira dos Santos. Criação da Escola de Música Popular no MIS, dirigida pelo maestro Guerra-Peixe. Criação do Museu do Carnaval. As gravações dos depoimentos de compositores de sambas-enredos, de Silas de Oliveira, Martinho da Vila, Darci da Mangueira a Cartola, foram feitas com a colaboração de Ligia Santos. Juntamente com Antonio Barroso, produção do disco histórico dos sambas-enredos de escola de samba: "As escolas cantam seus sambas de 1968 para a posteridade". Considerado um clássico, o LP foi regravado como CD nos anos 90.
- Assembleia Legislativa do Estado da Guanabara concede a Ricardo o titulo de Cidadão Honorário do Rio. Também recebe o Troféu Estácio de Sá, bem como o de Cidadão Carioca, antecedido pelo raro "Cidadão da Guanabara".
- Momento do apogeu dos festivais no Rio e em São Paulo. Depois, com o recrudescimento da ditadura, entrariam em decadência. Além dos festivais de música popular brasileira da Record e do Festival da Canção no Rio, seria criada pela Record e pela revista *Intervalo* a Bienal do Samba, realizada nos meses de maio e junho. Ricardo estaria entre os organizadores, ao lado de Sérgio Porto,

Lúcio Rangel e Sérgio Cabral, já que a TV paulista pleiteara o assessoramento do Conselho Superior da Música Popular do MIS. Foi o conselho do museu, aliás, que indicou os músicos que deveriam receber homenagens especiais: Ary Barroso, Lamartine Babo e Wilson Batista. Os participantes foram convidados, em vez de se inscreverem. Entre eles estavam grandes sambistas, como Pixinguinha, João da Baiana, Donga, Elton Medeiros, Paulinho da Viola, Billy Blanco, Cartola, Nelson Cavaquinho. E também os jovens músicos, como Edu Lobo e Chico Buarque. O júri foi heterogêneo. Ricardo e Sérgio Porto torceram por "Tive sim", samba de Cartola cantado por Ciro Monteiro. Mas a música vencedora foi "Lapinha", de Baden Powell e Paulo César Pinheiro, que levou uma grande vaia do público, mesmo tendo sido cantada por Elis Regina.

- No III Festival Internacional da Canção Popular, ocorrido no Maracanãzinho, na parte nacional a vencedora foi "Sabiá", composta por Chico Buarque de Hollanda e Antonio Carlos Jobim e cantada por Cynara e Cybele. Mas junto ao público na realidade a grande ganhadora foi "Caminhando: pra não dizer que não falei de flores", de Geraldo Vandré, que ficaria em segundo lugar. "Sabiá" também ganharia o Galo de Ouro, no certame internacional, mas a música de Vandré se tornaria praticamente um hino de protesto contra a ditadura, tendo sido consagrada historicamente. A torcida por "Caminhando" na ocasião foi tão apaixonada, que os jurados Eneida, Paulo Mendes de Campos, Ary Vasconcelos e Alceu Bocchino, todos apertados no Fusquinha de Ricardo, ao serem descobertos na saída do estádio pela multidão pro-Vandré, por terem votado em "Sabiá", correram o risco de serem atacados, não fosse a ação salvadora da Polícia.

1969 O MIS marca sua posição independente e liberal, premiando personas non gratas da ditadura com os prêmios Golfinho de Ouro e Troféus Estácio de Sá, que com isso ganham cada vez mais respeitabilidade. Entre os agraciados, encontravam-se Oscar Niemeyer, Niomar Muniz Sodré, Chico Buarque, Gilberto Gil e

Quirino Campofiorito, Glauber Rocha, Nelson Pereira dos Santos, entre dezenas de outros.

- Em fins deste ano, Ricardo compra a cobertura na rua Visconde de Caravelas, 101, apartamento 401, no bairro de Botafogo, que vai inaugurar em 1970 e onde dará festas célebres. Dona Zuleica se muda da Cristóvão Barcelos para a Visconde de Caravelas, continuando a morar com o filho.

1970 Cineastas e vários membros de esquerda do Conselho de Cinema do Museu da Imagem e do Som, entre eles David Neves, Nelson Pereira dos Santos, Luiz Carlos Barreto, Joaquim Pedro de Andrade e Leon Hirszman, com apoio de Glauber Rocha, que se encontrava no exterior, indicam Ricardo Cravo Albin para presidente do Instituto Nacional do Cinema e da Embrafilme. A indicação é aceita pelo ministro Jarbas Passarinho, que faz o convite a Ricardo. "Minha ideia é fazer um cinema brasileiro para o Brasil, cinema brasileiro que possa conquistar o mercado dentro do Brasil, com alguma liberdade, já que não serei ingênuo a exigir toda a liberdade em um regime militar", diria ele ao ministro, que compraria o desafio. Com isso, Ricardo passa primeiro a presidir o Instituto Nacional do Cinema, antes dirigido por Durval Gomes Garcia, e logo em seguida a Embrafilme. Acumularia funções, já que não deixaria de dirigir o Museu da Imagem e do Som. O INC funcionava num prédio da Praça da República, onde também funcionava a Rádio MEC, e para a Embrafilme seria comprado um novo prédio na rua do Acre. No INC, o novo presidente seria assessorado por David Neves e por Humberto Mauro e na Embrafilme pelo economista paulista Jacques Deheinzelin e Luiz Carlos Barreto.

- Abertura do cinema brasileiro, dentro do país e no exterior. Ricardo leva para Cannes, além de *Palácio dos Anjos* de Walter Hugo Khouri, filme já escalado pela "direita", o antropofágico *Como era gostoso o meu francês*, de Nelson Pereira dos Santos. Criação do prêmio Coruja de Ouro (estatueta concebida pelo escultor Maurício Salgueiro), para os melhores filmes do ano, e do Museu do Cinema (aos cuidados de Jurandir Passos Noronha). Em sua primeira edição, a Coruja premiaria *O dragão da maldade contra o santo guerreiro*, de Glauber Rocha.

- Sob a inspiração do MIS do Rio, em maio de 1970, seria inaugurado o Museu da Imagem e do Som de São Paulo, criado por decreto do governador Abreu Sodré, com o apoio de intelectuais e produtores, entre eles Rudá de Andrade, Paulo Emilio Salles Gomes, Francisco Luiz de Almeida Salles e o próprio Ricardo Cravo Albin, que passaria para a nova instituição todo o seu *know-how*. Aos poucos, novos MIS regionais surgiriam pelo Brasil afora – ao todo seriam 18 – todos eles tendo como modelo ou matriz o MIS estruturado e consolidado por Ricardo no Rio, a partir de 1966.

1971 Exibição de *Os deuses e os mortos*, de Ruy Guerra, na Berlinale (Festival de Berlim). A música era de Milton Nascimento e o filme era protagonizado pelos atores Othon Bastos, Ítala Nandi e Verinha Bocaiúva. Ricardo leva, do Rio, Othon e Ítala e convoca Verinha e Glauber, que se encontravam exilados em Paris e em Portugal. Discussão com o presidente do júri internacional George Stevens, cineasta americano, amigo de McCarthy. Na volta para o Brasil, presença de agentes da SNI no aeroporto. Ricardo pede demissão do cargo, tendo deixado ao término de sua administração espaço para a exibição de cinemas brasileiros nas salas de cinema correspondente a um terço do mercado (112 dias). Jack Valenti, presidente da Motion Picture Association of America, a pedido de Harry Stone, viera ao Brasil pedir a cabeça de Ricardo ao presidente Garrastazú Médici. Seria substituído no INC pelo brigadeiro do SNI Armando Tróia e na Embrafilme pelo embaixador José Oswaldo de Meira Penna (notório direitista). A *Tribuna da Imprensa* de Helio Fernandes noticia que Ricardo era para o cinema brasileiro "um foco de subversão".

1972 a 1975 Com a mudança de governo, saída de Negrão de Lima e posse de Chagas Freitas, Ricardo deixa o MIS, após um trabalho apaixonado, profícuo e criativo que tornara a instituição carioca conhecida em todo o Brasil. Convidado pelo escritor e acadêmico José Candido de Carvalho, começa a trabalhar na Rádio MEC como produtor e apresentador . Um novo convite, o de Manuel Diegues Jr., pai do cineasta Cacá Diegues, diretor do Departamento de Ação Cultural do MEC, berço da Funarte, lhe surge de repente. A partir do conhecimento da história da música popular brasileira que adquirira ao ouvir os bambas do samba no museu, Ricardo monta o curso "De Chiquinha Gonzaga a Paulinho da Viola" (depois "De Chiquinha a Martinho da Vila"), que ministrará por todo o Brasil, falando em centro culturais e universidades para um público de mais de dezenas de milhares de pessoas ao longo de mais de dez anos. Este curso, que enfocava cem anos de música em quatro palestras, fará tanto sucesso, que depois será levado à Casa de Rui Barbosa – no caso já com 18 palestras – e serviria de base, posteriormente, para a escrita do livro *MPB – um século*. Entre os programas que Ricardo fazia para a Rádio MEC, destaca-se *Gigantes da música popular brasileira*. Ao todo, foram mais de dez mil programas na Rádio MEC sobre música popular e cultura contemporâneo, apresentados de 1973 a 2010, ano em que se aposentaria na Rádio.

1975 Por indicação de Augusto Cesar Vanucci a José Bonifácio Sobrinho de Oliveira, o Boni, inicia a produção de shows sobre a MPB na TV Globo, em paralelo às atividades na Rádio MEC. Trabalhava fazendo e escrevendo os roteiros dos shows ao lado de Paulo Coelho, Sérgio Cabral, Ronaldo Bôscoli, Ruy Castro, Paulo Afonso Grisolli e Carlos Eduardo Novaes. A primeira série de shows que ajudou a criar foi "Globo Brasil" ou "Brasil Especial", sobre a vida dos compositores, entre eles Ary Barroso e Assis Valente (dois programas que produziu pessoalmente). Também foram entrevistados cantores, como Maysa, Nelson Gonçalves, Emilinha, Marlene, Elis Regina. É criado o show com Ângela Maria e Cauby, dupla que não mais se separou.

1976 a 1979 Por ter sido convidado, desde 1967, para ser jurado de escolas de samba, Ricardo incentiva Boni e Vanucci a abrirem a TV para o carnaval, propondo que a Globo fizesse a cobertura dos desfiles de escola de samba. Até então, a cobertura era muito precária e parcial, tanto que o slogan usado era o seguinte: "Globo, programação normal e o melhor do carnaval". Com a transmissão completa dos desfiles, Ricardo é chamado para ser comentarista ao lado de Haroldo Costa.

- De 1976 a 1977, construção e inauguração da casa de Maricá-Ponta Negra, com vista deslumbrante para a frente, dando para a lagoa, e os fundos dando para o mar. A cantora Maysa Matarazzo, que levara Ricardo para a Região dos Lagos, morreria num acidente em janeiro de 77, quando levava dinheiro para pagar os operários da obra do amigo.

- Anos em que segue fazendo parte da equipe que produzia os shows musicais da TV Globo, como *Alerta Geral*, com Alcione, *Bibi ao vivo*, com Bibi Ferreira, e *Brasil Pandeiro*, apresentado por Bete Faria. A partir de proposta apresentada por Ricardo a Roberto Marinho e ao Boni, seria criado na TV Globo o Banco de Memórias, com gravações de depoimentos de várias personalidades do mundo artístico e cultural, como as irmãs Batista, Mário Lago, Grande Otelo, Ziembinski, Procópio Ferreira. Esses depoimentos dariam origem ao Globo Memória.

- A pedido de Boni, substitui, em 1979, como representante da Associação Brasileira de Emissoras de Rádio e de Televisão (Abert), Otto Lara Resende no Conselho Superior de Censura, trabalhando uma vez ao mês em Brasília ao lado do jornalista e ex-presidente da ABI Pompeu de Souza. A censura acabaria após a entrada em vigor da Constituição de 1988, devido ao esforço de convencimento feito junto aos constituintes por Ricardo e Pompeu. Como conselheiro do CSC, da ala anticensura, ajudaria a liberar inúmeras músicas e filmes, escrevendo pareceres de extrema sabedoria e argúcia. Em paralelo, continuava mantendo suas atividades na TV Globo e na Rádio MEC.

1984 A convite de Darcy Ribeiro, então vice-governador e Secretário Estadual de Cultura , Ciência e Tecnologia, Ricardo assume o cargo de Coordenador de Museus do Estado do Rio de Janeiro e, em seguida, o de Coordenador de Eventos. Quando o sambódromo é inaugurado, em fevereiro, seria o presidente do júri de escolas de samba do primeiro desfile na Sapucaí. Mangueira seria a grande vencedora, fazendo a famosa voltinha na Praça da Apoteose e gerando polêmica.

1985 Recebe o grau de "Cavaleiro da Ordem de Letras e Artes" pelo Ministério de Cultura da França. Dez anos depois o de Comendador da mesma Ordem do governo francês.

1988 Produção do disco duplo *Há sempre um nome de mulher*, com o qual ganhou o Disco de Ouro por um milhão de discos vendidos no Banco do Brasil. A renda do disco foi totalmente revertida para a campanha do aleitamento materno, da então Primeira Dama Marly Sarney.

1989 Venda do apartamento de cobertura na rua Visconde de Caravelas e da casa em Maricá para comprar o complexo residencial na Urca, na Avenida São Sebastião, número 2, que pertencera ao decorador Julio Senna. Até ser transformada em sede do Instituto Cultural Cravo Albin (ICCA), em 2001, a cobertura no quinto andar e o belíssimo conjunto colonial do largo da Mãe do Bispo receberiam vários músicos, artistas e personalidades políticas, do Brasil e do exterior, com Ricardo se transformando num grande anfitrião carioca.

1990 Morte da mãe, dona Zuleica Cravo Albin, no dia 29 de setembro de 1990, uma semana após ter comemorado 87 anos de vida. No Livro do bebê, em que ela anotara cuidadosamente todos os momentos importantes da vida do filho, desde o nascimento na Bahia, Ricardo, em fevereiro de 1991, faria o seguinte e último registro: "Ela morreu, depois de um mês de doença (AVC), com a mesma delicadeza com que viveu, deixando em seu rastro uma esteira de fé na vida, alegria, bom humor, carinho e, por fim, beleza... Aliás, ninguém tão bela e fidalga no trato, tão naturalmente elegante e sedutora. Tão deliciosamente ingênua e pura (...)

- Em toda a década de 1990 Ricardo continuaria atuando ativamente na Rádio MEC, produzindo programas AM e FM. E deu seguimento também às aulas sobre MPB. Agora também sobre "cultura popular do Brasil".

1992 A Assembleia Legislativa lhe concede a Medalha Tiradentes.

1994 Começa a escrever nas páginas de opinião de *O Globo* crônicas sobre a cidade do Rio de Janeiro, sua história, seus personagens, suas mazelas, suas festas, seus vícios e virtudes. Muitas vezes fazendo campanhas em prol da preservação da cidade e lutando pela manutenção de seus pontos de referência, os textos são proveitosos ensinamentos de bom exercício da cidadania. Ainda em 1994, a Assembleia Legislativa confere a Ricardo o título de "Cidadão Benemérito do Rio de Janeiro".

1995 Surge a ideia do *Dicionário Cravo Albin da Música Popular Brasileira*, o único exclusivamente dedicado à música popular do Brasil, iniciado pela Pontifícia Universidade Católica do Rio de Janeiro (PUC-Rio), através do Departamento de Letras (professora Rosa Marina de Brito Meyer), e da Livraria Francisco Alves Editora. O esboço do Dicionário é montado, nesta ocasião, por Ricardo, mas a falta de dinheiro acaba provocando a paralisação do projeto.
- Recebe o grau de "Comendador da Ordem de Letras e Artes", do Ministério de Cultura da França.

1996 Sai pela editora Mauad o livro *Índia, um roteiro bem e mal-humorado*, reunindo crônicas inspiradas pela viagem à India, na qual Ricardo e seu grupo de amigos têm um encontro com Madre Teresa de Calcutá e com o Dalai Lama, no Tibet.

1997 Publicado em versão trilíngue o livro *MPB – a história de um século* (edição MEC-Funarte).

1998 É eleito membro do Pen Clube do Brasil. Recebe uma proposta milionária para transformar o complexo imobiliário na Urca em apart-hotel. Além de não aceitá-la, começa a pensar como poderia proteger a casa encravada na rocha e mata históricas dos tentáculos da sempre predatória especulação imobiliária.

1999 Por contínuos trabalhos na Rádio MEC, recebe da Funtevê a Medalha de Honra Professor Roquette-Pinto. Os textos publicados no jornal *O Globo* desde 1994 são reunidos no livro *Um olhar sobre o Rio, crônicas indignadas e amorosas – anos 90*, editado pela Globo.

- O projeto do Dicionário da MPB é retomado, com apoio do Ministério da Cultura, através da Biblioteca Nacional.

2000 Dirige, com Antonio Pitanga, o show *Concerto negro*, com Martinho da Vila, no Teatro Municipal do Rio de Janeiro. Integra o grupo Cantores do Chuveiro, para o qual fez a direção e o roteiro do show "Um banho de MPB", tendo se apresentado ao longo de 12 meses como o narrador do espetáculo. Em novembro, apresenta no Municipal a "Sinfonia do Rio de Janeiro de São Sebastião", com músicas de Francis Hime, letras de Paulo César Pinheiro e Geraldo Carneiro e libreto de sua autoria. Completa 28 anos como produtor de programas culturais na Rádio MEC.

2001 Produz a coletânea *As cem melhores do século e as 14 mais* caixa lançada pela gravadora EMI Music com seis CDS com as mais significativa composições do século XX. Escreve e dirige o espetáculo "Estão voltando as flores", com as Cantoras de Rádio, show que foi exibido por meses a fio no Teatro de Arena, de Copacabana. Cria o "Poema sinfônico para a Amazônia", montado em Manaus, com músicas de João Donato e Everardo Magalhães Castro.

- Generosamente, o musicólogo, cronista e historiador doa todos os seus bens e coleções e transforma a casa na Urca em sede do Instituto Cultural Cravo Albin (ICCA), com o apoio de suas herdeiras Ana Paula e Cristina. Em cartório, o irmão Leonardo e as sobrinhas abriram mão do futuro patrimônio para que a fundação de estímulo e preservação da música brasileira pudesse ser criada.

- Em cerimônia realizada no prédio da Fundação Biblioteca Nacional, presidida pessoalmente pelo ministro da Cultura, Gilberto Gil ("vejo a sala inundada de verbetes, volitando pelo salão"), é lançado o site do *Dicionário Cravo Albin da MPB*, que passaria a ser atualizado permanentemente pela equipe de pesquisadores-redatores de verbetes. O fato de o dicionário ter passado a ser on-line permitiu depois a criação da rádio on-line e possibilitou que os pesquisadores passassem a receber retorno dos leitores navegantes para suas pesquisas. Além disso, começaram a trabalhar também com informações obtidas na Internet. A partir daí entraria o reforço da Faperj e desde 2007 o dicionário também obteria apoio financeiro da Finep.
- Assume a presidência do Conselho Empresarial de Cultura da Associação Comercial do Rio de Janeiro. É agraciado com a Medalha da Inconfidência concedida pelo governo estadual de Minas Gerais e também com a Medalha do Mérito Pedro Ernesto, da Câmara Municipal do Rio de Janeiro.

2002 Participação no livro *Brasiliana – Guia das fontes do Brasil*, organizado por Paulo Roberto Pereira e editado pela Biblioteca Nacional. Participação no livro *Itamaraty*, coordenado por Alberto Costa e Silva e editado pelo Ministério das Relações Exteriores, com o ensaio "Vinicius de Moraes na MPB". Em março, recebe na Universidade Constantin Brancusi, da Romênia, o título de *Doutor Honoris Causa*, tendo inaugurado o Museu da Imagem e do Som romeno.

- Lançamento, no teatro Casa Grande, do livro *Driblando a censura – De como o cutelo vil incidiu na cultura*, editado pela Gryphus, sobre suas atividades no Conselho Superior de Censura de 1979 a 1989. Participação em debate no ICCA em torno do livro *Olhares cariocas sobre o Rio de Janeiro – Rio 40 graus, beleza e caos*, ao lado de Fausto Fawcett, Ruy Pereira, Muniz Sodré, Carlos Lessa, Perfeito Fortuna, Itamar Silva e Paulo Saad. O debate foi registrado em livro, CD e fita de vídeo, lançados no Museu da República. Direção e roteiro do show "As Cantoras do Rádio – Estão voltando as flores", exibido no Teatro Rival BR e do qual participaram Carmélia Alves, Ellen de Lima, Violeta Cavalcanti e Carminha Mascarenhas, marcando a volta das antigas cantoras da era do rádio.

- Ainda neste ano, é jurado do Prêmio Shell.

2003 Publicação pela Ediouro de O *livro de ouro da MPB*, uma das obras preferidas do autor. Ricamente ilustrado, com inúmeras fotos do acervo da Funarte, o livro, com 365 páginas, relata a vida dos grandes nomes da MPB, em texto acessível e cativante. A noite de autógrafos foi feita na Bienal do Livro do Rio de Janeiro, com palestra sobre a história da MPB.
- Encena e dirige o show *Ninguém me ama – Tributo a Nora Ney e Jorge Goulart*, apresentado no Teatro Ipanema, com Carmélia Alves, Ellen de Lima, Carminha Mascarenhas e Violeta Cavalcanti, além do homenagedo Jorge Goulart.

2004 Começa a ser publicada pelo Instituto Cultural Cravo Albin a revista *Carioquice*.
- Ricardo apresenta o projeto "MPB ao meio-dia em ponto", no Teatro João Theotônio, no qual recebe os cantores Martinho da Vila, Lenine, Elza Soares, Emílio Santiago, Zélia Duncan e Nana Caymmi. Com o apoio do Ministério das Relações Exteriores, produz a revista-livro *Textos do Brasil*, trilíngue (português, inglês e espanhol), na qual é encartado um CD com 20 clássicos da MPB. A edição de 20 mil exemplares foi distribuída em consulados e embaixadas do Brasil no exterior. Ministra palestras na Universidade de Salamanca, em Barcelona, na Casa da América, em Madri, em Bruxelas, na Bélgica.
- Nova edição do show com as cantoras de rádio, desta vez com apresentação no João Caetano. Ricardo dirige, roteiriza e apresenta neste teatro o musical *Tra-la-lá e as cantoras de rádio*, do qual participam Carmélia Alves, Ellen de Lima, Márcio Gomes e Carminha Mascarenhas, em honra dos 100 anos de Lamartine Babo.
- Ao fazer 30 anos na Rádio MEC, recebe várias homenagens, como os programas *Especial RCA* e *Ao vivo entre amigos*.

2005 É homenageado no Sambódromo Darcy Ribeiro pela escola de samba Paraíso do Tuiuti, do grupo de acesso, com o enredo *Cravo de ouro, eu também sou da lira e não quero negar*. Sai num carro da escola de São Cristóvão em grande destaque. O carnavalesco Rodrigo Siqueira destacou em seu enredo o amor de Ricardo pela MPB, sua participação no Museu da Imagem e do Som e na Embrafilme, tendo lembrado que o casarão na Urca é misteriosamente protegido pelo espírito dos povos indígenas que lá moravam por ocasião da fundação da cidade do Rio de Janeiro. Tanto que o abre-alas era "O grande Tupã" semeando no Morro da Urca a sementinha que se transformaria posteriormente num cravo de ouro.

- Apresenta em Paris a *Sinfonia do Rio de Janeiro de São Sebastião*, com Chico César substituindo Lenine. Lança o livro *Tons e sons do Rio de São Sebastião*, no qual são encartados o libreto e o disco da sinfonia. E também lança o projeto MPBE – Música Brasileira nas Escolas, com disco contendo 20 clássicos, cartazes e libretos (seis) explicativos. O projeto social-educativo beneficiou mais de 800 mil crianças em todos os municípios do Rio de janeiro.

2006 Lançamento do *Dicionário Houaiss Ilustrado de Música Popular Brasileira*, com 7 mil e 500 verbetes, uma adaptação para o papel do *Dicionário Cravo Albin* on-line, feita pela equipe de Mauro Villar e Francisco Mello Franco. A supervisão geral do texto ficou a cargo de Ricardo, com a cuidadosa edição sendo um trabalho conjunto do Instituto Antônio Houaiss, do Instituto Cultural Cravo Albin e da Editora Paracatu.

2007 Ao longo deste ano, com o apoio da Repsol YPF, foram feitos, sob a coordenação de Heloisa Tapajós e Andrea Noronha, dez Saraus da Pedra, no largo da Mãe do Bispo – anexo da sede do ICCA, cercado de Mata Atlântica, homenageando Edu Lobo, Carlos Lyra, Guinga, João Bosco, Francis Hime, Roberto Menescal, Ivan Lins, Paulo Tapajós, Sueli Costa e Marcos Valle.

2009 Lançamento do livro *MPB – A alma do Brasil*, editado pelo ICCA com o apoio da Finep, da Faperj, do Ministério das Relações Exteriores e da Fundação Alexandre Gusmão. Participam do livro, que traz encartado dois CDs com clássicos da MPB, Antonio Carlos Miguel, Arthur Xexéu, João Máximo e Luiz Antônio Giron.

2010 Lançamento do livro *Vinicius de Moraes*, para celebrar a promoção do poeta ao cargo de Embaixador do Brasil, com colaborações de Bernardo de Mello Franco, Celso Amorim, Luciana de Moraes, Gilda Mattoso e Haroldo Costa. Trazendo encartados CD e DVD, com imagens do homenageado, a publicação foi editada pelo ICCA, com apoio da Finep, Faperj, Ministério das Relações Exteriores e Fundação Alexandre de Gusmão. São inauguradas as sabatinas musicais, com "Chorando com Joel", na qual chorões e outros expoentes da música brasileira são homenageados com o diploma Ernesto Nazareth. Na primeira série, apresentando-se juntamente com Joel do Bandolim, o primeiro músico a ser homenageado e titular da série, estiveram no ICCA os instrumentistas brasileiros mais importantes, representados pelo antológico multi-instrumentista José Menezes, com quase 90 anos.

- Em dezembro, Ricardo fez 70 anos, com comemoração no casarão da Urca. E transmissão direta em programa de duas horas para todo o país pelas Rádios MEC e Nacional.

2011 Aniversário de dez anos da fundação do Instituto Cultural Cravo Albin, que desde sua criação não parou de receber doações e novas coleções de discos, livros, periódicos, objetos e documentos históricos sobre a música popular brasileira e também sobre personalidades culturais, artísticas e políticas do país. Foi uma década inteira de intensa atividade em prol da preservação da memória e divulgação dos novos talentos da MPB, marcada por saraus, publicações, eventos, exposições, ampliação permanente do acervo de mais de 15 mil discos já higienizados, escritura de mais de mil novos verbetes para o *Dicionário Cravo Albin da Música Popular Brasileira* (que já conta com 12 mil verbetes e 35 mil páginas on-line) e projetos educacionais. Além de ter uma página bem completa na Internet, muito visitada por internautas, sobretudo por causa do dicionário e suas informações, o ICCA conta com a rádio digital, a única digital dedicada ao chorinho e exclusivamente ao melhor da música instrumental brasileira.

- Recriação do Clube de Bossa e Jazz, em solenidade que contou com a presença de Luiz Carlos Miele e Joyce, além de vários outros convidados, relembrando as décadas de 50 e 60, e a paixão musical dos jovens brasileiros, na época, pela bossa nova e pelo jazz. Após o sarau, com produção musical de Archimedes Monea, Ricardo, Paulo Marcondes Ferraz, Kay Lyra, Marcel Powell, entregaram a Miele o diploma Tenório Junior.
- Mais sabatinas musicais, capitaneadas por Ricardo e Joel do Nascimento.

2012 Toma posse como vice-presidente da Academia Carioca de Letras, em cerimônia realizada no Instituto Histórico e Geográfico Brasileiro.
- Exposições de Sergio Ricardo (80 anos) e Herivelto Martins (centenário), no casarão na pedra do Largo da Mãe do Bispo (ICCA). Inauguração do Centro Cultural João Nogueira, no antigo cinema Imperator, com exposição criada por Ricardo sobre a vida e obra do compositor carioca. Lançamento de nova edição de *MPB, a história de um século*, com prefácio de Paulo Coelho, na Sala Funarte Sidney Miller, com show de Marcos Sacramento.
- *MPB na ABL*, talk-show de informações musicais no teatro Raimundo Magalhães Jr., apresentado e dirigido por Ricardo Cravo Albin, que já recebeu como convidados muitíssimo especiais Danilo e Stellinha Caymmi, homenageando o escritor Jorge Amado no centenário de seu nascimento; Sergio Ricardo, comemorando seus 80 anos; Roberto Menescal e Cris Delanno, relembrando Nara Leão; Olívia e Francis Hime, Marcos Valle, Alcione, Memorial Orlando Silva, Martinho da Vila, Zezé Motta, entre dezenas.

2013 Homenagem no ICCA para a cantora Marlene, com exposição; homenagem a Vó Maria (101 anos), com exposição; mesa-redonda em homenagem aos 150 anos do nascimento de Ernesto Nazareth, com participação do biógrafo Luiz Antonio de Almeida e entrega do diploma Ernesto Nazareth à Rosa de Araújo, atual diretora do Museu da Imagem e do Som; homenagem a Orestes Barbosa, nos 120 anos de seu nascimento.

- Retomada dos shows na ABL. João Bosco e Leila Pinheiro.
- 23 de maio de 2013. Recebido por Afonso Arinos de Melo Franco, Ricardo tomou posse na cadeira número 17 da Academia Brasileira de Arte, em cerimônia presidida por Heloisa Lustosa, a dirigente da ABA, e pelo secretário Victorino Chermont de Miranda. A solenidade, realizada no Instituto Cravo Albin, contou com a presença de vários amigos, como os acadêmicos Domício Proença Filho, Luiz Paulo Horta, Cicero Sandroni e Ivan Junqueira, o diplomata Jerônimo Moscardo, os sócios fundadores do ICCA, Rosiska Darcy de Oliveira, Maria Beltrão, Marcos Faver e Maria Eugênia Stein, a cantora Zezé Motta, o escritor e teatrólogo Sérgio Fonta, o presidente do Pen Clube, Cláudio Aguiar. Em seu discurso, Ricardo relembrou a vida e obra de seus patronos e antecessores, os músicos Francisco Manuel da Silva, Francisco Braga e Hekel Tavares, e o engenheiro e artista plástico Agenor Pinheiro Rodrigues Valle, seu antecessor e fundador da ABA.
- 24 de maio. Abertura de exposição *Vinicius, poeta da paixão*, comemorativa do centenário do poeta e letrista na casa da Urca. São exibidas ao público relíquias desconhecidas, que fazem parte do acervo da ex-mulher e diva Gilda Mattoso. Ricardo diz que foi o sentimento de saudade que motivou a homenagem: "Saudade, muita saudade do poetinha. Aliás, sempre considerei a palavra 'poetinha' um tanto inapropriada pera Vinicius, um poetaço"
- 10 de julho. A amiga Alcione se apresenta na ABL
- 20 de agosto. Homenagem a Ricardo por sua atuação junto à cultura brasileira no escritório de advocacia Lemos Associados, na rua São José, número 70, 1º andar, no Centro do Rio. Leitura de relatório de atividades e anúncio de mudança de estatuto do Instituto Cultural Cravo Albin. Apresentações improvisadas de Zezé Motta e de Chico Caruso. Pronunciamento do acadêmico Eduardo Portella. Dependências do escritório totalmente lotadas de membros do ICCA e amigos do homenageado. Bolo com cravo vermelho, farto coquetel e inauguração de placa comemorativa.
- 11 de setembro. Show na ABL em homenagem a Vinicius, com a participação de Miucha, Georgiana de Moraes e a pianista Camilla Dias.

- Outubro e novembro, shows lotados com Bethânia, Zélia Duncan e Adriana Calcanhotto na ABL.
- 20 de dezembro de 2013. Ricardo completa 73 anos e novamente coloca o folclórico barquinho com pedidos dos amigos presentes para Iemanjá na pequena praia da Urca, em frente à sua residência..
- 23 de dezembro. O ICCA fecha o ano com a inauguração da exposição *Magia do disco* em homenagem ao produtor musical André Midani, e show histórico que ligou a bossa nova de Roberto Menescal e Wanda Sá ao choro de Joel do Bandolim.

2014 Janeiro de 2014. Sai a nova *Carioquice* com a capa consagrada à Nélida Piñon.
- Atua pelo quinto ano consecutivo como conferencista da Escola Superior de Guerra, apresentando a palestra "A necessidade da preservação da arte do povo e sua defesa estratégica nos anos subsequentes".
- Em março, toma posse na presidência da Academia Carioca de Letras, em cerimônia ocorrida no auditório do Instituto Histórico e Geográfico Brasileiro. O poeta e escritor Claudio Murilo Leal é o novo vice-presidente da entidade e o poeta cearense Adriano Espínola, o primeiro-secretário. Em setembro, é homenageado pelo governador do estado de Minas Gerais com a "Grande Medalha JK".

2015 É contemplado com o título de "Cavaleiro da Ordem do Santo Sepulcro de Jerusalém", comenda pontifícia assinada pelo Papa Francisco e entregue em solenidade formal pelo Cardeal Dom Orani João Tempesta na Igreja do Outeiro da Glória, no Rio de Janeiro.
- Neste mesmo ano, como presidente da Academia Carioca de Letras, criou a publicação de "450 Anos da Cidade de São Sebastião do Rio de Janeiro. Revista da Academia Carioca de Letras - Edição Comemorativa", editada pela ACL, para qual escreveu o ensaio "Escolas no carnaval: Uma exegese carioca", assim como a apresentação do volume, que contou com farta iconografia.

- Além disso, fez várias conferências em função do aniversário da cidade, tendo ainda participado da eleição promovida pela Fundação Biblioteca Nacional dos dez escritores que melhor reproduziram em suas obras o espírito do Rio. Em show da série MPB na ABL, Fagner e Michel Sullivan também celebraram os 450 anos da cidade.

2016 Foi convidado por Maria Bethânia a participar do carro "Abelha Rainha", um dos destaques no desfile da Escola de Samba Estação Primeira de Mangueira, campeã deste mesmo ano com o enredo "Maria Bethânia, a Menina dos Olhos de Oyá", em homenagem à cantora. O carro "Abelha Rainha" foi integrado por 15 amigos da cantora, especialmente convidados por ela, entre os quais Caetano Veloso, Paulinha Lavigne, Zélia Duncan, Bia Lessa, Mart'nália, Moacyr Luz, Renata Sorrah, Chico César, Vanessa da Matta, Ana Carolina, Regina Casé e Ricardo Cravo Albin.

- Ainda em 2016 foi convidado por Fausto Silva para integrar, como jurado e comentarista único, o quadro "À Capella", apresentado no programa "Domingão do Faustão", aos domingos, na Rede Globo, durante seis semanas.
- Neste mesmo ano, com Fernanda Montenegro, foi o apresentador do projeto "MPB: A Alma do Brasil", criado, dirigido e roteirizado por ele próprio, patrocinado pelo Ministério da Cultura em parceria com o BNDES, reunindo em dois dias de apresentações, no palco do Espaço Cultural BNDES, os seguintes artistas: João Bosco, Zélia Duncan, Fagner, Martn'ália, Ataulpho Alves Júnior, Márcio Gomes, Leny Andrade, Mart'nália, Danilo Caymmi, Zezé Motta, Claudette Soares, Marcos Sacramento, Dóris Monteiro, Luciene Franco, Ellen de Lima, Simone Mazzer, Imyra e Alfredo Del-Penho. Os dois espetáculos marcaram a história do teatro, porque ambos tiveram fila de quase um quilômetro. O BNDES colocou amplo telão nos jardins do prédio, onde os dois shows foram vistos por cerca de 500 pessoas por noite. O evento foi noticiado na Europa e nos Estados Unidos por cerca de 20 jornalistas internacionais, recém-chegados para as Olimpíadas de 2016.

2017 No ano de 2017, idealizou e produziu a exposição em comemoração ao centenário de Dalva de Oliveira, no Instituto Cultural Cravo Albin, com a participação especial do cantor Márcio Gomes e aberta aos alunos da Rede Pública. Ainda fazendo parte das comemorações fez o roteiro do espetáculo "Os 100 anos de Dalva de Oliveira", dirigido por Thiago Marques Luiz e apresentado no Teatro J. Safra, em São Paulo, com as participações de Angela Maria, Alaíde Costa, As Bahias e A Cozinha Mineira, Aytron Montarroyos, Célia, Cida Moreira, Claudette Soares, Edy Star, Fafá de Belém, Filipe Catto, Marina de La Riva, Maria Alcina, Márcio Gomes, Tetê Espíndola, Verônica Ferriani e Virginia Rosa. O espetáculo também foi apresentado no Rio de Janeiro, no Centro Cultural João Nogueira - Imperator, com o mesmo roteirista e o mesmo diretor, tendo como intérpretes da obra da homenageada Leny Andrade, Amelinha, Zezé Motta, Simone Mazzer, Zé Renato, Márcio Gomes, Dóris Monteiro, Áurea Martins, Rosa Maria, Júlia Vargas, Eliana Pittman, Agnaldo Timóteo, Luciene Franco, Ellen de Lima, Gottsha, João Cavalcanti e Ataulpho Alves Jr.

- Ainda ao final de 2017, tomou posse, na Academia Mineira de Letras, como presidente do Fórum Nacional de Academias Estaduais de Letras, instituição de alcance em todo o país.

Este livro foi impresso em outubro de 2018 na gráfica Eskenazi. O papel utilizado é o Pólen Soft 80. As famílias tipográficas utilizadas em seu projeto são a Swift, a DIN e a Didot.